中国自由贸易试验区制度创新成果复制推广制度建设研究

王 豪 著

中国财经出版传媒集团
中国财政经济出版社
北京

图书在版编目（CIP）数据

中国自由贸易试验区制度创新成果复制推广制度建设研究／王豪著. —北京：中国财政经济出版社，2024.1

ISBN 978-7-5223-2695-5

Ⅰ.①中… Ⅱ.①王… Ⅲ.①自由贸易区－制度建设－研究－中国 Ⅳ.①F752

中国国家版本馆 CIP 数据核字（2024）第 033885 号

责任编辑：彭　波　　　　　责任印制：史大鹏
封面设计：卜建辰　　　　　责任校对：胡永立

中国自由贸易试验区制度创新成果复制推广制度建设研究
ZHONGGUO ZIYOU MAOYI SHIYANQU ZHIDU CHUANGXIN CHENGGUO
FUZHI TUIGUANG ZHIDU JIANSHE YANJIU

中国财政经济出版社 出版

URL：http://www.cfeph.cn
E-mail：cfeph@cfeph.cn

（版权所有　翻印必究）

社址：北京市海淀区阜成路甲 28 号　邮政编码：100142
营销中心电话：010-88191522
天猫网店：中国财政经济出版社旗舰店
网址：https://zgczjjcbs.tmall.com
中煤（北京）印务有限公司印刷　各地新华书店经销
成品尺寸：170mm×240mm　16 开　17.75 印张　251 000 字
2024 年 1 月第 1 版　2024 年 1 月北京第 1 次印刷
定价：68.00 元
ISBN 978-7-5223-2695-5
（图书出现印装问题，本社负责调换，电话：010-88190548）
本社图书质量投诉电话：010-88190744
打击盗版举报热线：010-88191661　QQ：2242791300

目 录

第一章 中国自由贸易试验区的建设探索 …………………………… 1

    第一节 自由贸易试验区建设的战略布局 ……………………… 4
    第二节 自由贸易试验区建设的战略意义 ……………………… 5
    第三节 自贸试验区创新成果的重要价值 ……………………… 7
    第四节 自由贸易试验区制度创新成果的主要类型 …………… 9

第二章 自贸试验区制度创新成果的复制推广 ……………………… 12

    第一节 复制推广的实践逻辑与理论基础 …………………… 12
    第二节 制度型开放与复制推广 ……………………………… 17
    第三节 复制推广的工作要求与方式 ………………………… 19
    第四节 复制推广制度化建设的价值与意义 ………………… 21

第三章 自贸试验区制度创新成果复制推广制度建设主要经验 …… 27

    第一节 各地各部门主动作为 ………………………………… 27
    第二节 各地因地制宜抓落地 ………………………………… 40

第四章 河南省自贸试验区制度创新成果复制推广现状与问题 …… 61

    第一节 样本选取与指标设定 ………………………………… 61
    第二节 复制推广整体状况 …………………………………… 63

第三节　各领域复制推广状况 …………………………………… 76
　　第四节　各领域复制推广工作的成绩与问题 …………………… 90

第五章　河南各地市自贸试验区经验复制推广情况 …………… 98
　　第一节　各地市复制推广总体状况 ……………………………… 98
　　第二节　各地市复制推广情况分析 ……………………………… 108

第六章　对策建议与展望 …………………………………………… 252
　　第一节　创新复制推广工作总体思路 …………………………… 252
　　第二节　复制推广工作优化路径 ………………………………… 257
　　第三节　促进河南复制推广工作的对策建议 …………………… 261
　　第四节　河南省复制推广制度建设研究与展望 ………………… 266

参考文献 ……………………………………………………………… 275
后记 …………………………………………………………………… 278

第一章

中国自由贸易试验区的建设探索

当前,世界经济仍处于2008年国际金融危机后的脆弱恢复期与深度调整期,全球经济低速增长成为新常态,各经济体继续分化特征明显。WTO框架下的全球多边贸易自由化谈判陷入僵持,CPTPP、TTIP和RCEP等区域经济一体化进程加快,国际经贸规则体系正在重新构造之中。中国经济在经历了两万亿政府财政支出的刺激之后,进入经济发展的调整期。面对这样一个调整期,为寻求中国经济深化改革、扩大开放的新路径,党中央明确提出了建设开放经济新体系的战略构想。

2009年11月14日,美国总统奥巴马在其亚洲之行中正式宣布美国将参与《跨太平洋伙伴关系协定》(TPP)谈判,强调要建立一个高标准、体现创新思想、涵盖多领域和范围的亚太地区一体化合作协定。2016年2月4日,在新西兰奥克兰,由TPP 12个成员国代表参加的签字仪式,TPP正式签署。2017年1月23日,美国时任总统唐纳德·特朗普在白宫签署行政命令,标志美国正式退出TPP协定。2017年11月11日,日本经济再生担当大臣茂木敏充与越南工贸部长陈俊英在越南岘港举行新闻发布会,两人共同宣布除美国外的11国就继续推进TPP正式达成一致,11国将签署新的自由贸易协定,新名称为《全面与进步跨太平洋伙伴关系协定(Comprehensive and Progressive Agreement for Trans – Pacific Partnership)》,简称CPTPP。2018年3月8日,参与CPTPP谈判的11国代表在智利首都圣地亚哥举行协定签字仪式。12月30日,CPTPP协定正式生效。CPTPP协定虽历经美国退出、重新命名谈判等波折,但其诞生与实施本身就代表着世界经贸规则高标化的发展过程与趋势,并成为当今世界最高标准、最高质量的国际区域多边经贸规则。以 CPTPP 为代表的高标准国际经贸规则,正在重新塑造全球经济秩序,甚至重新划分世界经济版图。

面对中国经济社会发展的内生性需求与未来国际经贸规则高标化的发展趋势给予中国的竞争压力,中国适时推出了中国自由贸易试验区战略举措。在实践上,党中央、国务院批准建立"中国(上海)自由贸易试验区"的方案,开启了中国建设高水平对外开放平台的历史进程。2013 年 9 月 29 日,中国(上海)自由贸易试验区于浦东新区挂牌成立,标志着中国顺应全球经贸发展新趋势、正式实行了更加积极主动制度型开放战略。

这是中国在深圳经济特区建立以来,再次开启以开放倒逼改革试验场的重要里程碑事件。建设自由贸易试验区是党中央在新时代推进改革开放的一项战略举措,在我国改革开放进程中具有里程碑意义。在改革进入攻坚期、开放步入新阶段、发展走向新常态的大背景下,党中央、国务院审时度势,从统筹国内国际两个大局的高度,作出建设自贸试验区的重大决策,具有重要而深远的意义。习近平总书记多次对自贸试验区建设作出重要指示,指出要把自由贸易试验区建设成为新时代改革开放的新高地,为实现"两个一百年"奋斗目标、实现中华民族伟大复兴的中国梦贡献更大力量。

中国自由贸易试验区既不同于中国以往的经济特区、开发区、高新区、国家级新区等特殊行政区域,也不同于保税港区、综合保税区、保税区、出口加工区、保税物流园区、跨境工业区等海关特殊监管区域。自由贸易试验区试验的是建设探索真正意义上的"境内关外"区域,试验目标是逐步形成与国际惯例相接轨、适应新一代经贸规则的自由化市场环境。中国自由贸易试验区(China Pilot Free Trade Zone,CPFTZ),在国际上其通常被称为自贸园区(Free Trade Zone,FTZ),与自贸区(Free Trade Area,FTA)易混淆但并不相同,两者的主要区别是自贸试验区是一国或地区境内设立的执行单方面的对外开放的小块区域；自贸区是两个或两个以上的国家或单独关税区之间相互开放。中国自由贸易试验区不仅肩负着全面深化改革与实施新一轮高水平对外开放试验田的职责，担负着以开放促改革、以开放引领发展的使命，同时承担着推动高质量发展，打造动力更强、结构更优、质量更高新增长极的重任。

首先，建设自由贸易试验区是中国进一步深化改革、扩大开放的需要。随着高标准、高质量国际经贸规则发展趋势日益显著，世界经济自由化进程不断加快，中国面对未来的发展与竞争挑战，需要寻求综合配套改革试验的突破口①，引导中国国际竞争力的不断提升。目前中国的各类经贸园区属于"境内关内"，制度型开放水平低、经济自由化程度跟不上时代发展的要求，对经济社会发展的引领示范作用大大降低。伴随着对经济功能区从保税区到自由贸易试验区再到自由贸易港的探索轨迹，标志着开放水平不断升级、改革方向日益明确，同时也为中国经济发展改革指明了方向、确立了目标。

其次，自由贸易试验区建设肩负着促进经济转型、打造新一轮可持续高质量发展增长极的使命。党的十九届五中全会通过《中共中央关于制定国民经济和社会发展第十四个五年规划和二〇三五年远景目标的建议》，正式提出"加快构建以国内大循环为主体、国内国际双循环相互促进的新发展格局"。这是党中央在国内外环境发生显著变化大背景下，推动我国开放型经济向更高层次发展的又一重大战略部署。要实现构建新发展格局、实现经济社会发展转型升级的战略目标，需要自由贸易试验区作为国家综合配套改革试验的突破口，来整合各类园区的转型发展、带动区域协同发展、连接内外循环相互促进发展。进而为我国企业在未来高质量经贸规则条件下的创新发展，提供全球购销的国际化市场环境，并为打造我国新一轮可持续高质量发展增长极创造国际化的营商环境。

因此，自由贸易试验区战略的部署实施，就是要将中国自由贸易试验

---

① 卢迪：《上海自由贸易试验区制度创新的演进过程与推进机制》，《当代经济研究》2018年第2期。

区打造成为我国开放水平最高、经济活动自由程度最高、资源配置效率最高的地区，也必将成为跨国公司在我国的资源配置核心区。

第一节　自由贸易试验区建设的战略布局

从2013年至今，中国自由贸易试验区已扩展至22个省份，形成了基本覆盖沿海省份，并分布在中西部地区的战略框架。中国自由贸易试验区空间布局经历了从点到线，再从线到面的演进过程，形成了中国对外开放的新矩阵，有效地发挥了陆海内外联动、东西双向互济的对外开放总体功能。

根据地理位置及社会经济条件等诸多方面的差异，中国自由贸易试验区形成三类各有侧重的发展方向。沿海自由贸易试验区以港口片区为主要特征，是对外合作发展的排头兵，肩负着推动沿海地区高端产业和现代服务业发展的重大使命；内陆自由贸易试验区着力打造新兴产业和高端制造业，承担着带动中西部连片区域协同发展、打造中国经济内循环的重要节点的使命功能；沿边自由贸易试验区重在产业结构的转型升级、将经济的发展重心与周边国家合作相协调。各自由贸易试验区试验任务与创新发展目标重点虽各不相同，却共同发挥着带动区域协同发展、引领所属区域实现高质量开放发展的功能作用。

如今海南省已经确定了启动全岛封关运作的自贸港建设目标。海南自由贸易港注定将成为推动形成中国更高水平开放格局的新起点，成为中国对标国际高标准贸易投资规则、探索制度型开放的重要载体。中国自由贸易试验区也将注定成为引领中国新时代对外开放的鲜明旗帜和重要门户。未来以海南自贸港建设探索为标志，中国自由贸易试验区将形成更多高水平、可复制的创新经验与制度创新成果，为中国改革开放事业不断作出新的更大贡献。

第二节 自由贸易试验区建设的战略意义

中国自由贸易试验区的设立是党中央、国务院全面深化改革和扩大开放的重大战略举措。自由贸易试验区是新时代改革开放的新高地,是链接"双循环"的重要平台和关键节点,也是促进"引进来"与"走出去"、构建新发展格局形成的重要桥梁纽带与战略抓手。

一、自由贸易试验区对于"双循环"重要意义

设立自由贸易试验区的重要功能使命就是要推动中国的对内对外的双向开放,由商品和要素流动型开放向规则、规制、管理、标准等制度型开放演进,打造链接"双循环"的重要载体。通过促进国内规则规制与国际高标准市场规则体系对标,更好地联通国内与国际两个市场、统筹好国内和国际两个大局。"引进来"与"走出去"是改革开放的一体两翼,自由贸易试验区作为新时代制度型开放的政策高地,无疑将是我国营商环境建设的新标杆、对外招商引资的主阵地、对外投资的助推器。自由贸易试验区既是"一带一路"国家与中国国内大市场互联互通的枢纽和门户,同时也是推动新一轮经济全球化发展的重要策源地。

党的十八大以来,我国不断加快实施自由贸易区战略,坚持"两手抓":一方面设立自由贸易试验区,不断优化我国自身区域发展布局;另一方面加强与"一带一路"国家以及世界各国经贸合作,推动签署了《区域全面经济伙伴关系协定》(RCEP),积极申请加入《全面与进步跨太平洋伙伴关系协定》(CPTPP)推进中日韩等自由贸易谈判,正在构筑起立足"一带一路"、带动周边、辐射全球、面向世界的自由贸易区网络体系。在这一由中国引领的新一轮经济全球化发展进程中,自由贸易试验区毫无疑问将成为新一轮经济全球化的重要支撑点与策源地。单个看,每个自贸试

验区都是全球自贸区网络的关键节点；合为一体看，境内自贸区网络是全球自贸区网络的重要组成部分，以网联网，功效倍增。① 境内自由贸易试验区与境外自由贸易区之间协同共进，融合发展，将成为促进"双循环"高质量运行的有力推手。

二、自由贸易试验区对国内大循环的重要意义

以制度创新促进科技创新助推国内大循环。构建高质量的国内经济大循环，关键在于科技驱动，脱离技术创新谈转型发展、动能转换、实现高质量发展，注定是无源之水、无本之木。自由贸易试验区建设探索的重要目标就是通过制度创新降低影响科技创新的制度型成本、破除制度性障碍，打通产、学、研、商、用之路，集聚产品、企业、产业、技术与平台。与此同时，在实现服务链、创新链、产业链和招商链"四链"有机融合的过程中，促进政府与市场之间、创新与产业之间、产业和招商之间的无缝连接和相互匹配，提升区域内各种生产要素的配置效率。最终，通过市场的力量集聚科技创新与创新发展要素，进而突破影响国内大循环质量的一系列"卡脖子"的技术瓶颈以及影响经济社会转型发展的制度型障碍，不断提升国内大循环的发展质量。

三、自由贸易试验区在国际大循环中的战略意义

改革开放以来，虽然我国在国际分工体系中的份额与地位不断上升，国内市场的体量不断壮大。但在构建以国内大循环为主体的新发展格局过程中，绝不意味着可以忽视国际大循环的重要作用。如今支撑中国发展的国内国际两个市场已深度融合，国内国际两个大局业已融为一体，因此要构建好以国内大循环为主体的新发展格局首先就要打造一个与国内大循环

---

① 张兴祥、王艺明：《"双循环"格局下的自贸试验区》，《人民论坛》2020年9月。

相辅相成的国际循环。自由贸易试验区就是推动全面制度型开放的重要引擎。面对百年未有之大变局,面对西方贸易保护主义的抬头,面对美国对当前全球经济治理秩序的结构性破坏,中国要通过加强自由贸易试验区建设向世界展示中国坚决维护国际多边自由贸易规则和体系的决心,并以实际行动践行开放理念的信心。自由贸易试验区是推动新时代全面制度型开放的新引擎,也是推动国际循环的主阵地与"领头雁"。自由贸易试验区的建设探索成就直接关系到中国在未来国际经贸规则制定中的话语权,直接关系到未来中国营商环境的改善质量,直接关系到未来中国对外经贸合作平台的建设水平,直接体现出中国对标国际高标准经贸规则的决心能力。

第三节 自贸试验区创新成果的重要价值

自 2013 年上海自贸试验区设立,作为新时代改革开放"试验田"的自由贸易试验区已经形成了覆盖东西南北中的开放试点格局,各个自由贸易试验区不断解放思想、开拓创新,以只争朝夕的改革为高质量发展创造更大的新空间,形成了具有中国特色的自由贸易试验区发展之路,涌现出了一系列创新发展经验与制度创新成果,大大加速推动了我国改革开放事业由要素型开放向国际高标准经贸规则下的对内对外制度型开放升级与深化。自由贸易试验区虽然占我国国土面积比例很小,但其创新经验与制度创新成果已经成为推动我国深化改革扩大开放的重要工具与抓手。截至 2024 年 1 月 9 日,商务部印发了自由贸易试验区第五批"最佳实践案例",国家层面自贸试验区共推出了 325 项制度创新成果在全国或特定区域复制推广。

一、推动我国现有投资与贸易管理体制进行根本性与制度性变革

自贸试验区积极对标国际最高标准,推动相关领域进行根本性的制度变革。例如,对外商投资实行准入前国民待遇加负面清单管理制度,一方面保障了外国投资在企业设立、取得、扩大等阶段不低于本国投资者及其投资的待遇,并通过缩减负面清单降低产业准入门槛和打破产业开放的制度障碍,加快推动服务业和制造业领域扩大开放,有效拓宽了外资进入的产业领域,提升了吸引外资质量;另一方面,对负面清单之外领域的外商投资实行备案管理,引领了全国外资管理制度的重大变革。再如,由自贸试验区率先推出的国际贸易"单一窗口",涵盖货物申报、运输工具申报、跨境电商、物流信息等功能模块,联通海关、检验检疫、边检、海事、商务等所有贸易监管部门,企业可以"一站式"办理通关事项,大幅提高了通关效率,为全国"单一窗口"标准版的设计奠定了坚实的基础。

二、推动我国经济管理体制进行系统性制度创新

各自贸试验区重点聚焦商事、贸易、投资等重点经济管理领域进行系统性制度创新,既注重顶层设计,又注重点突破,通过系统集成与点上突破相结合,推动我国经济管理领域形成了一大批系统性制度创新成果。例如,"海关通关一体化"监管模式,围绕货物通关难点堵点,形成了包括先进区后报关、自行运输、工单式核销、保税展示交易、境内外维修、期货保税交割、批次进出集中申报、简化无纸化通关随附单证、内销选择性征税、集中汇总纳税等全国首创的贸易监管措施,已成为我国海关特殊监管区通关体系的重要创新成果。

三、推动我国商事制度与市场管理体系改革优化

自由贸易试验区在商事制度改革领域做出了重要制度创新，在对标国际高标准经贸规则的实践中，对我国市场主体的准入、交易与退出等经济活动的有关制度设计和政策适配进行了全面深化改革。自由贸易试验区的重要制度创新目标之一，就是推动我国的市场主体管理流程再造和市场管理体系的优化，形成一系列新时代有关市场管理的全流程制度创新成果。例如，投资管理体制改革"四个一"，在原有投资体制的基础上，围绕社会投资项目涉及的审批体系，将其中碎片化的各事项整合为立项用地规划许可、工程建设许可、施工许可、竣工验收等四个阶段，每个阶段都实行"一表申请、一口受理、并联审查、一章审批、一次出件"，把审批手续格式化，压缩部门自由裁量权。

第四节　自由贸易试验区制度创新成果的主要类型

中国自贸试验区设立以来，所推出的创新经验与制度创新成果呈现出了以投资与贸易为核心，覆盖领域不拓展的特征。随着深化改革、扩大开放进程的不断推进，"放管服"、人才流动便利化、事中事后监管等旨在以吸引高端要素集聚为特征的相关制度创新成果更加显著。截至2024年1月，国家层面，自贸试验区已累计向全国或特定区域复制推广了325项制度创新成果，包括：经国务院批准推广7批共167项自贸试验区改革试点经验。国务院自贸试验区工作部际联席会议办公室、商务部印发5批共84个"最佳实践案例"，供各地参考借鉴。联席会议成员单位等自行发文复制推广74项在自贸试验区探索形成的改革经验。地方层面，各自贸试验区已形成近4000项制度创新成果在各省区市内复制推广。这些制度创新成果

的产生主要围绕改革试点任务推动、打造优势产业需要、市场主体期盼、国际高标准经贸规则要求、中央有关部门改革目标引导等五大主题。

一、功能型分类

按照功能指向，自贸试验区制度创新成果主要可以分为以下四大类：

第一，政策突破型。例如，海关特殊监管区外航空保税维修试点政策，航材关税率下调。

第二，自主改革型。例如，通过国企带动、协会协调、部门管控等多措并举，推动口岸中介费用阳光化、透明化，推出"全流程阳光服务"产品，降本增效效果明显，口岸中介服务费降低 30%。

第三，功能叠加型。例如，双自联动、叠加国家级园区功能等。

第四，协同发展型。例如，与长江经济带、京津冀协同发展、粤港澳大湾区等战略相结合。

二、来源型分类

依据发布来源，自贸试验区制度创新成果主要分为以下六大类：

第一，国务院印发的自贸试验区改革试点经验；

第二，国务院自贸试验区工作部际联席会议办公室（商务部）（以下简称联席办）印发的自贸试验区"最佳实践案例"；

第三，国家部委印发的复制推广改革事项；

第四，各省区市中国自由贸易试验区工作办公室（以下简称省自贸办）等省级有关部门汇总评选的省内自贸试验区最佳实践案例，并面向本省区市印发的省级自贸试验区最佳实践案例；

第五，省区市自贸办等省级有关部门印发借鉴推广的其他自贸试验区制度创新成果；

第六，各地印发借鉴推广的自贸试验区制度创新成果。

为了行文方便，无论是依照功能类、还是依据来源类型分类，以上所指涉的自贸试验区"改革试点经验""最佳实践案例""改革事项""制度创新成果",在本书均统一简称为"制度创新成果"。

三、领域型分类

表1-1 自贸试验区向全国或特定区域复制推广325项创新成果类型

类型	领域
投资自由化便利化（91项）	外资准入、投资管理、商事制度、工程建设、涉税事项、国资国企改革、不动产登记、公证、企业标准等
贸易便利化（81项）	国际贸易"单一窗口"、通关、贸易新业态新模式、海关相关税收、贸易无纸化、原产地证、海关涉企服务等
金融开放创新（32项）	结售汇、资金池、涉外资金、融资模式、金融综合服务、金融数据共享、边境地区跨境人民币使用等
全过程监管（37项）	社会信用体系、智慧监管、多元共治监管、行政执法体制、涉外纠纷解决、海洋治理、财产执行、机场管理、长江生态环境保护等
产业开放发展（36项）	主要围绕具体产业解决制度性障碍
要素资源保障（44项）	土地、人才、知识产权、技术等
区域协同发展（4项）	自贸试验区间联动创新发展

资料来源：结合商务部国际贸易经济合作研究院《中国自由贸易试验区十周年发展报告》统计整理。

第二章

自贸试验区制度创新成果的复制推广

习近平总书记指出，对照国际最高标准、最好水平，率先探索自贸试验区建设，这是新形势下我国全面深化改革和扩大开放的战略举措。自贸试验区建设要坚持以制度创新为核心、以可复制可推广为基本要求，率先建立健全与国际通行规则相衔接的制度体系。制度创新是自贸试验区建设的出发点，可复制可推广是自贸试验区建设的落脚点

第一节 复制推广的实践逻辑与理论基础

如今具有中国特色的自由贸易试验区发展之路已经形成，从自贸试验区中涌现出的一系列创新发展经验与制度创新成果，正在大大加速推动了我国改革开放事业由要素型开放，向国际高标准经贸规则下的对内对外制度型开放升级与深化。未来我国需要深入实施自贸试验区提升战略，要在更广领域、更深层次开展探索，坚持以高水平开放为引领、以制度创新为核心，统筹发展和安全，高标准对接国际经贸规则，深入推进制度型开放，加强改革整体谋划和系统集成，推动全产业链创新发展，让自贸试验区更好发挥示范作用。中国自由贸易试验区建设是以制度创新为核心、以可复制可推广为基本要求，只有坚持复制推广、做好做实复制推广工作，才能

深入推进我国制度型开放改革，才是准确、完整的落实习近平总书记关于自由贸易试验区战略重要指示和中央有关决策部署，才能避免自贸试验区虹吸作用大于溢出效应这样背离改革初心情况的发生。因此，复制推广不仅是一个重要的理论问题，同样也是一个重大的实践问题。

一、实践逻辑

（一）复制推广是缩小开放发展地域差距的实践要求

不同地区的开放水平差异是区域间发展水平差距的重要表现与原因。改革开放以来，我国遵循的是由东南沿海到西北内陆的渐进式开放路径，这是造成我国区域间开放水平与经济发展水平差异的重要政策性原因。自由贸易试验区作为新时代我国改革开放的试验田、先行区和新高地，形成的创新成果只有通过大范围、高质量的复制推广才能真正起到辐射引领的示范作用。因此，复制推广是自贸试验区建设探索成就得以整体带动区域开放发展水平提升的必由之路与实践要求。

（二）复制推广是不断深化改革扩大开放的必然要求

自由贸易试验区的创新探索是我国建设更高水平制度型开放新经济体制的重要保障。自由贸易试验区的制度创新涉及投资、贸易、人才、服务业、政府职能等多个领域，这些领域的改革问题错综复杂，环环相扣。与此同时，不同省区市、地的实际情况也大相径庭，各地的深化改革与扩大开放任务既具有普遍性要求又具有特殊性区分，要准确地理解自由贸易试验区战略，需要各省区市围绕建设更高水平制度型开放经济新体制开展全面的复制推广工作。然而，面对当前深化改革与扩大开放任务、面对自由贸易试验区创新成果的复制推广任务，还存在着领导推动缺乏统一规划、改革协同难度大、制度设计碎片化等问题。因此，加强复制推广工作是推动我国改革开放事业不断取得新成就、实现我国更高水平制度型开放经济新体制建设不断取得新突破的必然要求。

（三）复制推广是贯彻新发展理念的重要体现

人民日益增长的美好生活需要和不平衡不充分的发展之间的矛盾已经成为现阶段我国社会的主要矛盾。发展不平衡、不充分的问题既包括沿海和内陆地区之间发展的不平衡，也包括区域内部、城乡之间发展的不平衡、不充分，以及区域间过度竞争、重复建设、产业同质化等发展协同性不足等问题。以往的地区竞争主要依靠的政策手段是打造政策"洼地"来虹吸周边的社会资源，这样的发展模式只会使发展不平衡、不充分的问题在更大的范围内变得更加严重。而以制度创新为核心，以可复制推广为基本要求的自贸试验区建设探索，所追求的战略目标不再是打造政策"洼地"追求虹吸效应，而是要打造政策"高地"重视自贸试验区与周边地区的共同开放与联动发展，追求的是政策的溢出效应，担当的是引领区域协同发展、高质量发展、创新发展的重要载体。党的二十大报告指出要"完整、准确、全面贯彻新发展理念（创新、协调、绿色、开放、共享的新发展理念），着力推动高质量发展，主动构建新发展格局"，复制推广工作所代表的引领区域协同开放、制度型开放也是贯彻新发展理念，着力推动高质量发展，主动构建新发展格局的重要体现。自贸试验区制度创新成果所强调的可复制可推广的基本要求，就是要将自贸试验区建设的探索成果，转化为推动各地平衡发展、有序开放的政策抓手，最终实现各省区市、各地发展更加平衡、更加充分的战略目标。

二、理论基础

（一）复制推广的基本内涵

梳理国内外相关研究发现，政策创新、政策试验和政策扩散三者间的概念并没有严格区分，常常混淆使用。自贸试验区制度创新成果的复制推广过程，其实质就是创新政策、经验的扩散过程。其中，对政策创新影响最大的因素来自经济变量其次是政治因素而社会因素更多的是混合在它们中间。而政策扩散是一种创新（Innovation）随着时间的流逝在一个社会系统的成员之间通过某种渠道被沟通的过程。公共政策扩散现象的发生则源于地方政府之间的相互效仿、学习与竞争。归纳既往对于政策创新、政策试验和政策扩散的内涵研究发现，中国自由贸易试验区的制度创新成果是为了解决特定问题而对已有政策进行改良或者重新制定。这样的制度创新、改革试点与政策突破循环贯穿于自贸试验区建设探索的整个公共政策运动过程。在一些情况下，自贸试验区的政策创新、政策试验与政策扩散可以被认为是政府站在不同立场上对同一过程的不同表述。如果一个地区采纳一项别的地区完全没有使用的新政策，对该地区来说，这是政策试验，同时也是政策创新。① 如果一地复制推广自贸试验区制度创新成果，对于当地来说就是政策试验，也是政策创新，而对于创新经验和制度创新成果的发源地来说，则是政策扩散。所以从广义上来讲，复制推广、政策扩散也是政策试验和政策创新。因此，政策扩散理论可以为自贸试验区制度创新成果的复制推广实践提供一个适宜的学理性分析框架。这一理论视角和分析框架有助于分析自贸试验区创新成果的推广过程及其相应的影响变量。②

（二）复制推广的理论基础

中国自由贸易试验区应何而生？为何既要以制度创新为核心，又要以可复制可推广为基本要求？一般认为外部条件的重大改变（External Perturbation）是政策创新的主因。David Dolowitz 与 David Marsh 进一步分析了政策扩散的三种原因：一是看到政策创新的优势而主动学习实现政策扩散；二是在外部压力之下被迫接受政策扩散；三是出于某种义务实现政策扩散。政策扩散的因果机制主要分为两种：一是采纳模式（Policy Adoption）

---

① 谢宝剑，张晓春：《政策试验与扩散——以自贸区可复制经验为例》，《中国公共政策评论》2017年第1期。
② 周望：《如何"由点到面"？——"试点—推广"的发生机制与过程模式》，《中国行政管理》2016年第10期。

即政策的扩散源自他人的行为本身；二是学习模式（Policy Learning）即政策扩散源自发生了改变的信息。在发生政策扩散的过程中，初始场景都是某一个地区实行了某一政策。在采纳模式之下，政策的采纳方采取的是一种无理性的行为，其行为未经过有效的成本—收益分析。在此模式下，采纳方的行为是由他人的行为直接导致的，不存在任何中间变量。而在学习模式之下，其他地区先发的政策行为诱发了整个社会系统中信息的变化，而信息的变化成为了中间变量，导致政策在其他区域发生扩散。在这里，政策采纳方的行为是理性的：它通过对信息的处理分析以及对成本收益的估算，确定采纳新政策将是有利可图的。"外部条件的改变使现有的政策实践发生了大规模的断裂"（Hall，1989，1993）。依据"间断—均衡理论"（Punctuated Equilibrium）解释，即政治与政策过程通常由一种稳定和渐进主义逻辑驱动，但这种均衡会被不同于过去的重大变迁出现所打断。① 因此，政策创新并非连续事件，外部条件的微小变化并不会使创新成为必然。然而，外部环境中突然和显著的变化则会促使政策创新的密集发生（Baumgartner and Jones，1991，2010）。而在林毅夫看来，地区间的制度学习和模仿行为产生的原因在于能够降低他们组织和设计新制度安排的费用，并称之为"诱致性制度变迁"。当今世界正处于百年未有之大变局，中国面临的国内外发展环境正在经历着深刻而广泛的变化，用原有的制度设计与政策框架来回应新时代种种挑战，势必将会出现较大偏差。因此，中国需要利用自由贸易试验区进行系统的制度创新与政策试验，来应对百年未有之大变局中所产生的种种挑战，并通过复制推广工作的常态化开展来持续推进全面深化改革，不断提升制度型开放水平。完整践行中国自由贸易试验区战略，已成为我国回应时代发展要求、加强中国共产党执政能力建设的重要举措。其中，国际经贸规则高标化的发展趋势给予中国改革开放的规则压力，已成为党中央、中央政府系统性推广自由贸易试验区改革试点与制度创新成果的主要动因。而地方政府间的发展竞

---

① 〔美〕保罗·A. 萨巴蒂尔：《政策过程理论》，生活·读书·新知 三联书店2004年版，第125页。

争,精准解决各地当下改革发展实践中所面临的瓶颈问题,则是地方政府开展复制推广工作的主要动因。

第二节 制度型开放与复制推广

党的二十大报告进一步指出:"稳步扩大规则、规制、管理、标准等制度型开放"。当今世界进入百年未有之大变局,非传统安全因素叠加传统地缘安全因素不断冲击着当今国际政治经济秩序,全球经济合作发展进入了极为不确定的震荡期。唯一可以确定的是,国际经贸规则高标化已经成为未来经济全球化发展的重要趋势。面对百年未有之大变局,我国迫切需要依据未来国际经贸规则演进趋势,推动改革开放进程的不断深化,同时加大对内对外双向开放,推动商品和要素流动型开放向规则等制度型开放转变。

一、制度型开放的内涵

2018年12月,中央经济工作会议首次提出"推动由商品和要素流动型开放向规则等制度型开放转变",并指出"要放宽市场准入,全面实施准入前国民待遇加负面清单管理制度,保护外商在华合法权益特别是知识产权,允许更多领域实行独资经营",这是中国改革开放正式进入新阶段的重要标志。实现制度型开放,建设全国统一大市场、构建"新发展格局",是可预见未来中国最大的改革红利。同时也是中国从国际规则的追随者向国际社会的领导者、国际规则等公共产品的供给者角色转变关键战略步骤。

首先,制度型开放意味着贸易和投资规则和标准的跨境融合,旨在降低贸易成本和更好地吸引外资。

其次,制度型开放意味着我国的开放进程将由传统的"边境开放"

向"境内开放"推进,这需要更多改革探索才能保障开放进程的安全可控。

最后,制度型开放意味着要最终构建形成一整套适应高标准、高质量开放型经济体发展要求的全新制度体系和监管模式,旨在实现对内开放"建设全国统一大市场"与对外开放"全面实施准入前国民待遇加负面清单管理制度"的有机统一。

二、制度型开放的实现路径

在践行制度型开放的过程中,中国应以各类政策为重点,加速深化"边境后"规制改造,有效增强中国规则体系的正向溢出效应。[①] 根据制度型开放的不同内涵要求,各种制度型开放的路径也是清晰明确的。

首先,面对贸易和投资规则和标准的跨境融合的内涵要求,中国首当其冲的改革任务就是要对接国际现行主流高标准贸易、投资与监管规则,进而争取更多的全球经济治理话语权。这一方面意味着开放倒逼改革,另一方面也体现了改革强国后的中国为构建公正合理的国际政治经济新秩序贡献更多的中国智慧、提供更多的公共产品的意图与能力。

其次,面对"边境开放"向"境内开放"推进的制度型开放内涵要求,中国需要在产业、平台等方面出台更多推动双向开放根本性变革的政策举措,加快"新发展格局"的构建,实现中国经济制度体系的系统性转变。

最后,面对"形成更大范围、更宽领域、更深层次对外开放格局"、构建"更高水平开放型经济新体制"[②] 的内涵要求,中国要从政府职能转变、营商环境建设、贸易规则体制转变等多方面着手,加快全国统一大市场建设、疏通国内大循环的堵点。在此基础上,通过"引进来"的方式路

---

① 李大伟:《新发展格局下如何推进制度型开放》,《开放导报》2020年第6期,第31-38页。
② 习近平:《高举中国特色社会主义伟大旗帜 为全面建设社会主义现代化国家而团结奋斗——在中国共产党第二十次全国代表大会上的报告》。

径，促进中国经济韧性、中国经济竞争力的不断提升。

三、自贸试验区制度创新成果复制推广与制度型开放

国家在进行某项改革的重大顶层设计之前，政府在推行某项具体重大创新举措之前，需要充分明确该顶层设计与创新举措的战略诉求、政策目标、政策资源以及实践流程四要素①。中国自由贸易试验区是党中央、国务院基于对国际政治经济发展形势，推动我国制度型开放的重要战略部署，是践行制度型开放的试验田，是当前我国当前双向开放的最高地。自贸试验区建设制度型开放新高地的路径是"先行先试"国际生产方式变革带来的新的国际投资规则，具体方式包括创新管理模式、加强监管一致性等②。公共政策扩散通常是指一项创新型政策方案从政策发源地向其他区域扩散，被新的公共政策主体采纳并推行的过程。复制推广工作就是这样一种将自贸试验区中试点检验完成的政策创新方案实现公共政策扩散的过程，它是实现自由贸易试验区建设探索成果溢出效应，推动我国全面深化改革、扩大开放的关键战略路径。

第三节 复制推广的工作要求与方式

一、复制推广要求

不同类型自贸试验区制度创新成果的复制推广要求与政策目标大相径庭，按照复制推广的强制要求，可以进行以下区分：

---

① 田志龙、陈丽玲、顾佳林：《我国政府创新政策的内涵与作用机制：基于政策文本的内容分析》，《中国软科学》2019年第2期。
② 李国学、东艳：《国际生产方式变革、国际经济规则重塑与制度型开放高地建设》，《学海》2020年第5期。

第一,国务院印发的自贸试验区改革试点经验与国家部委印发的复制推广改革事项具有最高任务要求属性,是国家深化改革扩大开放的,加强贸易便利化、投资自由化,优化营商环境重要改革举措;

第二,联席办与各省自贸办的省级部门印发的自贸试验区"最佳实践案例"复制推广的约束性较弱,其主要政策目标是在于发挥这些"最佳实践案例"的借鉴引领功能,帮助各省各地了解全国各地制度创新的改革方向与进展状况,启迪各省各地优化施政方向、探索经济发展的新模式与新路径;

第三,各地印发借鉴推广的自贸试验区制度创新成果是各地为了满足自身深化改革、扩大开放、优化营商环境、促进经济社会发展而主动选取的自贸试验区制度创新成果,用于解决当地改革发展过程中所面临的具体问题,是各地政府为了满足当地人民日益增长的美好生活需要,而勇于担当、主动作为、积极作为的一种表现。

二、复制推广方式

自贸试验区制度创新成果的复制推广方式多种多样,如移植式复制推广、归集式复制推广、嫁接式复制推广、创新式复制推广等。归纳各种复制推广方式的实质内核后,可以将其总结为两大方式类型:移植推广与创新推广。

第一,移植推广是指将已有的自贸试验区制度创新成果进行或完整的复制落实,或选取部分内容进行复制推广;

第二,创新推广是指在原有制度创新成果的基础上,或修改、增加新的改革内容后进行的复制推广,或基于原有改革理念创设类似改革事项进行的复制推广。由于政策扩散现象的发生源于地方政府之间的相互效仿、学习与竞争。因此,政府为谋求自身发展,争取在公共政策创新与地方绩效治理中的竞争优势,除了学习效仿外,也会以创新方式推行新政策。

第四节 复制推广制度化建设的价值与意义

一、复制推广的价值

（一）理论价值

基于发展经济学视角，国家的重要发展规划和战略对内旨在破除体制机制性障碍，以实现总体上的可持续健康发展，并实现区域间的差异化与互补性均衡发展。因此，要实现整个国家的可持续健康发展，既需要先发地区的优势引领与组合，也需要后发地区的追赶与振兴。对外坚持深化改革、扩大开放则是大国必须追求的基本战略格局，而进行制度型改革开放，最终要实现的目标在于通过更多地参与全球治理，进而在平等交往的原则上充分实现国家利益。[①] 回首建党百余年与建国近80载的中国共产党与中国人民的伟大奋斗历程，坚持并不断完善"改革试点+复制推广"工作方法，是党成功领导人民进行新民主主义革命、社会主义建设及新时代中国特色社会主义现代化建设的重要经验。新中国成立后，"试点+推广"工作模式的形成发展，历经了典型试验、摸着石头过河、顶层设计与基层探索互动三个演进阶段。因此，从我党、我国政策创新实践活动的历史经验来看，"由政策局部试点到全面推广"是新中国进行政策扩散的基本路径。这一路径主要包括两个阶段：一是政策在局部某一个地区或某一个部门开展试点；二是政策试点取得一定效果和经验后，在全国或更广范围内全面推行。在政策试点的过程中，中央和地方政府的不同分工与良性互动往往是促进政策不断创新的关键。具体而言，掌握着自上而下权威的中央政府可以先行决定政策试点的原则和总目标，肩负着自下而上改革使命的地方

[①] 卢福永、史薇、王鑫涛：《自贸试验区助力双循环新发展格局：形成机制及路径》，《福建论坛》（人文社会科学版）2021年第12期。

政府可以具体把握政策扩散的节奏和力度。如今，政策试验和政策扩散早已成为中国式政策创新的核心内容，彼此紧密联系、相辅相成。政策试验的出发点是为了政策扩散，而政策扩散作为政策试验成果的推广过程，丰富了政策试验的理论框架。① 党的十八届三中全会以来，以习近平同志为核心的党中央强调，要加强宏观思考和顶层设计，更加注重改革的系统性、整体性、协同性。② 这为新时代"试点 + 推广"的改革探索指明新方向、注入新动力。

（二）实践意义

高水平开放倒逼全面深化改革，全面深化改革才能实现高质量可持续发展。但进行开放就要面对风险，以开放促发展首先必须有底线意识，确保开放进程安全可控，这就要通过自由贸易试验区率先进行改革实验与压力测试，取得成功经验后再向更大范围内复制推广才能实现自由贸易试验区的示范带动与正向溢出效应。中国自由贸易试验区探索与构建双循环发展格局是一脉相承战略规划，复制推广就是要将各个自贸试验区完成的各种实验任务与探索成就，汇聚成支持所在区域发展以及惠及全中国的改革红利。

在全球新一轮区域经济一体化加速调整的背景下，自贸试验区使命任务的战略性越发凸显。③ 自由贸易试验区建设的战略探索，直面产业结构转型升级、经济发展提质增效、制度型开放深入推进等影响我国可持续高质量发展的重要问题。自贸试验区制度创新成果复制推广过程中所展现的政策变迁，正是中国政府在不确定性中凝聚共识的互动过程，④ 体现的是"自贸试验区驱动"对我国深化改革扩大开放进程的重要引领作用。先"试点"后"推广"被认为是一种具有中国特色的政策扩散形式。以制度

---

① 谢宝剑、张晓春：《政策试验与扩散——以自贸区可复制经验为例》，《中国公共政策评论》2017年第1期。

② 中共中央宣传部：《习近平总书记系列重要讲话读本（2016年版）》，北京：学习出版社，人民出版社，2016年版：第80页。

③ 王平：《复制推广自贸区经验要注意什么》，《中国党政干部论坛》2016年第6期。

④ 王厚芹、何精华：《中国政府创新扩散过程中的政策变迁模式 – 央地互动视角下上海自贸区的政策试验研究》，《公共管理学报》2021年第3期。

创新为核心，以可复制可推广为基本要求的中国自由贸易试验区战略，涵盖了完整的、具有制度化要求的"试点－推广"模式下的政策创新职能与改革推广目标。中国的自由贸易试验区战略：既明确了自贸试验区作为制度化的政策突破原创区与政策试点功能区的战略定位；也内涵了对复制推广工作进行制度化建设的任务要求。自贸试验区创新成果的复制推广不仅是释放自贸试验区改革红利的关键政策工具，同样更是推动我国未来不断深化改革扩大开放的重要实践抓手。

党的二十大报告提出，加快构建新发展格局，着力推动高质量发展，推进高水平对外开放，稳步扩大规则、规制、管理、标准等制度型开放。自由贸易试验区是一项重大国家战略，是我国在新形势下推进改革开放的重大举措，肩负着全面深化改革与实施新一轮高水平对外开放试验田的职责，承担着以开放促改革、以开放引领发展的使命。2023年9月，习近平总书记就深入推进自由贸易试验区建设作出重要指示，强调"要在全面总结十年建设经验基础上，深入实施自贸试验区提升战略，勇做开拓进取、攻坚克难的先锋，在更广领域、更深层次开展探索，努力建设更高水平自贸试验区。"为构建更高水平开放型经济新体制、实现高质量发展，10年来我国先后部署设立22个自由贸易试验区（港）作为改革开放试验田，基本形成覆盖东西南北中、陆海统筹的新型战略性改革开放与试点网络格局，孕育了一大批可复制推广的创新成果，不断释放高标准、高水平对外开放及制度创新红利，以更高能级的对外开放平台优势赢得国际竞争主动权，为我国经济高质量发展及世界经济复苏注入强劲动能。中国自由贸易试验区战略的成功实施，推动了我国改革开放事业由要素型开放不断向到对标国际高标准贸易投资规则下的制度型开放升级与深化。

自贸试验区设立10年来，截至2024年1月，自贸试验区已累计向全国或特定区域复制推广了325项制度创新成果，包括：经国务院批准推广7批共167项自贸试验区改革试点经验。国务院自由贸易试验区工作部际联席会议办公室、商务部印发5批共84个"最佳实践案例"，供各地参考借鉴。联席会议成员单位等自行发文复制推广74项在自贸试验区探索形成的改革经验。省级层面，各省更已筛选推出了数以千计自贸试验区项制度创新成果。当前，制度创新和复制推广工作步入常态化与制度化建设的新阶段，复制推广自贸试验区制度创新成果，已成为构建开放型经济新体制与新发展格局的重要抓手。促进顶层设计与渐进改革探索有机结合，健全复制推广制度体系，是深入贯彻党的二十大精神和习近平总书记关于自贸试验区建设的重要指示批示精神，推动自贸试验区提升战略和制度型开放战略实施的重要内容。

二、制度化建设的意义

（一）实践功能

如今，自贸试验区创新成果的复制推广工作已步入常态化阶段，但复制推广工作的制度化建设水平却远远落后于实践发展的要求。高质量开展自由贸易试验区制度创新成果的复制推广工作，必须进一步解放思想、大胆实践、披坚执锐、攻坚克难，充分发挥改革开放试验田的引领示范作用，在打造中国制度型对外开放高地的实践中不断推动我国的全面深化改革与扩大开放。而复制推广既是黏合区域经济合作的重要政策工具，更是建设全国统一大市场的重要支点，同时也是降低我国融入未来高标准、高质量经贸规则环境最安全的改革开放路径。

因此，复制推广的制度化建设水平，直接关系到我国自由贸易试验区战略的实施效率，同时也是为世界经济发展贡献的中国智慧与中国方案的能力体现。从制度发展来看，制度确立既有时代的选择与创造，也有历史的文化传承，两者缺一不可。只有历史文化传承，制度无法适应时代变化与社会主要矛盾变化；只有时代的选择与创造，制度难以扎根于人民的心中。[①] 自贸试验区制度创新成果的复制推广制度也必须是根植于政治文化传承，并接受时代的选择与创造。

可见，做好复制推广，制度建设是关键。做好大范围的政策创新扩散

---

① 蒋英州、王梦雅：《中国特色社会主义制度优势的生成逻辑》，《理论探索》2022年第2期。

工作，首先必须充分发挥中央的"指示性制度变迁"功能，适时加强政策指示和鼓励倡导，在条件成熟时甚至可采取法规形式实施"强制性制度变迁"，为各省结合实际推行"诱致性制度变迁"提供强大的激励效应和动力支持。普遍意义上的自贸试验区制度创新成果复制推广制度，是由领导体制、工作机制与工作体系构成的。复制推广工作的制度化建设水平，直接关系到我国自由贸易试验区战略的实施成效，只有通过高水平的制度化建设，才能保障复制推广工作各个环节权责分明、流程清晰、机制健全、体系完备，减少行政行为的自由裁量色彩。① 因此，高质量复制推广自贸试验区制度创新成果的关键在于制度化建设。对于复制推广工作制度化建设问题的认知，要放在新时代完善改革顶层设计与基层探索的改革方法论的高度去理解，② 这样能有效抑制各级政府与相关部门的改革惰性，提高创新成果推广的行政效率、以及各级政府的改革能力。健全复制推广制度体系，有机整合自上而下系统性推动改革的顶层设计与自下而上渐进式改革探索的实践经验，是深入贯彻党的二十大精神和习近平总书记关于自贸试验区建设的重要指示、批示精神，推动自贸试验区提升战略和制度型开放战略实施的重要内容。

（二）战略意义

构建以国内大循环为主体、国内国际双循环相互促进的新发展格局是我国为了应对百年未有之大变局，进一步把握我国所处的重要战略机遇期应对新挑战，主动推进的深层次结构性改革。自由贸易试验区是中国主动开放的试验田、是联通双循环的重要制度性桥梁。自贸试验区制度创新成果的复制推广是实现政策溢出效应，更大范围改善营商环境实现国内、国际要素自由流动与集聚的重要政策手段，如图 2 – 1③ 所示。

---

① 曾文革、夏天佑：《论中国自由贸易试验区复制推广机制的法治化》，《经贸法律评论》2019年第6期。
② 张克：《新中国70年改革试点复制推广机制：回顾与展望》，《南京社会科学》2019年第10期。
③ 卢福永、史薇、王鑫涛：《自贸试验区助力双循环新发展格局：形成机制及路径》，《福建论坛》（人文社会科学版）2021年第12期。

面对百年未有之大变局，中国需要通过自由贸易试验区的政策试验以及复制推广进行的政策扩散，通过根本性的制度环境改革，从而平衡内外循环在中国经济社会生活中的比重，构建更加健康可持续的社会发展经济生态。面对外来高质量、高标准国际经贸规则的竞争压力，面对不断缩小自身与国际高标准开放规则之间的差距改革要求：中国既需要自贸试验区内的压力测试、制度创新，为我国营商环境的整体改造与改善先行先试、化解风险、积累经验；也需要通过自贸试验区建设的顶层设计与复制推广的基层探索，保证改革节奏的平稳高效；并在对自贸试验区制度创新成果的复制推广实践中，实现重塑政府职能、解决制约中国经济社会发展深层次结构性问题的改革目标；最终达到引领全球经济治理，为全球治理提供更多中国智慧、中国方案，输出中国标准、确立中国国际话语权的战略目标。

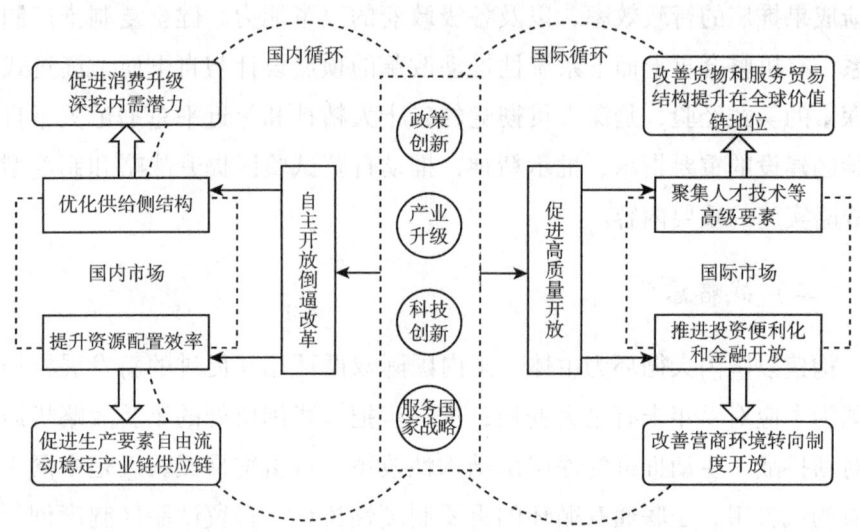

图 2-1　自贸试验区促进双循环发展格局逻辑

第三章

复制推广制度建设主要经验

建设自由贸易试验区是党中央、国务院在新时代推进改革开放的重要战略举措，肩负着更好发挥改革开放综合试验平台作用，为全面深化改革和扩大开放探索新途径、积累新经验的重大使命。[1] 无论是中央政府还是地方政府，为了促进经济社会可持续健康发展、推动产业转型和升级，都希望通过制度创新来改变原有的行政体制和政府管理模式。自贸试验区作为政策试验、深化改革的重要载体，具有重大的政治意义。[2] 复制推广自由贸易试验区制度创新成果则是地方政府实现制度创新、优化发展环境的重要改革捷径。为了保障复制推广工作的常态化与高质量开展，全国各地大都进行了各具特色的复制推广制度化建设探索。

第一节 各地各部门主动作为

普遍意义上的自贸试验区创新成果的复制推广制度是由领导体制、工作机制与工作体系所构成。自贸试验区制度创新成果的复制推广工作进入

---

[1] 《国务院关于做好自由贸易试验区第七批改革试点经验复制推广工作的通知》，国函〔2023〕56号，2023.06.

[2] 潘同人：《"自贸区"改革中的地方自主性扩张研究》，《中国特色社会主义研究》2015年第6期。

常态化以来，各地各部门围绕领导体制、工作机制与工作体系制度化建设的三大领域主动作为，分别从加强统筹协调、加强特色探索、加强宣传培训三大路径开展了积极的复制推广制度化建设探索。

一、加强统筹协调

目前，国家层面已经建立部级联席会议制度和司局级联络员制度，省级层面已经成立自贸区工作领导小组及办公室，建立了处级联络员制度。不少省区市均已将复制推广工作纳入全面深化改革重点事项，由省委、省政府明确一个部门牵头，省直有关部门配合，省市联动，强力推进各项制度创新成果落实。各省级行政区在工作推进过程中，重视加强统筹协调，树立"一盘棋"思想，完善省、市、县（市、区）的联动协作推进机制，形成复制推广制度创新成果的强大合力。省直有关部门重视与商务部等国家部委的沟通对接，及时了解国家相关部委的最新部署和兄弟省区市复制推广工作最新动态，同时加强对各市、县（区）政府及相关部门、各开发区及海关特殊监管区域的业务指导，积极推进复制推广工作，确保制度创新成果落地生根、产生实效。

河南省委、省政府将国务院推广上海自贸区可复制制度创新成果纳入省委全面深化改革重点事项，明确由省自贸区工作办公室（省商务厅、省开放办）牵头，省直有关部门配合，省市联动，强力推进各项制度创新成果落实。各省辖市、省直管县（市）按照省里做法，将国务院推广上海自贸区可复制制度创新成果纳入全面深化改革重点事项，明确责任单位和职责分工，健全工作机制，加快推进复制推广工作。省自贸区工作办公室发挥了综合协调督查服务职能作用，通过加强统筹谋划与推进实施，确保各项制度创新成果落到实处、见到实效。河南省各级、各部门"一盘棋"，不断完善省、省辖市、县（市、区）和部门间的联动协作推进机制，形成了复制推广制度创新成果的强大合力。省自贸区工作领导小组及办公室进一步发挥复制推广的领导推动作用，定期召开例会，研究、解决复制推广工作中的困难和问题，协调推进复制推广工作。省直有关部门重视与商务部等国家部委的沟通对接，及时了解国家相关部委的最新部署和兄弟省区市复制推广工作最新动态，同时加强对各地相关部门的业务指导，积极推进当地复制推广工作。地市与省自贸区工作办公室和省直相关部门的沟通对接不断加强，形成了上下联动、合力推进复制推广落到实处的良好工作局面。① 为进一步加快制度创新成果复制推广，河南省还定期发布河南自贸试验区最佳实践案例，加强各责任主体对其他自贸试验区改革创新经验的学习借鉴帮扶，推动制度创新成果落地见效。建设河南自贸试验区开放创新联动区，加大自贸试验区制度创新成果复制推广力度，推动改革创新协同、产业发展联动。② 并及时总结上报在复制推广实践中迭代创新产生的制度创新成果，力争更多河南经验在全国复制推广，为全国制度型开放与高质量发展提供更多河南智慧与河南经验。

安徽省级有关负责部门积极与国家对口部门衔接，展开工作方案细化、操作细则制定、操作系统调整等准备工作，并指导地市做好承接准备。省内各地市则结合当地实际，制定实施方案，明确具体任务和责任单位，做好动员部署和承接准备工作。③ 甘肃省级各有关单位主动对接国务院相关部门，熟悉国家政策，按照分工，制订复制推广工作计划，明确主体责任和完成时限，确保各项改革事项落到实处。甘肃省领导小组办公室对照工作计划，对每一批制度创新成果的复制推广工作展开跟踪督查，复制推广过程中遇到的重大问题，由甘肃省政府向国务院及时汇报。④

广东、山东等几个省份也有各自特色举措。中国（广东）自由贸易试验区工作领导小组办公室牵头协调各地、各部门定期对广东自贸试验区制

---

① 《河南省人民政府关于批转河南省推广中国（上海）自由贸易试验区可复制改革试点经验实施方案的通知》，豫政〔2015〕54 号，2015.08.
② 《河南省人民政府关于印发中国（河南）自由贸易试验区 2.0 版建设实施方案的通知》，豫政〔2023〕12 号，2023.02.
③ 《安徽省人民政府关于印发安徽省推广中国（上海）自由贸易试验区可复制改革试点经验工作方案的通知》，皖政〔2015〕47 号，2015.04.
④ 《甘肃省商务厅关于印发〈甘肃省做好自由贸易试验区新一批改革试点经验复制推广工作的实施意见〉的通知》，组发〔2017〕1 号，2017.03.

度创新成果的复制推广效果进行检查评估，加快探索形成更多可复制推广经验，为深化改革和扩大开放提供示范和借鉴；领导小组办公室积极协调解决相关制度创新成果复制推广过程中遇到的重大问题，重要情况随时可向省政府报告。① 山东省直相关部门按照上下对口原则，积极主动与国家有关部门沟通衔接，明确责任处室和责任人，研究制定符合当地实际的复制推广实施方案。例如，省公安厅、省口岸办、山东海事局配合海关部门做好"跨部门一次性联合检查"改革事项，明确复制推广事项的办理条件、程序及其他实施条件，并指导各市做好复制推广工作，确保在规定时间内完成制度创新成果复制推广工作。机构改革后，相关改革事项的复制推广工作由行使该项职权部门继续推进。② 贵州将推广上海等自由贸易试验区制度创新成果作为重点改革任务，协调统筹推进，明确改革内容、牵头单位、责任单位、可检验成果方式和时间节点。各牵头单位将复制推广工作纳入重要议事日程，统筹协调相关责任单位，确定路线图、时间表、责任人，按照实施步骤和时间安排，落实有关工作。③

河北、黑龙江等省的举措也颇具特点。河北由省政府统筹协调自贸试验区可复制制度创新成果的推广工作，加强督导检查，及时研究解决改革事项落实工作中的新情况、新问题。④ 黑龙江省直有关部门及时掌握政策动向，研究制定符合省情、地情的改革事项推进方案，及时跟踪掌握国家有关部门的复制推广工作要求与信息，了解工作进展情况，主动接受国家对复制推广工作的指导。⑤ 湖南重视与国家有关部委及制度创新成果原生地有关部门的联系，积极争取支持，了解最新改革发展动态。省内地市、

---

① 《广东省人民政府关于复制推广中国（广东）自由贸易试验区首批改革创新经验的通知》，粤府〔2015〕127号，2015.12.

② 《山东省人民政府关于贯彻落实国发（2018）12号文件做好自由贸易试验区第四批改革试点经验复制推广工作的通知》，鲁政字〔2018〕146号，2018.07.

③ 《贵州省人民政府关于印发贵州省推广中国（上海）自由贸易试验区可复制改革试点经验工作方案的通知》，黔府发〔2016〕8号，2016.03.

④ 《河北省人民政府办公厅关于印发河北省推广中国（上海）自由贸易试验区可复制改革试点经验工作方案的通知》，冀政办字〔2015〕17号，2015.02.

⑤ 《黑龙江省人民政府办公厅关于印发黑龙江省复制推广自由贸易试验区新一批改革试点经验工作实施方案的通知》，黑政办发〔2017〕16号，2017.03.

有关部门互相支持，加强沟通交流，强化协调配合，共同推进体制机制和政策的改革创新。① 江西要求各地政府履行复制推广的主体责任，强化对复制推广工作的组织领导，明确责任分工、工作举措，加大实施力度，确保复制推广工作顺利推进、取得实效。② 省有关单位按照责任分工，加强与国家对口部门的沟通联系，按照国家有关部门的部署安排和相关规定，依法依规提出细化落实措施，并结合各地实际进行分类指导，有序推进各项工作落实。各区市、赣江新区强化复制推广主体责任，与省有关单位做好对接，指导各类市场主体用好用足各项改革措施。③

一些城市的举措也很有代表性。河南省洛阳市各级、各部门树立"一盘棋"思想，不断完善县（市、区）和部门间的联动协作推进机制，形成了复制推广制度创新成果的强大合力。洛阳市政府进一步发挥自贸片区工作领导小组作用，定期召开例会，研究、解决推广复制工作中的困难和问题，协调推进上海自贸区制度创新成果复制推广工作。市直有关部门重视与省相关厅（局、委）、国家部委的沟通对接，及时了解国家相关部委、省相关厅（局、委）的最新部署和其他地市复制推广工作的最新动态，同时加强对各县（市、区）相关部门的业务指导，积极推进当地复制推广工作。各县（市、区）主动与市自贸片区工作领导小组办公室和市直相关部门的沟通对接，上下联动、形成合力，推进工作落实。④ 新乡市自贸区推进专项小组定期召开例会，研究、解决复制推广工作中的困难和问题，协调推进复制推广工作。市直有关部门重视与国家和省有关部门沟通对接，及时了解国家和省相关部门的最新部署和复制推广工作最新动态，积极推进当地复制推广工作。各县（市、区）重视与市自贸区推进专项小组办公

---

① 《湖南省人民政府关于印发〈湖南省推广中国（上海）自由贸易区可复制改革试点经验工作方案〉的通知》，湘政发〔2015〕11号，2015.03.

② 《江西省人民政府办公厅关于印发江西省复制推广自由贸易试验区第六批改革试点经验工作实施方案的通知》，赣府厅字〔2020〕83号，2020.11.

③ 《江西省人民政府办公厅关于印发江西省复制推广自由贸易试验区第五批改革试点经验工作实施方案的通知》，赣府厅字〔2019〕65号，2019.08.

④ 《洛阳市人民政府关于批转洛阳市推广中国（上海）自由贸易试验区可复制改革试点经验实施方案的通知》，洛政〔2016〕1号，2016.01.

室的沟通对接，上下联动、形成了合力推进复制推广自贸试验区制度创新成果有力开展的工作局面落实。① 安徽省以芜湖为代表，市直有关对口部门积极开展与省对口部门的工作衔接，在此基础上指导各县区、开发区（以下简称各县区）按照省有关部门和市政府的部署开展复制推广工作，对各项可复制制度创新成果进行细化梳理，分类推进。② 甘肃省会兰州市各工作组和相关单位主动加强与国家有关部委、制度创新成果发源地、省相关部门的沟通联系。对于中央有关部门在全国复制推广的改革事项，主动跟进，做好复制推广相关改革事项的具体配合工作。面对自贸试验区建设探索的先锋城市，兰州新区在上海设立驻上海自贸试验区办事机构，最大限度准确对接把握试验区改革重点。兰州市政府驻上海联络处发挥驻地服务功能，及时跟踪了解上海自贸试验区最新改革动态。市委市政府督查室对推广实施情况实时跟踪，适时开展走访检查。市目标办、效能办建立健全考核机制，把推广工作任务纳入年度目标考核体系，确保改革事项逐一落实到位，取得实际效果。③ 福建宁德市直有关单位保持与国家、省对口部门的沟通联系，加强对各县（市、区）、东侨经济技术开发区对应部门的业务指导，建立信息报送机制，实时跟踪推广实施情况，适时开展走访检查，确保改革事项逐一落实到位。东侨经济技术开发区等区域对照改革事项任务表，明确责任单位，加强与市直有关部门的沟通衔接。④ 湖北省会武汉市横向协作与纵向推进相结合。横向上，复制推广事项的各负责部门之间、负责部门与配合部门之间加强沟通，形成合力；纵向上，各负责部门积极主动与国家有关部委、省直有关部门对接，做到复制推广工作于法有据，上下结合推进。⑤

---

① 《新乡市人民政府关于推广中国（上海）自由贸易试验区可复制改革试点经验的实施意见》，新政文〔2016〕15号，2016.01.

② 《芜湖市人民政府关于印发芜湖市推广中国（上海）自由贸易试验区可复制改革试点经验实施方案的通知》，芜政〔2015〕76号，2015.09.

③ 《兰州市人民政府关于印发兰州市推广中国（上海）自由贸易试验区可复制改革试点经验工作方案的通知》，兰政发〔2015〕102号，2015.08.

④ 《宁德市人民政府关于印发宁德市推广中国（上海）自由贸易试验区可复制改革试点经验工作方案的通知》，宁政〔2015〕18号，2015.07.

⑤ 《武汉市人民政府办公厅关于印发武汉市推广中国（上海）自由贸易试验区可复制改革试点经验工作方案的通知》，武政办〔2015〕64号，2015.05.

二、加强特色探索

广东省前海片区首创中国特色社会主义法治示范区建设，在立法、司法、执法体制改革、廉政监督等方面取得了积极成效。在深圳市人大的大力支持下，前海片区出台了"一条例两办法"，即前海合作区条例、前海管理局暂行办法和前海湾保税港区暂行办法，构建了前海法治建设基本框架。最高人民法院第一巡回法庭落户前海，挂牌成立前海法院、前海检察院。前海法院率先开展"以庭审为中心"的诉讼机制改革，在国内首创庭前会议制度。审结首单适用香港特区法律的经济纠纷案件，实现前海适用香港特区法律的重大突破；首创港籍陪审员制度，率先探索审执分离、司法行政事务管理权与审判权分离。[①] 这些司法工作层面的制度建设，为相关特殊创新事项的复制推广提供了落地基础与政策配套。河南省郑州片区围绕"为国家试制度、为地方谋发展"的战略定位，持续强化制度首创集成创新，首创"航空货运电子信息化"，打通机场货站系统和航空公司系统、采用无纸化电子运单，极大提升运单处理效率。在此创新成果取得成效后，中国（河南）自由贸易试验区郑州片区会同河南机场集团将"航空货运电子信息化"向上选送，成功入选第七批改革试点经验。[②] 湖南省岳阳片区率先建立 2000 万元的知识产权质押风险补偿资金池，落地了全市首笔知识产权质押融资业务，解决企业融资难、渠道少的问题。在湖南省知识产权局、省知识产权交易中心全力支持下，2023 年 1 月，岳阳自贸片区"探索建立市场化的知识产权质押融资风险补偿机制"创新获得国家知识产权局、中国银保监会、国家发改委三部委的推介，其做法也为全国自贸试验区第七批改革试点经验中的"知识产权质押融资模式创新"提供了参

[①] 毛艳华：《广东自贸试验区试点改革成效与制度创新方向》，《国际贸易》2017 年第 6 期，第 25 页。

[②] 王亚楠：《郑州自贸片区成功改革经验向全国推广》，中国商务新闻网，https：//www.comnews.cn/content/2023-07/14/content_28965.html，2023-07-14。

考借鉴。① 甘肃兰州将推广工作的制度建设、可量化指标体系建设、推广前后成效的量化对比情况、推广过程中遇到的问题和下一步改革工作的建议等进行持续性跟踪评估并及时进行全面系统总结，结合其他省市自贸试验区的创新探索情况，不断优化自身复制推广的工作思路，部署、跟进更多创新举措。②

在为具体复制推广工作制定配套的整体推行实施方案方面，全国各地也取得了许多有益经验。河南省开封市要求各市直负责部门明确复制推广的责任分工、时间节点、推进措施和相应保障，将工作进度及时报送至市政府"放管服"改革办公室。县区、有关部门结合工作实际制订具体落实方案，明确责任领导和具体责任人，按照时间节点倒排工作任务，扎实推进，每季度向市政府"放管服"改革办公室报送复制推广工作进展情况。③福建省把党领导经济工作的制度优势真正转化为治理效能，将创新推广先行区工作纳入全省自贸试验区和开发区工作重要议事日程，协调解决复制推广、融合发展过程中的重点和难点问题。④ 黑龙江省商务厅负责统筹推进复制推广工作，督促各负责部门确定改革事项、时间节点和可检验成果，适时开展督查，并汇总情况报省政府。各联席会议成员单位对照各自任务分工，责成专人负责，承接复制推广任务，要做到有布置、有督促、有检查，确保按时保质完成承担任务，并将推进情况于每季度初报送省商务厅。⑤

山东省出台了工作台账制度，自查自评制度和督促检查机制。省政府

---

① 中国（湖南）自由贸易试验区岳阳片区管委会创新协调部：《全国自贸试验区第七批改革试点经验发布，岳阳这项工作是重要样本》，http://ftz.hunan.gov.cn/hnzm/yyxxzx/yyywsd/202307/t20230713_29400752.html，2023-07-13.

② 《兰州市人民政府关于印发兰州市推广中国（上海）自由贸易试验区可复制改革试点经验工作方案的通知》，兰政发〔2015〕102号，2015.08.

③ 《开封市人民政府办公室关于复制推广中国（河南）自由贸易试验区开封片区第二批改革创新经验的通知》，汴政办〔2019〕60号，2019.05.

④ 《中国（福建）自由贸易试验区工作领导小组办公室关于印发〈全省开发区建设自贸创新成果复制推广先行区的实施意见〉的通知》，闽自贸办〔2021〕1号，2021.04.

⑤ 《黑龙江省人民政府办公厅关于印发黑龙江省复制推广自由贸易试验区新一批改革试点经验工作实施方案的通知》，黑政办发〔2017〕16号，2017.03.

有关部门建立复制推广工作台账，每季度总结复制推广工作最新进展、结合实际自主创新、存在问题等情况，于每季度首月10日前报省商务厅。各市每半年对复制推广工作进行一次自查自评，主要包括已复制事项进展情况、未复制原因、自主创新情况、存在问题以及下一步打算等，分别于1月10日、7月10日前报省商务厅。省商务厅负责统筹推进复制推广工作，会同有关部门认真总结归纳经验与做法，形成"最佳实践案例"，协调解决工作推进过程中的重点难点问题；在各市自查自评基础上，对全省复制推广情况进行情况通报；根据工作需要，适时开展督查，确保复制推广工作顺利推进。复制推广工作遇到的重大问题，及时报省政府。① 山西省各地、各有关部门纷纷建立总结评估工作制度，定期对复制推广工作情况进行总结评估，及时将好的经验、做法和存在的问题反馈省复制推广自由贸易试验区改革试点经验工作领导小组办公室。省领导小组办公室负责将国家有关部委总结推广的"最佳实践案例"、兄弟省市好的经验做法通报各有关部门，并做好统筹协调工作。② 地市、有关部门将自由贸易试验区制度创新成果复制推广工作列为该市、该部门的重点工作，主动作为，加强组织领导，细化分解任务，落实责任分工，加大实施力度，强化督促检查，确保复制推广工作顺利推进，大力推动制度创新成果落地生根、取得实效。对复制推广工作中遇到的重大问题，及时报送省复制推广自由贸易试验区改革试点经验工作领导小组。省领导小组办公室适时会同有关部门督查复制推广工作进展和成效，协调解决复制推广工作中的重点和难点问题。③ 山西朔州重视及时跟踪兄弟地市最新工作动态，加强对下级部门的业务指导。为积极推进复制推广工作建立了长效机制，持续跟进、上下联动、相互配合。④

---

① 《山东省人民政府关于贯彻落实国发〔2018〕12号文件做好自由贸易试验区第四批改革试点经验复制推广工作的通知》，鲁政字〔2018〕146号，2018.07。

② 《山西省人民政府办公厅关于进一步复制推广自由贸易试验区改革试点经验的实施意见》，晋政办发〔2017〕115号，2017.09。

③ 《山西省人民政府办公厅关于做好复制推广自由贸易试验区第四批改革试点经验工作的通知》，晋政办发〔2018〕78号，2018.07。

④ 《朔州市人民政府办公厅关于进一步复制推广自由贸易试验区改革试点经验的实施意见》，朔政办发〔2018〕67号，2018.09。

建立相关机制或出台相应复制推广政策性文件的省区市还有陕西、湖北、江西等。陕西省颁布了《中国（陕西）自由贸易试验区管理办法》，建立省自贸试验区工作领导小组会议制度和中国（陕西）自由贸易试验区工作办公室周例会制度，协调解决重难点问题。出台《自贸试验区建设督促检查工作机制》《自贸试验区改革试点经验总结评估推广工作制度》《自由贸易试验区建设督促检查实施办法（试行）》等文件，设立试点任务推进落实和自贸试验区建设进展量化考核指标，按月通报、按季督查重点工作推进情况。成立行政审批制度改革、投资改革、贸易促进、法制建设、市场监管、金融改革和统计分析七个专题工作组，推进重点领域改革创新和试点任务落实。① 陕西省自贸办为进一步宣传自贸试验区建设、加强全社会对制度创新与复制推广工作改革实践意义的深刻理解，还积极面向社会广泛征集自贸试验区改革创新线索，共分为三类：A 类，突破现行规章制度，具有首创性、集成性特点，可操作性强、预期效果好的改革创新线索；B 类，对现有业态、模式进行创新，可操作性强、有较强经济社会效益的改革创新线索；C 类，在已有改革创新经验的基础上，结合陕西省实际进行差异化、特色化改进，可操作性较强、预期效果较好的改革创新线索。并对改革创新线索的征集实行动态化管理（随有随报），并安排专人对改革创新线索进行收集汇总，每半年组织相关专家进行一次评审及奖励兑现。② 湖北省出台了《中国（湖北）自由贸易试验区第五批改革试点经验复制推广工作任务分工表》，各相关单位根据分工逐项制定工作方案，明确具体措施、时间节点、责任人和可检验的成果形式。③ 江西省有关部门结合实际分类指导，有序推进，对已按要求启动实施的改革措施，要依法依规认真抓好落实；其他改革措施，向国家有关部门汇报衔接，按照国家有关部门安排部署和

---

① 陈浩：《陕西自贸试验区建设经验和思考》，《国际贸易》2019 年第 2 期。
② 《中国（陕西）自由贸易试验区工作领导小组办公室关于开展公开面向社会征集自贸试验区改革创新线索的通知》，中国（陕西）自由贸易试验区官网，http://ftz.shaanxi.gov.cn/tzgg/RR3mAf.htm，2023-01-31。
③ 《湖北省人民政府关于做好中国（湖北）自由贸易试验区第五批改革试点经验复制推广工作的通知》，鄂政发〔2020〕27 号，2020.12。

国家有关规定，实施复制推广工作，进一步细化工作措施。①

三、重视宣传培训

为确保各类市场主体知悉自贸试验区制度创新成果的政策内涵，不少地方纷纷积极利用电视、报纸、网站等多种方式，向社会各界深入宣传复制推广制度创新成果的积极作用和重要意义。各级各地通过积极开展点面结合的宣传工作，引导社会公众广泛参与，形成全社会理解、关心、支持自贸试验区制度创新成果复制推广工作的良好氛围。在复制推广的宣传实践中，全国各地结合自身实际情况，进行了丰富而有益的探索，取得了一系列创新成果。河北省采取多种形式广泛宣传复制推广自贸试验区制度创新成果的时代价值与改革创新意义，做好各项改革措施的政策解读和相关配套服务，引导社会公众广泛参与，形成全社会理解、关心、支持的良好氛围，确保自贸试验区制度创新成果生根落地，进一步加快改革开放和转型升级，实现经济的跨越发展。② 黑龙江省围绕复制推广任务深入开展调查研究，以问题为导向，有针对性地提出具体贯彻落实意见，切实放大政策效应。同时，加大对复制推广新一批制度创新成果工作的宣传力度，让社会各界能够更多了解政策内涵。③ 湖南省将自贸试验区制度创新成果复制推广的相关政策和法律法规依据向社会公开发布，积极挖掘各市州和园区好的复制推广经验和成果，树立典型，凝聚共识，不断扩大改革推广工作在全国的影响力。④ 山西省积极宣传解读自贸试验区相关创新政策，大力宣传复制推广过程中的成功经验、典型案例，营造了支持创新、鼓励试

---

① 《江西省人民政府关于印发江西省复制推广自由贸易试验区第四批改革试点经验工作实施方案的通知》，赣府字〔2018〕66号，2018.09.

② 《河北省人民政府办公厅关于印发河北省推广中国（上海）自由贸易试验区可复制改革试点经验工作方案的通知》，冀政办字〔2015〕17号，2018.09.

③ 《黑龙江省人民政府办公厅关于印发黑龙江省复制推广自由贸易试验区新一批改革试点经验工作实施方案的通知》，黑政办发〔2017〕16号，2017.03.

④ 《湖南省人民政府关于印发〈湖南省推广中国（上海）自由贸易区可复制改革试点经验工作方案〉的通知》，湘政发〔2015〕11号，2015.03.

点、推进改革的浓厚氛围。① 朔州市根据山西省要求进一步细化了本地指导自贸试验区制度创新成果复制推广宣传与实施工作的意见。② 福建省注重总结实践中的先进经验和典型案例，加强研究复制推广、系统集成、协同改革、联动创新、国内国际双循环等课题；对于创新推广先行区的工作成效和需要协调解决的事项，及时报送省自贸办（自贸宣传推广处）。省自贸办会不定期选取创新推广先行区的先进经验和典型案例作为"创新红利"，通过发文推广、媒体宣传等方式，提升创新推广先行区的影响力和吸引力，推动其他开发区学习借鉴。③ 湖北省武汉市广泛宣传复制推广制度创新成果的相关内容，使市场主体知晓复制推广的制度创新事项，引导市场主体用足用好国家政策，最大限度地释放改革红利。④

在加强自贸试验区制度创新成果宣传与复制推广政策解读的基础上，开展相关业务培训，是保证复制推广工作高质量开展的重要内容。为充分发挥自贸试验区创新探索的政策红利作用，各省区市十分重视对自贸试验区创新探索经验的政策运用培训工作，重视对各项改革措施的政策宣讲解读和相关制度创新成果落地的配套服务。山东省通过积极举办政策宣讲会、组织各复制推广责任主体赴山东自贸试验区各片区实地学习、开展培训等多种方式，进行自贸试验区制度创新成果的宣传解读工作，积极引导各类市场主体用足用好相关创新政策。⑤ 山东省复制推广有关责任主体在本部门门户网站的显要位置列明复制推广事项、办理程序等；并要求各责任主体通过召开座谈会、政策宣讲会、实地走访企业等多种形式，对复制推广

---

① 《山西省人民政府办公厅关于进一步复制推广自由贸易试验区改革试点经验的实施意见》，晋政办发〔2017〕115号，2017.09。

② 《朔州市人民政府办公厅关于进一步复制推广自由贸易试验区改革试点经验的实施意见》，朔政办发〔2018〕67号，2017.09。

③ 《中国（福建）自由贸易试验区工作领导小组办公室关于印发〈全省开发区建设自贸创新成果复制推广先行区的实施意见〉的通知》，闽自贸办〔2021〕1号，2021.04。

④ 《武汉市人民政府办公厅关于印发武汉市推广中国（上海）自由贸易试验区可复制改革试点经验工作方案的通知》，武政办〔2015〕64号，2015.05。

⑤ 《山东省人民政府办公厅关于做好中国（山东）自由贸易试验区制度创新成果推广工作的通知》，鲁政办字〔2022〕24号，2022.03。

的改革措施进行全面解读,切实把自贸试验区改革红利惠及企业。① 广东省以举办政策宣讲会、发布操作指引和开展培训等多种方式,通过多渠道特别是新媒体进行舆论宣传,并认真做好政策宣传解读工作,引导市场主体用足用好相关政策。② 中国(广东)自由贸易试验区工作办公室牵头会同有关单位,积极组织召开工作通报会,及时向有关企业宣传推介相关政策,并指导广东自贸试验区各片区组织做好相关政策宣传解读工作,全力扩大政策知悉范围。③ 江西省、广西省通过举办政策宣讲会、发布操作指引和开展培训等多种方式,广泛宣传并深入推进自贸试验区制度创新成果的政策的专业解读工作,在不断扩大社会参与面和知晓度的同时,积极引导各类市场主体用足用好相关政策,为复制推广工作营造良好社会氛围。④⑤ 辽宁省通过多种渠道宣传解读相关政策,使各类市场主体知悉政策内涵,引导其用足用好相关政策。⑥ 盘锦市进一步细化辽宁省相关工作部署,以举办政策宣讲会、发布操作指引和开展培训等方式,通过多种渠道特别是新媒体宣传及解读相关政策,全力扩大政策知悉范围,使有关企业能够及时享受政策红利。⑦ 河北省石家庄市各级各部门通过多种途径和形式,面向基层、企业、园区广泛宣传自由贸易试验区制度创新成果复制推广的重大意义,引导社会有关方面广泛参与,让市场主体及时了解、掌握并充分利用好改革创新政策,在做好政策解读的基础上进一步加强业务指

---

① 《山东省人民政府关于贯彻国发〔2016〕63号文件做好自由贸易试验区新一批改革试点经验复制推广工作的通知》,鲁政发〔2016〕32号,2016.12.

② 《广东省人民政府关于复制推广中国(广东)自由贸易试验区第六批改革创新经验的通知》,粤府函〔2020〕77号,2020.05.

③ 《广东省人民政府关于做好自由贸易试验区新一批改革试点经验复制推广工作的通知》,粤府〔2016〕140号,2016.12.

④ 《江西省人民政府办公厅关于印发江西省学习借鉴自由贸易试验区新一批"最佳实践案例"和复制推广第三批改革试点经验工作实施方案的通知》,赣府厅字〔2017〕147号,2017.12.

⑤ 《广西壮族自治区人民政府关于做好中国(广西)自由贸易试验区第二批自治区级制度创新成果复制推广工作的通知》,桂政函〔2021〕144号,2021.11.

⑥ 《辽宁省人民政府关于借鉴推广中国(辽宁)自由贸易试验区第二批改革创新经验的通知》,辽政发〔2018〕41号,2018.12.

⑦ 《盘锦市人民政府关于印发盘锦市复制推广中国(辽宁)自由贸易试验区第二批改革创新经验工作方案的通知》,盘政发〔2019〕2号,2019.03.

导工作，使各项制度创新成果落地生效。①

如今复制推广宣传培训工作的开展日益制度化、规范化，在国务院印发《关于做好自由贸易试验区第七批改革试点经验复制推广工作的通知》（国函〔2023〕56号）之后，商务部自贸区港司负责人就在全国范围内和特定区域推广第七批共24项自贸试验区改革试点经验进行了解读。各地各部门也组织对相关政策解读进行了深入、及时的学习与传达。② 规范有力及时制度化地开展复制推广宣传培训工作，无疑将大大提升各地相关干部熟悉、掌握最新的政策导向和工作动态的效率。

第二节　各地因地制宜抓落地

整理分析全国自贸试验区创新成果复制推广制度化建设的相关文件法规后发现，当前复制推广的制度化建设成果主要体现在领导体制、反馈评估机制、协同协作机制、容错纠错机制四大领域（见表3-1）。

表3-1　　　　　　　全国复制推广制度建设主要文件与法规

领域	文件与法规
领导体制	《贵州省人民政府关于印发贵州省推广中国（上海）自由贸易试验区可复制改革试点经验工作方案的通知》，黔府发〔2016〕8号，2016.03。
	《山西省人民政府办公厅关于成立山西省复制推广自由贸易试验区改革试点经验工作领导小组的通知》，晋政办函〔2017〕51号，2017.04。
	《宁夏回族自治区人民政府办公厅关于印发宁夏回族自治区复制推广上海自贸区改革试点经验工作方案的通知》，宁政办发〔2015〕92号，2015.07。
	《兰州市人民政府关于印发兰州市推广中国（上海）自由贸易试验区可复制改革试点经验工作方案的通知》，兰政发〔2015〕102号，2015.08。
	《安庆市人民政府关于推广中国（上海）自由贸易试验区可复制改革试点经验的通知》，宜政秘〔2015〕85号，2015.07。

---

① 《石家庄市人民政府办公厅关于复制推广自由贸易试验区新一批改革试点经验的通知》，石政办函〔2017〕24号，2017.02。

② 《商务部自贸区港司负责人解读自贸试验区第七批改革试点经验》，中国（河南）自由贸易试验区郑州片区，https://www.zzftz.gov.cn/zcjd/4605.jhtml，2023-07-21。相关内容另见中国（福建）自由贸易试验区网站，https://www.china-fjftz.gov.cn/article/index/aid/21325.html，2023-07-20。

续表

领域	文件与法规
领导体制	《山西省人民政府办公厅关于进一步复制推广自由贸易试验区改革试点经验的实施意见》，晋政办发〔2017〕115号，2017.09.
	《洛阳市人民政府关于批转洛阳市推广中国（上海）自由贸易试验区可复制改革试点经验实施方案的通知》，洛政〔2016〕1号，2016.01.
	《黑龙江省人民政府办公厅关于建立黑龙江省自由贸易试验区复制推广工作联席会议制度的通知》，黑政办发〔2017〕65号，2017.09.
	《安徽省人民政府关于印发安徽省推广中国（上海）自由贸易试验区可复制改革试点经验工作方案的通知》，皖政〔2015〕47号，2015.04.
	《淮南市人民政府关于印发淮南市推广中国（上海）自由贸易试验区可复制改革试点经验工作方案的通知》，淮府〔2015〕74号，2015.09.
	《芜湖市人民政府关于印发芜湖市推广中国（上海）自由贸易试验区可复制改革试点经验实施方案的通知》，芜政〔2015〕76号，2015.09.
	《黑龙江省人民政府办公厅关于印发黑龙江省复制推广自由贸易试验区新一批改革试点经验工作实施方案的通知》，黑政办发〔2017〕16号，2017.03.
	《湖南省人民政府关于印发〈湖南省推广中国（上海）自由贸易区可复制改革试点经验工作方案〉的通知》，湘政发〔2015〕11号，2015.03.
	《石家庄市人民政府办公厅关于复制推广自由贸易试验区新一批改革试点经验的通知》，石政办函〔2017〕24号，2017.02.
	《河北省人民政府办公厅关于做好自由贸易试验区第七批改革试点经验复制推广工作的通知》，冀政办字〔2023〕110号，2023.08.
反馈评估机制	《河南省人民政府关于批转河南省推广中国（上海）自由贸易试验区可复制改革试点经验实施方案的通知》，豫政〔2015〕54号，2015.08.
	《河南省人民政府关于批转河南省推广中国（上海）自由贸易试验区可复制改革试点经验实施方案的通知》，豫政〔2015〕54号，2015.08.
	《新乡市人民政府关于推广中国（上海）自由贸易试验区可复制改革试点经验的实施意见》，新政文〔2016〕15号，2016.01.
	《洛阳市人民政府关于批转洛阳市推广中国（上海）自由贸易试验区可复制改革试点经验实施方案的通知》，洛政〔2016〕1号，2016.01.
	《湖北省人民政府关于复制推广中国（湖北）自由贸易试验区第二批改革试点经验的通知》，鄂政发〔2018〕50号，2018.12.

续表

领域	文件与法规
反馈评估机制	《武汉市人民政府办公厅关于印发武汉市推广中国（上海）自由贸易试验区可复制改革试点经验工作方案的通知》，武政办〔2015〕64号，2015.05.
	《辽宁省人民政府关于借鉴推广中国（辽宁）自由贸易试验区第二批改革创新经验的通知》，辽政发〔2018〕41号，2018.12.
	《山西省人民政府办公厅关于进一步复制推广自由贸易试验区改革试点经验的实施意见》，晋政办发〔2017〕115号，2017.09.
	《安徽省人民政府关于印发安徽省推广中国（上海）自由贸易试验区可复制改革试点经验工作方案的通知》，皖政〔2015〕47号，2015.04.
	《安庆市人民政府关于推广中国（上海）自由贸易试验区可复制改革试点经验的通知》，宜政秘〔2015〕85号，2015.07.
	《淮南市人民政府关于印发淮南市推广中国（上海）自由贸易试验区可复制改革试点经验工作方案的通知》，淮府〔2015〕74号，2015.09.
	《黑龙江省人民政府办公厅关于建立黑龙江省自由贸易试验区复制推广工作联席会议制度的通知》，黑政办发〔2017〕65号，2017.09.
	《山东省人民政府办公厅关于做好中国（山东）自由贸易试验区制度创新成果推广工作的通知》，鲁政办字〔2022〕24号，2022.03.
	《青岛市人民政府关于印发青岛市复制推广中国（上海）自由贸易试验区改革试点经验实施方案的通知》，青政字〔2015〕41号，2015.03.
	《盘锦市人民政府关于印发盘锦市复制推广中国（辽宁）自由贸易试验区第二批改革创新经验工作方案的通知》，盘政发〔2019〕2号，2019.03.
	《忻州市人民政府办公厅关于印发忻州市推广中国（上海）自由贸易试验区可复制改革试点经验工作方案的通知》，忻政办发〔2015〕96号，2015.08.
	《朔州市人民政府办公厅关于进一步复制推广自由贸易试验区改革试点经验的实施意见》，朔政办发〔2018〕67号，2018.09.
	《广东省人民政府关于复制推广中国（广东）自由贸易试验区第六批改革创新经验的通知》，粤府函〔2020〕77号，2020.05.
	《江西省人民政府关于印发江西省复制推广自由贸易试验区新一批改革试点经验工作实施方案的通知》，赣府字〔2017〕28号，2017.05.
	《江西省人民政府办公厅关于印发江西省复制推广自由贸易试验区第六批改革试点经验工作实施方案的通知》，赣府厅字〔2020〕83号，2020.11.

续表

领域	文件与法规
反馈评估机制	《广西壮族自治区人民政府关于做好中国（广西）自由贸易试验区第二批自治区级制度创新成果复制推广工作的通知》，桂政函〔2021〕144号，2021.11。
	《湖南省人民政府关于印发〈湖南省推广中国（上海）自由贸易区可复制改革试点经验工作方案〉的通知》，湘政发〔2015〕11号，2015.03。
	《中国（福建）自由贸易试验区工作领导小组办公室关于印发〈全省开发区建设自贸创新成果复制推广先行区的实施意见〉的通知》，闽自贸办〔2021〕1号，2021.04。
	《湖北省人民政府办公厅关于做好中国（湖北）自由贸易试验区第七批改革试点经验复制推广工作的通知》，鄂政办发〔2023〕1号，2023.01。
	《江西省人民政府办公厅关于印发江西省复制推广自由贸易试验区第七批改革试点经验工作实施方案的通知》，赣府厅字〔2023〕67号，2023.09。
	《山东省人民政府关于做好自由贸易试验区第七批改革试点经验复制推广工作的通知》，鲁政字〔2023〕164号，2023.09。
	《酒泉市人民政府办公室关于印发〈酒泉市复制推广自由贸易试验区第七批改革试点经验工作实施方案〉的通知》，酒政办发〔2023〕85号，2023.09。
协同协作机制	《上海市虹口区人民政府关于印发虹口区推广中国（上海）自由贸易试验区改革试点经验实施方案的通知》，虹府发〔2015〕18号，2015.07。
	《天津市商务局关于做好中国（天津）自由贸易试验区改革试点经验复制推广工作的通知》，津自贸办〔2021〕2号，2021.04。
	《山西省人民政府办公厅关于进一步复制推广自由贸易试验区改革试点经验的实施意见》，晋政办发〔2017〕115号，2017.09。
	《安庆市人民政府关于推广中国（上海）自由贸易试验区可复制改革试点经验的通知》，宜政秘〔2015〕85号，2015.07。
	《忻州市人民政府办公厅关于印发忻州市推广中国（上海）自由贸易试验区可复制改革试点经验工作方案的通知》，忻政办发〔2015〕96号，2015.08。
	《青岛市人民政府关于印发青岛市复制推广中国（上海）自由贸易试验区改革试点经验实施方案的通知》，青政字〔2015〕41号，2015.03。
	《兰州市人民政府关于印发兰州市推广中国（上海）自由贸易试验区可复制改革试点经验工作方案的通知》，兰政发〔2015〕102号，2015.08。
	《岳阳市人民政府办公室关于印发〈岳阳市推广中国上海自由贸易试验区可复制改革试点经验实施方案〉的通知》，岳政办发〔2015〕17号，2015.08。
	《江西省人民政府办公厅关于印发江西省复制推广自由贸易试验区第六批改革试点经验工作实施方案的通知》，赣府厅字〔2020〕83号，2020.11。

续表

领域	文件与法规
协同协作机制	《江西省人民政府办公厅关于印发江西省复制推广自由贸易试验区第五批改革试点经验工作实施方案的通知》，赣府厅字〔2019〕65号，2019.08。
	《青海省人民政府印发〈关于推广中国（上海）自由贸易试验区可复制改革试点经验的实施意见〉的通知》，青政〔2015〕39号，2015.04。
	《陕西省人民政府办公厅关于印发复制推广上海自贸试验区改革试点经验工作方案的通知》，陕政办发〔2015〕62号，2015.06。
	《云南省人民政府关于印发云南省进一步推广自由贸易试验区可复制改革试点经验实施方案的通知》，云政发〔2017〕57号，2017.09。
	《石家庄市人民政府办公厅关于复制推广自由贸易试验区新一批改革试点经验的通知》，石政函〔2017〕24号，2017.02。
	《广东省人民政府关于做好自由贸易试验区新一批改革试点经验复制推广工作的通知》，粤府〔2016〕140号，2016.12。
	《湖北省人民政府办公厅关于印发湖北省做好自由贸易试验区新一批改革试点经验复制推广工作实施方案的通知》，鄂政办发〔2016〕105号，2016.12。
	《山东省人民政府办公厅关于做好中国（山东）自由贸易试验区制度创新成果推广工作的通知》，鲁政办字〔2022〕24号，2022.03。
	《河南省人民政府关于批转河南省推广中国（上海）自由贸易试验区可复制改革试点经验实施方案的通知》，豫政〔2015〕54号，2015.08。
	《孝感市人民政府办公室关于印发孝感市复制推广中国（湖北）自由贸易试验区第七批改革试点经验工作方案的通知》，孝感政办函〔2023〕27号，2023.03。
（准）容错纠错机制	《中国（云南）自由贸易试验区工作领导小组办公室关于印发中国（云南）自由贸易试验区容错纠错实施办法的通知》，云自贸组办发〔2021〕14号，2022.01。
	《中国（新疆）自由贸易试验区喀什片区喀什市区块容错纠错实施办法（试行）》，新疆喀什市委、市人民政府研究出台，2024.01。
	《中国（福建）自由贸易试验区条例》，福建省第十二届人民代表大会常务委员会第二十二次会议通过，2016.04。
	《中国（福建）自由贸易试验区条例》，福建省第十二届人民代表大会常务委员会第二十二次会议通过，2016.04。
	《中国（河北）自由贸易试验区条例》，河北省第十三届人民代表大会常务委员会公告第63号，2020.09。
	《中国（陕西）自由贸易试验区条例》，陕西省人民代表大会常务委员会公告〔13届〕第52号，2021.05。

续表

领域	文件与法规
（准）容错纠错机制	《中国（天津）自由贸易试验区条例》（2022修正），天津市人民代表大会常务委员会公告第106号，2022.09.
	《中国（广东）自由贸易试验区条例》（2019修正），广东省第十三届人民代表大会常务委员会公告第50号，2019.11.
	《中国（浙江）自由贸易试验区条例》，浙江省第十三届人民代表大会常务委员会公告第68号，2022.05.
	《中国（广西）自由贸易试验区条例》，广西壮族自治区人大常委会公告13届第35号，2020.09.
	《中国（安徽）自由贸易试验区条例》，安徽省人民代表大会常务委员会公告第61号，2022.03.
	《中国（北京）自由贸易试验区总体方案》，国发〔2020〕10号，2020.09.
	《中国（湖南）自由贸易试验区总体方案》，国发〔2020〕10号，2020.09.
	《中国（安徽）自由贸易试验区总体方案》，国发〔2020〕10号，2020.09.
	《中国（浙江）自由贸易试验区扩展区域方案》，国发〔2020〕10号，2020.09.
	《中国（新疆）自由贸易试验区总体方案》，国发〔2023〕17号，2023.10.

一、领导体制

全国各省市复制推广工作的领导体制主要有两种类型：领导小组与联席会议。

（一）复制推广工作领导小组制

复制推广工作领导小组（专项工作组），在省级一般由省长或副省长任组长，各地市由市长或副市长任组长，小组成员由相关部门、中央驻地方相关部门负责人组成，领导小组办公室一般设在商务部门。领导小组办公室负责牵头拟订复制推广自由贸易试验区创新成果的实施方案、推进措施，督促落实领导小组议定的事项，承办领导小组交办的其他事项，并汇总、整理各部门工作进展情况，及时向上级政府和商务部报告。一些设立自贸试验区片区的地市，往往会以成立自贸办的方式，通过本地自贸办来牵头推动本地区的复制推广工作。例如，贵州省成立贵州省推广上海等自由贸易试验区经验工作领导小组，由省长任组长，有关副省长任副组长，省有关部门和中央在黔单位负责人为成员，并视工作需要适时增加。领导小组办公室设在省商务厅，负责处理日常工作。① 山西省人民政府决定成立山西省复制推广自由贸易试验区改革试点经验工作领导小组。领导小组设办公室，办公室设在省商务厅，承担领导小组日常工作。负责牵头拟订复制推广自由贸易试验区制度创新成果的实施方案、推进措施，督促落实领导小组议定的事项，承办领导小组交办的其他事项。② 领导小组办公室建立工作台账，适时开展专项督查，汇总、整理各部门工作进展情况，及时向上级政府和商务部报告。③ 宁夏回族自治区成立自治区推广上海自贸区可复制改革试点经验专项工作组，成员由自治区编办、发展改革委、经济和信息化委、公安厅、民政厅、司法厅、财政厅、人力资源社会保障厅、环境保护厅、商务厅、银川海关、宁夏国税局、宁夏检验检疫局、人行银川中心支行、国家外汇管理局宁夏分局、宁夏银监局、宁夏保监局、宁东管委会、银川综合保税区管委会、自治区地税局、工商局、质监局、食品药监局、政府法制办、政务服务中心、金融办、口岸办、贸促会、信息化建设办、银川市人民政府、石嘴山市人民政府、吴忠市人民政府、固原市人民政府、中卫市人民政府、银川经济技术开发区管委会等部门（单位）组成。专项工作组办公室设在自治区商务厅。④

甘肃省兰州市成立兰州市推广中国（上海）自由贸易试验区可复制改革试点经验领导小组（以下简称领导小组），下设7个工作组，企业设立

---

① 《贵州省人民政府关于印发贵州省推广中国（上海）自由贸易试验区可复制改革试点经验工作方案的通知》，黔府发〔2016〕8号，2016.03.

② 《山西省人民政府办公厅关于成立山西省复制推广自由贸易试验区改革试点经验工作领导小组的通知》，晋政办函〔2017〕51号，2017.04.

③ 《山西省人民政府办公厅关于进一步复制推广自由贸易试验区改革试点经验的实施意见》，晋政办发〔2017〕115号，2017.09.

④ 《宁夏回族自治区人民政府办公厅关于印发宁夏回族自治区复制推广上海自贸区改革试点经验工作方案的通知》，宁政办发〔2015〕92号，2015.07.

"单一窗口"制工作组、社会信用体系工作组、信息共享工作组、综合执法制度工作组、企业年度报告公示和经营异常名录制度工作组、社会力量参与市场监督制度工作组、完善专业监管制度工作组,各工作组牵头单位为组长单位,具体负责各组复制推广工作的组织实施。领导小组办公室设在市商务局,承担领导小组日常工作。① 安徽省安庆市在市开放型经济领导小组研究内容中设置推广中国(上海)自由贸易试验区可复制改革试点经验工作专题,由领导小组办公室统筹协调全市复制推广工作。② 安徽省黄山市成立市推广上海自贸区可复制改革试点经验工作领导小组,领导小组办公室设在市商务局,由市政府分管负责同志担任召集人,市编办、市发展改革委、市商务局等单位负责人为成员,统筹协调当地复制推广工作。③ 河南省洛阳市由市自贸区工作领导小组办公室牵头,市有关部门配合,市、县联动。市自贸片区工作领导小组办公室发挥综合协调督查服务职能,加强统筹谋划,强力推进实施,确保各项制度创新成果落到实处、见到实效。④

(二) 复制推广工作联席会议制

复制推广工作联席会议,一般由省市政府分管负责同志担任复制推广工作联席会议召集人,各相关单位负责人为会议成员,联席会议成员因工作变动需要调整,则由所在单位提出,联席会议确定。联席会议办公室一般也设在商务部门,负责处理日常工作、统筹协调相关层级的复制推广工作,研究解决创新成果推广过程中遇到的新情况、新问题。例如,安徽省建立省推广上海自贸区可复制改革试点经验工作联席会议制度,联席会议

---

① 《兰州市人民政府关于印发兰州市推广中国(上海)自由贸易试验区可复制改革试点经验工作方案的通知》,兰政发〔2015〕102号,2015.08.
② 《安庆市人民政府关于推广中国(上海)自由贸易试验区可复制改革试点经验的通知》,宜政秘〔2015〕85号,2015.07.
③ 《黄山市人民政府关于印发黄山市推广中国(上海)自由贸易试验区可复制改革试点经验工作实施方案的通知》,黄政秘〔2015〕33号,2015.10.
④ 《洛阳市人民政府关于批转洛阳市推广中国(上海)自由贸易试验区可复制改革试点经验实施方案的通知》,洛政〔2016〕1号,2016.01.

办公室设在省商务厅，由省政府分管负责同志担任召集人，省委宣传部、省编办、省发展改革委、省商务厅等单位负责同志为成员，统筹协调全省复制推广工作。①安徽省淮南市②和芜湖市③对应建立市推广上海自贸区可复制改革试点经验工作联席会议制度，联席会议办公室设在市商务局，由市政府分管负责同志担任召集人，市委宣传部、市编办、市发展改革委、市商务局等单位负责同志为成员，统筹协调全市复制推广工作。

黑龙江省建立由省政府分管商务工作的领导为总召集人，省商务厅牵头，国税、工商、民政、质监、环保、海关、检验检疫、外汇等部门负责人参加的自由贸易试验区经验复制推广工作联席会议制度。④联席会议办公室设在省商务厅，承担联席会议日常工作，省商务厅分管领导兼任办公室主任。联席会议联络员由各成员单位有关处室负责同志担任。根据工作需要，联席会议可邀请其他相关部门参加。联席会议成员因工作变动需要调整的，由所在单位提出，联席会议确定。⑤湖南省建立了在省政府领导下、各有关部门共同参与、省商务厅具体负责日常工作的协调机制，定期召开由省商务厅、省发改委、省民政厅、省财政厅、省文化厅、省工商局、省质监局、省地税局、省国税局、长沙海关、湖南出入境检验检疫局、人民银行长沙中心支行、国家外汇管理局湖南省分局等单位参加的联席会议。⑥河北省石家庄市建立市自由贸易试验区改革试点经验复制推广工作联席会议制度，联席会议办公室设在市商务局统筹协调推进自由贸易试

---

① 《安徽省人民政府关于印发安徽省推广中国（上海）自由贸易试验区可复制改革试点经验工作方案的通知》，皖政〔2015〕47号，2015.04。

② 《淮南市人民政府关于印发淮南市推广中国（上海）自由贸易试验区可复制改革试点经验工作方案的通知》，淮府〔2015〕74号，2015.09。

③ 《芜湖市人民政府关于印发芜湖市推广中国（上海）自由贸易试验区可复制改革试点经验实施方案的通知》，芜政〔2015〕76号，2015.09。

④ 《黑龙江省人民政府办公厅关于印发黑龙江省复制推广自由贸易试验区新一批改革试点经验工作实施方案的通知》，黑政办发〔2017〕16号，2017.03。

⑤ 《黑龙江省人民政府办公厅关于建立黑龙江省自由贸易试验区复制推广工作联席会议制度的通知》，黑政办发〔2017〕65号，2017.09。

⑥ 《湖南省人民政府关于印发《湖南省推广中国（上海）自由贸易区可复制改革试点经验工作方案》的通知》，湘政发〔2015〕11号，2015.03。

区制度创新成果复制推广工作，研究解决改革事项落实过程中的新情况、新问题。①

二、反馈评估机制

建立健全自贸试验区制度创新成果复制推广评估反馈机制是进一步明确复制推广责任主体、有效掌控工作节奏、及时总结工作经验的重要行政工具，也是复制推广制度建设的重要组成部分。当前对于复制推广的反馈评估机制建设探索主要有四个路径方向：

（一）自贸办或复制推广领导小组负责制

基于复制推广工作台账，建立以自贸办或复制推广领导小组牵头的复制推广定期反馈与通报机制，形成专项督查与定期督查相结合的复制推广评估督导机制，建立"清单制＋责任制＋项目制"的评估反馈机制，并基于年度评估成效与排名等，建立创新推广"正向激励、逆向约束"动态管理机制，奖励先进、督促落后。例如，河南省要求各省辖市、省直管县（市）和省直有关部门每月10日前将当期复制推广情况报省自贸区工作办公室。省自贸区工作办公室建立了复制推广工作进展定期通报机制，主要内容包括：建立复制推广工作台账，定期汇总整理各地、各部门工作进展情况并反馈，及时向省委、省政府汇报。省自贸区工作办公室将复制推广工作情况纳入督查范围，采取专项督查和定期督查相结合的形式，实时跟踪复制推广情况，适时开展督促检查，确保改革事项逐一落实到位。② 新乡与洛阳等地市也相应作了部署：新乡市自贸区推进专项小组办公室建立定期通报机制，主要内容包括：建立复制推广工作台账，定期汇总整理各

---

① 《石家庄市人民政府办公厅关于复制推广自由贸易试验区新一批改革试点经验的通知》，石政办函〔2017〕24号，2017.02.

② 《河南省人民政府关于批转河南省推广中国（上海）自由贸易试验区可复制改革试点经验实施方案的通知》，豫政〔2015〕54号，2015.08.

部门工作进展情况，适时开展督促检查，确保改革事项逐一落实到位。①洛阳市自贸片区工作领导小组办公室将推广自由贸易试验区可复制制度创新成果工作落实过程中有关重大事项，逐月汇总并上报市政府督察室，由市政府督查室纳入督查范围，确保改革事项逐一落实到位。湖北中国（湖北）自由贸易试验区工作办公室统筹协调，定期督促检查、总结评估复制推广工作进展情况及其效果，向省政府报告。省会武汉各区、各部门依据工作任务和职责分工，制订具体工作计划，明确完成时间节点，逐一落实责任主体，重点突出可检验的成果形式。市人民政府办公厅和市自由贸易试验区领导小组办公室加强对复制推广改革事项的协调督办，建立定期通报制度，协调解决工作中的重点和难点问题，确保复制推广工作落到实处。辽宁省自贸试验区工作领导小组办公室加强统筹协调，牵头进行推广工作的评估检查，探索形成更多可借鉴推广的经验做法。山西强调省复制推广自由贸易试验区改革试点经验工作领导小组办公室要加强督促检查，建立工作台账，适时开展专项督查，汇总、整理各部门工作进展情况，及时向省政府和商务部报告。福建建立创新推广先行区"正向激励、逆向约束"的动态管理机制，完善信息报送、跟踪督办等工作制度。省内市、县（区）均建立工作台账，实行"清单制+责任制+项目制"。中国（福建）自由贸易试验区工作领导小组办公室在各地各部门复制推广的基础上，每年对创新推广先行区重点任务完成情况进行评估，并通报工作成效、排名顺序等评估结果，省级财政给予排名全省前10位创新推广先行区每家不超过100万元奖励，督促排名全省后10位创新推广先行区整改提升。②

（二）联席会议或开放型经济领导小组负责制

以复制推广工作联席会议或开放型经济领导小组办公室为核心，建立

---

① 《新乡市人民政府关于推广中国（上海）自由贸易试验区可复制改革试点经验的实施意见》，新政文〔2016〕15号，2016.01.

② 《洛阳市人民政府关于批转洛阳市推广中国（上海）自由贸易试验区可复制改革试点经验实施方案的通知》，洛政〔2016〕1号，2016.01.

基于各责任主体定期通报的反馈机制与面向各责任主体的督导评估机制。例如，安徽规定牵头单位要加强与协同单位沟通会商，按照任务分解、时间节点等要求，扎实有序推进各项复制推广工作，确保取得实效。加强督查问效。省推广自贸区可复制改革试点经验工作联席会议加强对各地、各有关单位复制推广工作的指导和督查，定期通报推进情况。各地、各有关部门在工作推进过程中遇到的重大问题，应及时报告省政府。① 安徽省内不少地市根据省里要求，制定了相应的工作机制。如安庆市建立了信息报送机制，实时跟踪推广实施情况，适时开展督察督办，确保改革事项逐一落实到位。相关负责单位定期做好推广情况总结，认真梳理统计推广工作完成情况及成效（包括可量化的指标、推广前后的数据对比、制度建立具体情况等），及时将每阶段进展情况通过协同办公系统报送至市开放型经济领导小组办公室。②淮南市推广自贸区可复制改革试点经验工作联席会议加强对各县区、市直有关单位复制推广工作的指导和督查，定期通报推进情况。黑龙江省自由贸易试验区复制推广工作联席会议要求各成员单位对照任务分工，责成专人负责，承接复制推广任务，做到有布置、有督促、有检查，确保按时保质完成承担任务，并将推进情况于每季度初报送联席会议办公室。③

（三）责任主体负责制

基于各责任单位对复制推广工作情况的自查自评，构建以部门（条）与地方（块）相结合，以"条块"责任主体为基础的复制推广工作督促检查与定期专题考核评估机制，强化部门（条）与地方（块）在复制推广工作中的自主意识与考核责任。例如，山东要求各市、各有关部门（单位）

---

① 《安徽省人民政府关于印发安徽省推广中国（上海）自由贸易试验区可复制改革试点经验工作方案的通知》，皖政〔2015〕47号，2015.04。
② 《安庆市人民政府关于推广中国（上海）自由贸易试验区可复制改革试点经验的通知》，宜政秘〔2015〕85号，2015.07。
③ 《淮南市人民政府关于印发淮南市推广中国（上海）自由贸易试验区可复制改革试点经验工作方案的通知》，淮府〔2015〕74号，2015.09。

加强对区域内、系统内制度创新成果复制推广工作的督促检查，落实改革试点经验，学习借鉴好最佳实践案例。省商务厅（自贸办）牵头做好推广工作评估检查，适时将有关情况报告省政府。[①] 青岛市根据当地实际情况，研究制定了青岛推广自由贸易试验区可复制制度创新成果考核评估方案，明确考核评估范围、考核评估内容、考核评估标准和考核评估方式等，加强督查考核，及时评估实施绩效。根据改革事项完成时间节点要求，每2个月对复制推广工作进行专题考核评估，由各责任单位对复制推广工作情况进行自查，形成评估报告；组织专家评估组进行现场评估。盘锦市政府督考办将相关工作纳入督查内容，认真开展专项督查，全力促进各项复制工作任务目标落实落地。山西忻州建立市、县、乡三级压力传递机制，进一步强化市直各部门、各级人民政府、忻州经济开发区在推广自贸试验区制度创新成果方面的主体责任，把推广自贸试验区制度创新成果的主要工作内容纳入目标责任考核体系，加强考核结果的运用。山西朔州要求各县（市、区）、各有关部门建立总结评估工作制度，在做好统筹协调工作的同时，定期对复制推广工作情况进行总结评估，及时将好的经验、做法和存在的问题反馈给领导组，并做好统筹协调工作。领导组办公室加强督促检查，建立工作台账，适时开展专项督查，汇总、整理各部门工作进展情况，及时向市政府报告。广东是由商务厅（自贸办）负责对全省复制推广工作进行统筹指导，积极协调解决复制推广过程中遇到的困难和问题。各地、各有关单位也要落实复制推广的主体责任，加强对本地、本单位复制推广工作的督促检查，定期将工作进展情况报送省商务厅（自贸办）。省商务厅（自贸办）要牵头做好制度创新成果复制推广工作的评估检查，适时将有关工作情况报告省政府。[②]

[①] 《山东省人民政府办公厅关于做好中国（山东）自由贸易试验区制度创新成果推广工作的通知》，鲁政办字〔2022〕24号，2022.03。

[②] 《青岛市人民政府关于印发青岛市复制推广中国（上海）自由贸易试验区改革试点经验实施方案的通知》，青政字〔2015〕41号，2015.03。

（四）商务部门负责制

基于复制推广工作台账，建立以商务部门为核心的复制推广定期通报反馈与重难点问题协调解决机制。例如，江西省商务厅建立复制推广工作台账，定期汇总整理各地、各部门工作进展情况向省政府报告。同时，省商务厅牵头推进各项制度创新成果复制推广工作落地见效，协调解决复制推广工作中的重点难点问题。省内各地、各有关部门在复制推广实践中形成的好经验好做法，及时向省商务厅反馈。复制推广工作中遇到的重大事项，可及时向省政府报告。广西壮族自治区由商务厅（自贸办）牵头进行复制推广工作的评估检查，适时将有关工作情况报告自治区人民政府。湖南省商务厅按季度对推广自贸区可复制制度创新成果情况进行通报，各地各有关部门于每季度末将工作情况报省商务厅汇总。

三、协同协作机制

高质量开展复制推广工作，需要部门（条）与地方（块）进行"条条之间""条块之间"的通力合作，需要打破条块之间的利益分割、统筹整合条块之间的权力关系。面对复制推广实践中条块之间复杂的权力关系与利益诉求，必须建立系统性与制度化的协同协作机制，才能提升复制推广行政效率，提高改革创新的系统集成水平。梳理当前各省相关文件与机制建设成果，目前自贸试验区创新成果复制推广协同协作机制的建设探索主要形成了三大模式：一是政府直接负责复制；二是商务部门协调负责制；三是由自由贸易试验区工作办公室统筹负责制。

（一）政府直接负责制

鉴于复制推广工作的重要性和艰巨性，许多地方政府往往通过或直接、或设立内辖多个职能部门的领导小组、或利用召开联席会议的方式，来构建推动复制推广工作常态化开展的长效机制。政府直管和领导小组办公室模式，主要通过加强各政府职能部门或各成员单位间的工作联系、持续跟进复制推广任务，进而做到任务目标导向下条块之间的上下联动与相互配合，从而实现高质量协同推动开展复制推广工作。例如，上海市细化各项任务的节点目标、计划进度、实施方案和保障措施，形成具体工作计划、相应工作机制和配套措施，确保各项任务按计划扎实推进。各部门与市有关部门的对接，承接相关制度创新成果的复制和推广。对在制度创新成果推广过程中遇到的重大、难点问题，要及时向区委、区政府报告，在区级层面进行统筹协调。① 天津市为充分发挥自贸试验区改革创新"试验田"作用，经天津市自贸试验区推进工作领导小组第7次会议审议通过，印发《2021年天津自贸试验区复制推广改革试点经验》。要求各区高度重视，加强组织领导，强化督促检查，确保复制推广取得实效。各相关单位要主动作为，做好复制推广工作。相关工作进展情况、阶段性成果和问题建议要及时汇总上报领导小组办公室。② 山西省由山西省复制推广自由贸易试验区改革试点经验工作领导小组（以下简称领导小组）负责组织领导和统筹协调全省的复制推广工作。要求各地、各有关部门建立健全领导机制、制定实施有效举措，将复制推广工作作为本地区、本部门的重点改革任务来抓。在省级层面强化各地、各有关部门要有"一盘棋"意识，形成工作合力。各有关部门要加强与对口部委的衔接，及时跟踪兄弟省区市最新工作动态，加强对下级部门的业务指导，积极推进复制推广工作。各地市要主动密切与领导小组办公室及各成员单位间的联系，建立长效机制，做到上下联动、相互配合。③

此外，地市层面也对复制推广工作的开展进行了诸多有益探索，并大多采取了领导小组或联席会议方式。联席会议模式，主要由商务部门负责

---

① 《上海市虹口区人民政府关于印发虹口区推广中国（上海）自由贸易试验区改革试点经验实施方案的通知》，虹府发〔2015〕18号，2015.07。

② 《天津市商务局关于做好中国（天津）自由贸易试验区改革试点经验复制推广工作的通知》，津自贸办〔2021〕2号，2021.04。

③ 《山西省人民政府办公厅关于进一步复制推广自由贸易试验区改革试点经验的实施意见》，晋政办发〔2017〕115号，2017.09。

日常协调。例如，安徽省安庆市"在市开放型经济领导小组研究内容中设置推广中国（上海）自由贸易试验区可复制改革试点经验工作专题，由领导小组办公室统筹协调全市复制推广工作。"① 山西省忻州市成立忻州市推广中国（上海）自由贸易试验区可复制改革试点经验领导组，由市政府分管副市长任组长，全面统筹、综合协调、顶层设计、督导推进全市的推广工作。② 山东省青岛市由市商务局牵头建立复制推广中国（上海）自由贸易试验区改革试点经验联席会议制度，负责相关协调、考核工作。要求各区市、部门及经济园区进一步统一思想、高度重视并提高认识，在强化责任意识、问题意识、攻坚意识的基础上突出改革意识，制订相应的工作方案和具体实施办法，充分释放改革红利、政策红利。在坚持依法行政的基础上，科学有效处理好政策机制创新与现行政策体制的关系。并强调：本市现行政策规定与本实施方案不一致的，在不违反法律、法规的前提下，要不打折扣地组织实施本方案。③ 甘肃省兰州市由市推广中国（上海）自由贸易试验区可复制改革试点经验领导小组统筹协调全市的复制推广工作，定期研究解决工作中遇到的问题和困难，及时制定相应措施，确保按照国务院和省政府的要求时限完成复制推广工作。④ 湖南省岳阳市建立在市政府领导下、各有关部门单位共同参与、市商务粮食局负责日常工作的协调机制，定期召开联席会议，研究解决推广工作中出现的困难和问题。市商务粮食局负责信息报送和定期通报，实时跟踪推广实施情况，确保改革事项逐一落实到位。明确由市直部门单位牵头的改革事项，要加强与有关部门单位的沟通衔接，共同落实；由各县市区负责落实的改革事项，要因地

---

① 《安庆市人民政府关于推广中国（上海）自由贸易试验区可复制改革试点经验的通知》，宜政秘〔2015〕85号，2015.07.

② 《忻州市人民政府办公厅关于印发忻州市推广中国（上海）自由贸易试验区可复制改革试点经验工作方案的通知》，忻政办发〔2015〕96号，2015.08.

③ 《青岛市人民政府关于印发青岛市复制推广中国（上海）自由贸易试验区改革试点经验实施方案的通知》，青政字〔2015〕41号，2015.03.

④ 《兰州市人民政府关于印发兰州市推广中国（上海）自由贸易试验区可复制改革试点经验工作方案的通知》，兰政发〔2015〕102号，2015.08.

制宜组织实施。①

(二) 商务部门负责制

自由贸易试验区率先推出的创新经验与制度创新成果主要集中在投资与贸易领域，这与商务部门的工作职能呈现出了较强的业务相关性。因此，许多地方政府责成商务部门牵头推动自贸试验区制度创新成果的复制推广工作，协同各责任主体积极落实主体责任。江西省是由省商务厅牵头主抓各自贸试验区制度创新成果的复制推广工作，协调解决复制推广工作中的重点难点问题。② 省商务厅牵头具体跟进复制推广自由贸易试验区制度创新成果的落实情况，定期调度工作进展，适时总结有关工作情况向省政府报告。地市与有关单位所总结的复制推广工作进展情况和实践中形成的好经验好做法，统一向省商务厅及时反馈。③ 青海省商务厅主抓组织自贸试验区制度创新成果的复制推广实施工作，不断完善工作机制，注重落实主体责任，按照"成熟的可先做，再逐步完善"的要求，推动及时制定可操作的具体措施，全力推动改革事项的落地实施，并在复制推广工作的推进过程中认真研究新情况、解决新问题，重大问题及时向省政府请示报告。④ 陕西省全省复制推广工作由省商务厅牵头，建立定期会商制度，及时研究解决复制推广过程中出现的新情况、新问题。⑤ 云南省由省商务厅会同省政府督查室等省直有关部门加强对自由贸易试验区制度创新成果复制推广工作的督促检查，及时总结工作经验，协调解决问题，重要情况及时向省

---

① 《岳阳市人民政府办公室关于印发〈岳阳市推广中国上海自由贸易试验区可复制改革试点经验实施方案〉的通知》，岳政办发〔2015〕17 号，2015.08.

② 《江西省人民政府办公厅关于印发江西省复制推广自由贸易试验区第六批改革试点经验工作实施方案的通知》，赣府厅字〔2020〕83 号，2020.11.

③ 《江西省人民政府办公厅关于印发江西省复制推广自由贸易试验区第五批改革试点经验工作实施方案的通知》，赣府厅字〔2019〕65 号，2019.08.

④ 《青海省人民政府印发《关于推广中国（上海）自由贸易试验区可复制改革试点经验的实施意见》的通知》，青政〔2015〕39 号，2015.04.

⑤ 《陕西省人民政府办公厅关于印发复制推广上海自贸试验区改革试点经验工作方案的通知》，陕政办发〔2015〕62 号，2015.06.

人民政府和国务院自由贸易试验区工作部际联席会议办公室报告。① 河北省石家庄市建立了石家庄市自由贸易试验区改革试点经验复制推广工作联席会议制度，统筹协调推进自由贸易试验区制度创新成果复制推广工作，研究解决改革事项落实过程中的新情况、新问题，联席会议办公室设在市商务局。②

（三）自由贸易试验区工作办公室负责制

与商务部门负责制类似，一些设立了自由贸易试验区（片区）的地方，将自贸试验区制度创新成果的复制推广工作，责成相应自贸试验区工作办公室具体推动落实。例如，中国（广东）自由贸易试验区于2014年12月28日获批设立，2015年3月24日广东自由贸易试验区总体方案审议通过，4月21日广东自贸试验区工作办公室和自贸试验区各片区管委会揭牌。在广东省自贸办挂牌成立之前，广东省的复制推广工作主要由商务部门牵头推动落实，"对由省政府负责复制推广的改革事项，省商务厅要会同省编办和省发展改革委、经济和信息化委、工商局等有关单位抓紧制订工作方案，明确时间进度，细化任务分工和可检验的成果形式等，并加大组织实施力度，确保工作实效。"③ 但随着广东自贸区建设逐渐步入正轨，广东省的自贸试验区制度创新成果的复制推广工作逐渐转由自贸办牵头负责。在2015年之后广东省的相关政府文件表述中，开始提到省自贸办要建立完善广东自贸试验区拟创新政策措施和已实施、已提交复制推广政策措施等工作台账，并加强与其他自贸试验区创新政策措施的比照分析。省自贸办要牵头会同有关单位，组织召开工作通报会，及时向有关企业宣传推介相关政策。省自贸办要牵头做好对广东自贸试验区改革创新经验复制推

---

① 《云南省人民政府关于印发云南省进一步推广自由贸易试验区可复制改革试点经验实施方案的通知》，云政发〔2017〕57号，2017.09。
② 《石家庄市人民政府办公厅关于复制推广自由贸易试验区新一批改革试点经验的通知》，石政办函〔2017〕24号，2017.02。
③ 《广东省人民政府转发国务院关于推广中国（上海）自由贸易试验区可复制改革试点经验的通知》，粤府〔2015〕22号，2015.02。

广工作的评估检查。省商务厅要加强对复制推广工作的统筹协调,将此项工作作为构建开放型经济新体制的重要内容,积极推动工作落地并取得实效。省商务厅要督促各地、各有关单位认真组织做好复制推广工作,积极协调解决工作中遇到的困难和问题,及时跟进评估工作进展情况,适时总结有关工作情况报告省政府和商务部。① 湖北省同样由中国(湖北)自由贸易试验区工作领导小组办公室负责统筹推进全省复制推广工作。② 山东省强调省商务厅(自贸办)要加强统筹协调,及时解决推广工作中遇到的困难和问题。③ 河南省在推广中国(上海)自由贸易试验区可复制改革试点经验实施方案的通知中提出,省委、省政府已将国务院推广上海自贸区可复制改革试点经验纳入省委全面深化改革重点事项,明确由中国(河南)自由贸易试验区工作办公室(省商务厅、省开放办)牵头,省直有关部门配合,省市联动,强力推进各项改革试点经验落实。④

四、容错纠错机制探索

复制推广作为全面深化改革与扩大开放的重要实践内容与政策工具,必须高度聚焦自贸试验区制度创新成果,继续闯、继续干。在自贸试验区制度创新成果向全国各地复制推广的实践中,对于各承接地来说复制推广本身就是制度创新与政策试验。是创新、要创新,就不可避免地或多或少地会出现一些工作失误失序、甚至挫折失败。这就需要相应的容错纠错机制为改革创新保驾护航,对敢于担当、勇于担当的干部群众进行关心保护。但当前直面复制推广工作的容错纠错机制鲜有成型。鉴于容错纠错机制对

---

① 《广东省人民政府关于做好自由贸易试验区新一批改革试点经验复制推广工作的通知》,粤府〔2016〕140 号,2016.12。

② 《湖北省人民政府办公厅关于印发湖北省做好自由贸易试验区新一批改革试点经验复制推广工作实施方案的通知》,鄂政办发〔2016〕105 号,2016.12。

③ 《山东省人民政府办公厅关于做好中国(山东)自由贸易试验区制度创新成果推广工作的通知》,鲁政办字〔2022〕24 号,2022.03。

④ 《河南省人民政府关于批转河南省推广中国(上海)自由贸易试验区可复制改革试点经验实施方案的通知》,豫政〔2015〕54 号,2015.08。

于推动改革与保护创新的重要性与必要性，各地在开展复制推广自贸试验区制度创新成果时，也十分重视参考、援引各自贸区的相关容错纠错制度建设成果，积极运用于构建复制推广容错纠错与创新保护机制的探索中。目前，全国18个自贸试验区出台的条例，对政策创新、政策试验以及政策扩散容错纠错机制建设等进行相关法规表述。同时，新近发布的北京、湖南、安徽、浙江、新疆等自贸试验区总体方案，明确了要建立完善自贸试验区制度创新容错机制，坚持"三个区分开来"，鼓励大胆试、大胆闯等相关要求。云南、新疆喀什等专门出台了自贸试验区容错纠错实施办法。容错纠错机制建设主要涉及三方面主题内容：

容错纠错机制的主要保护对象为相关公职人员。根据中央关于进一步激励广大干部新时代新担当新作为的意见，各自贸试验区均在管理办法或条例中加入了主要面向相关公职人员的容错纠错保护条款，并确保依法履行相关自贸试验区建设探索职责的其他单位、人员参照执行。例如，云南省《自由贸易试验区容错纠错实施办法》指出："本办法适用于自贸试验区管理机构及其行使公权力的公职人员。其他依法履行自贸试验区管理服务职责的单位、人员参照执行。"[①]此外，在2020年9月21日发布的第六批自贸试验区《中国（北京）自由贸易试验区总体方案》《中国（湖南）自由贸易试验区总体方案》《中国（安徽）自由贸易试验区总体方案》以及《中国（浙江）自由贸易试验区扩展区域方案》，和2023年10月21日发布的第七批自贸试验区《中国（新疆）自由贸易试验区总体方案》中明确增加了要建立完善自贸试验区制度创新容错机制，坚持"三个区分开来"，鼓励大胆试、大胆闯等相关表述。

容错纠错机制的主要政策目标为推动改革、保护创新。天津市提出："自贸试验区鼓励创新、宽容失败，保护制度创新的主动性、积极性，营造自主改革、积极进取的环境。"并进一步针对复制推广工作提出，对于自贸试验区建设的相关探索及其创新成果的复制推广也要鼓励创新、宽容失败，

---

① 《中国（云南）自由贸易试验区工作领导小组办公室关于印发中国（云南）自由贸易试验区容错纠错实施办法的通知》，云自贸组办发〔2021〕14号，2022.01.

保护创新推广的主动性、积极性，营造自主改革、积极进取的制度环境。①福建省提出："自贸试验区建立鼓励改革创新、允许试错、宽容失败的机制，完善以支持改革创新为导向的考核评价体系，充分激发创新活力。"②广东省提出："对法律、法规和国家政策未明确禁止或者限制的事项，鼓励公民、法人和其他组织在自贸试验区开展创新活动。"③河北、陕西等省区市也有相似表述。④

　　容错纠错机制的主要功能作用在于消除干事创业的顾虑。广东提出："在自贸试验区进行的创新未能实现预期目标，但是符合国家确定的改革方向，决策程序符合法律法规规定，未牟取私利或者未恶意串通损害公共利益的，对有关单位和个人不作负面评价，免于追究相关责任。"⑤浙江省提出："主动挽回损失、消除不良影响或者有效阻止危害结果发生的，对有关单位和个人不作负面评价，免除相关责任。"⑥广西壮族自治区认为："在自贸试验区推进改革、探索创新、推动发展、破解难题过程中，出现失误或者偏差，符合规定条件的，可以予以免责或者减轻责任。"⑦安徽省在文件中进一步明确："经确定予以容错的单位和个人，在绩效考核、评先评优、职务晋升、职称评聘和表彰奖励等方面不受影响。"⑧

---

① 《中国（天津）自由贸易试验区条例》（2022修正），天津市人民代表大会常务委员会公告第106号，2022.09.

② 《中国（福建）自由贸易试验区条例》，福建省第十二届人民代表大会常务委员会第二十二次会议通过，2016.04.

③ 《中国（广东）自由贸易试验区条例》（2019修正），广东省第十三届人民代表大会常务委员会公告第50号，2019.11.

④ 《中国（河北）自由贸易试验区条例》，河北省第十三届人民代表大会常务委员会公告第63号，2020.09.《中国（陕西）自由贸易试验区条例》，陕西省人民代表大会常务委员会公告〔13届〕第52号，2021.05.

⑤ 《中国（广东）自由贸易试验区条例》（2019修正），广东省第十三届人民代表大会常务委员会公告第50号，2019.11.

⑥ 《中国（浙江）自由贸易试验区条例》，浙江省第十三届人民代表大会常务委员会公告第68号，2022.05.

⑦ 《中国（广西）自由贸易试验区条例》，广西壮族自治区人大常委会公告〔13届〕第35号，2020.09.

⑧ 《中国（安徽）自由贸易试验区条例》，安徽省人民代表大会常务委员会公告第61号，2022.03.

第四章

河南省自贸试验区制度创新成果复制推广现状与问题

"自贸试验区经验复制推广制度研究"课题组按照复制推广状态、创新度、实施成效以及复制推广覆盖面四个维度，建立"制度创新成果复制推广评估指标体系"。

第一节 样本选取与指标设定

一、样本数据来源

截至2021年7月5日，国家层面共推出了6批集中推广的"改革试点经验"、4批"最佳实践案例"、2批"各部门自行复制推广的改革试点经验"，共278项自贸试验区创新成果。其包括贸易便利化78项，投资自由化便利化77项，事中事后监管36项，金融创新34项，放管服效35项，人力资源与人才流动便利化18项。中国自由贸易试验区制度创新成果复制推广状况的评估研究样本即为这278项制度创新成果，所使用的研究数据资料更新截止日期为2022年7月。复制推广是一个需要充足时间保障的具体实践过程。此时间点的选取是为了保证给予这278项创新成果中最晚推出的国务院自由贸易试验区工作部际联席会议办公室关于印发的自由贸试验区第四批"最佳实践案例"足够一年的复制推广工作时间。这样的研究样本与时间节点选取,保证了研究的科学性与合理性。研究所使用的数据来源为河南省十八地市向河南省商务厅(自贸办)呈报的相关复制推广自评材料,以及相关补充调研成果。

二、指标设定

依据制度创新成果的复制推广状态、创新度、实施成效以及复制推广覆盖面四个维度,本书建立"自贸试验区创新成果复制推广评估指标体系"(见表4-1)。

表4-1　制度创新成果复制推广评估指标体系

评估维度	评估指标	指标说明
复制推广状态	1. 已复制推广	根据制度创新成果出台相关政策,政策已落地或有配套实施细则
	2. 正在推进	政策正在制定;或者已出台(部分)政策,但尚未落地或未出台配套实施细则
	3. 可实施未推广	已具备实施条件,但未出台相关政策
	4. 不具备条件未推广	中央未授权,或缺乏实施条件
创新度	5. 移植推广	完全复制国内其他自贸试验区或国家现有政策措施
	6. 创新推广	借鉴国内其他自贸试验区政策或经验,并有所扩展、创新
实施成效	7. 显著	市场主体对相关政策的知晓率高、好评率高;或者政策实施的效果好
	8. 一般	市场主体对相关政策的知晓率、好评率一般;或者政策实施的效果一般
	9. 不确定	配套政策尚未全面完成,或企业实际业务尚未发生,导致改革效果无法判断
复制推广覆盖面	10. 全省复制推广	河南十八个地市均已实现复制推广,政策在各地市已落地或有配套实施细则
	11. 部分地市复制推广	在部分地市实现复制推广,部分地市出台相关政策

第二节 复制推广整体状况

通过对 278 项 6 大类（贸易便利化 78 项，投资自由化便利化 77 项，事中事后监管 36 项，金融创新 34 项，放管服效 35 项，人力资源与人才流动便利化 18 项）自贸试验区制度创新成果在河南复制推广状况的研究发现，已复制推广 242 项，正在推进 15 项，可实施未推广 2 项，不具备条件未推广 29 项，实施率为 88.8%，完成率为 97.2%。河南省复制推广工作推进有序，整体状况良好（见表 4-2）。

表 4-2　　278 项制度创新成果复制推广情况统计

评估维度	评估指标	数量（项）
实施状态	已复制推广	242
	正在推进	5
	可实施未推广	2
	不具备条件未推广	29
创新度	移植推广	235
	创新推广	7
实施成效	显著	167
	一般	56
	不确定	19
复制推广覆盖面	全省复制推广	23
	部分地市复制推广	219

注："创新度、实施成效、复制推广覆盖面"仅针对已复制推广的事项进行评估。

一、实施状态维度

（一）整体实施状况

国家层面推出的 278 项制度创新成果中，河南省已复制推广 242 项，正在推进 5 项，可实施未推广 2 项，不具备条件未推广 29 项（见表 4-3），实施率①为 88.8%，完成率②为 97.2%。河南省复制推广工作推进有序，整体状况良好。

表 4-3　各领域制度创新成果复制推广状况

不具备条件未推广	29
放管服效	4
贸易便利化	9
人力资源与人才流动便利化	1
事中事后监管	6
投资自由化便利化	9
已复制推广	242
放管服效	30
金融创新	33
贸易便利化	68
人力资源与人才流动便利化	16
事中事后监管	29
投资自由化便利化	66
正在推进	5
放管服效	0
金融创新	1
贸易便利化	1
人力资源与人才流动便利化	1
事中事后监管	1
投资自由化便利化	1
可实施未推广	2
投资自由化便利化	1
放管服效	1
总计	278

---

① 实施率 =（已复制推广 + 正在推进）/制度创新成果总数。
② 完成率 = 已复制推广/（已复制推广 + 正在推进 + 可实施未推广）。

（二）未完成复制推广状况分析

正在推进的制度创新成果有 5 项（见表 4-4），其中金融创新、贸易便利化、投资自由化便利化、人力资源与人才流动便利化、事中事后监管五大领域各有 1 项未完成这些自贸试验区制度创新成果复制推广主要原因主要有：第一，改革事项内容复杂、专业性强，复制推广门槛高；第二，制度创新成果推广对责任主体的软硬件要求高，落实改革的经费投入门槛高；第三，改革事项涉及政府部门多，协同集成水平要求高；第四，改革事项风险高，对系统性风险管理能力要求高；第五，市场不活跃、承接改革市场主体稀缺，改革意识与动力不足；第六，改革事项个性化较强，复制推广需要进行本土化创新迭代。

表 4-4　　　　　各领域正在推进制度创新成果分布

正在推进（5）
金融创新（1）
培育多元化知识产权金融服务市场，拓展知识产权质押融资、推进知识产权保险、知识产权证券化等试点
贸易便利化（1）
期货保税交割海关监管制度
人力资源与人才流动便利化（1）
出入境人员综合服务"一站式"平台
事中事后监管（1）
保税租赁海关监管新模式
投资自由化便利化（1）
以三维地籍为核心的土地立体化管理模式

不具备条件未推广的自贸试验区制度创新成果 29 项（见表 4-5）。主要缺失条件有：第一，缺乏相应改革权限；第二，尚未培育出承接改革事项的市场主体；第三，改革事项在豫缺乏复制推广的客观条件。

表4-5　　各领域不具备条件未推广的制度创新成果分布

不具备条件未推广（29）
放管服效（4）
"海上枫桥"海上综合治理与服务创新试点
边境地区涉外矛盾纠纷多元处理机制
海洋综合行政执法体制改革
野生动植物进出口行政许可审批事项改革
贸易便利化（9）
保税燃料油供应服务船舶准入管理新模式
边检行政许可网上办理
国际航行船舶供水"开放式申报+验证式监管"
国际航行船舶检疫监管新模式
国际航行船舶进出境通关流程"一单多报"
海运进境集装箱空箱检验检疫便利化措施
海运危险货物查验信息化，船舶载运危险货物及污染危害性货物合并申报
外锚地保税燃料油受油船舶"申报无疫放行"制度
中欧班列运费分段结算估价管理改革
人力资源与人才流动便利化（1）
领事业务"一网通办"
事中事后监管（6）
保税燃料油供油企业信用监管新模式
边检服务掌上直通车
海关特殊监管区域"四自一简"监管创新
简化外锚地保税燃料油加注船舶入出境手续
外锚地保税燃料油受油船舶便利化海事监管模式
优化国际航行船舶进出境监管改革创新
投资自由化便利化（9）
国际船舶代理领域扩大开放
国际船舶登记制度创新
国际船舶管理领域扩大开放
国际船舶运输领域扩大开放
国际海运货物装卸、国际海运集装箱场站和堆场业务扩大开放
集装箱码头股权整合新路径
扩大内地与港澳合伙型联营律师事务所设立范围
绿色船舶修理企业规范管理
药品上市许可持有人制度试点

可实施未推广的自贸试验区制度创新成果 2 项（见表 4-6）。造成这两项制度创新成果未能推广的主要原因在于：许多干部对自贸试验区制度创新成果的借鉴引领意义与价值未能深刻领会。大多地域特色明显或以地域命名的制度创新成果，常常在复制推广中会被以特殊地域限制为由不加重视或搁置推广，这些责任主体未能准确、深入理解中央将这些地域色彩浓重的制度创新成果列入全国复制推广制度创新成果清单的初心深意。

表 4-6　　各领域可实施未推广的制度创新成果分布

可实施未推广（2）
投资自由化便利化（1）
对区域内为北京市提供服务的外资工程设计（不包括工程勘察）企业，取消首次申请资质时，对投资者的工程设计业绩要求
放管服效（1）
推动两岸征信信息互通 优化信贷服务

（三）集中推广改革试点经验落实情况

278 项自贸试验区制度创新成果中有 143 项属于由国务院印发、约束性最强的改革试点经验。河南应复制推广 121 项（120 项属于全国范围，1 项属于包含河南省的部分省市范围）。其中，143 项改革试点经验中，河南省已复制推广 117 项，正在推进 4 项，可实施未推广 0 项，不具备条件未推广 22 项主要涉及边检边境、船舶、海运、码头等领域，如图 4-1 所示。实施率为 84.6%，完成率 96.7%。

在实施率方面，金融创新领域的实施率为 100%，投资自由化便利化实施率为 83.3%，贸易便利化实施率为 85.2%，事中事后监管实施率为 81.5%，放管服效和人力资源与人才流动便利化实施率均为 80%。

在完成率方面，金融创新领域的完成率均为 90%，事中事后监管和放管服效领域的完成率均为 100%，投资自由化便利化完成率为 97.1%，贸易便利化完成率为 97.8%，人力资源与人才流动便利化领域完成率为 75.0%。

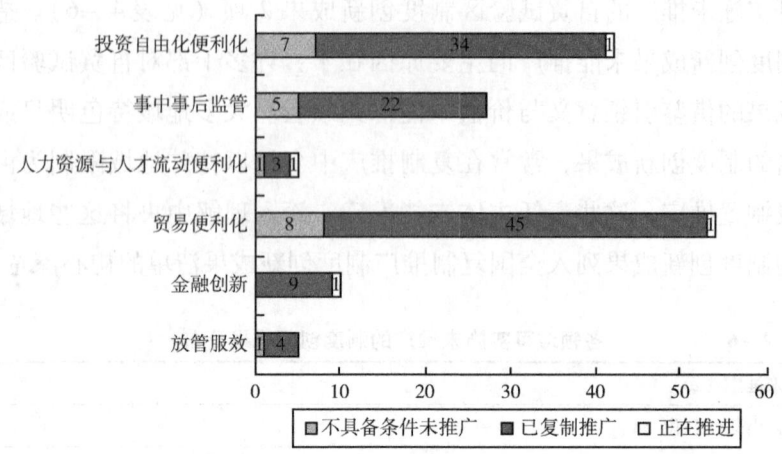

图4-1 集中推广改革试点经验落实情况（单位：项）

二、创新度维度

对河南已完成复制推广的242项自贸试验区制度创新成果进行创新维度评估后发现，235项属于移植推广（为了更好反映河南复制推广的工作情况，将"四链融合"促进洛阳老工业基地转型升级制度创新、跨境电商零售进口正面监管模式2项河南"首创试点经验"归入"移植推广"类型），7项属于创新推广（见表4-7）。

表4-7 创新推广自贸试验区制度创新成果

创新推广	具体做法简介
"生态眼"助力长江大保护	洛阳：洛阳市积极参与三维立体"一张图"计划，该计划集黄河流域地形三维、0.8米分辨率卫星影像、1∶1万地形图、国情普查、三调、永久基本农田、湿地资源、林地、鸟类分布、自然保护地、地灾、矿产等于一体的自然资源本底数据库及三维立体一张图建设。 开封：开封全市所有涉及大气、土壤、辐射、固体废弃物的污染防控、业务审批、环境监测、环境应急等数据，提升环境问题的智能辨识、分析研判和指挥调度能力。同时发布了开封环保通App，可在手机上随时查看各类环境指标，处理相关业务，实时环境监管，企业联动服务，形成问题识别、任务派发、处置跟踪、绩效考核的环保监管全闭环管理，全面提升污染防治的精细化水平。 郑州：郑州市生态环境局联合市大数据局等相关局委研发"黄河（郑州段）数字化生态保护监测平台"。

续表

创新推广	具体做法简介
多元化农业保险助推现代农业发展	洛阳：《洛阳银保监分局办公室关于印发〈推动洛阳市农业保险高质量发展监管工作要点〉的通知》（洛银保监办便函〔2020〕61号）、"农业保险助力乡村振兴"合作协议。扎实推进乡村振兴与脱贫攻坚的有效衔接，制定《洛阳银行业保险业高质量服务乡村振兴的实施意见》，保持脱贫地区政策稳定，实现脱贫地区贷款余额、农业保险保额、特色农业保险产品数持续增长。 信阳：2021年印发《信阳银行业保险业高质量服务小微企业的指导意见》（信银保监发〔2021〕8号）、《信阳银行业保险业高质量服务乡村振兴的指导意见》（信银保监发〔2021〕9号）、《信阳银保监分局关于印发加快推进农业保险高质量发展助力乡村振兴的实施方案的通知》（信银保监发〔2021〕11号）。信阳市财政局信阳市农业农村局、中国银行保险监督管理委员会信阳监管分局信阳市林业和茶产业局信阳市金融工作局关于印发《关于加快推动农业保险高质量发展的工作方案》的通知（信财金〔2020〕28号）。出台多个政策支持多元化农业保险助推现代农业发展，辖内各农险机构能够按照监管要求积极开发特色产品60个，较年初增加16个。如中原农险开发有油茶保险、小龙虾天气指数保险等，人保财险开发有扶贫专用的水稻、小麦种植保险等。 新乡：《灾难面前显真情保险服务暖人心——新乡银保监分局指导辖内保险机构做好抢险救灾工作》（新闻信息）。第一，创新农业保险品种。开发商业性玉米种植保险和商业性玉米倒伏保险，提高农业保险保障水平。从发展地方特色出发，试点开办桃树、食用菌、肉干等特色农业保险。承保高新区高科田园农业发展有限公司集装箱水产养殖保险、全省首创开办香菇收入保险、原阳县试点实施"订单+保险"、试点开办"保险+期货"等。第二，创新农业保险服务模式。应用遥感技术等新技术推进保险理赔承保智能化，应用人工智能技术实现农险远程定损理赔。研发农险承保、理赔线上化App工作流程，实现村级协办员全流程开展承保、理赔工作。 开封：开封市乡村振兴"1+6"示范带建设。扎实做好农业保险保费补贴工作，财政资金通过农业保险发挥杠杆撬动作用，助力农业稳产农民增收，支农惠农效益倍增。农业保险作为分散化解农业生产经营风险的重要手段，在推进现代农业发展、促进乡村振兴、保障农民收益等方面具有重要作用。持续加大农业保险支持力度。结合全市农业保险工作实际，健全完善财政投入保障机制。优化保费补贴资金拨付流程，将农业保险保费补贴资金按时拨付到位。推动进一步扩大农业保险覆盖面，提升农业保险保障水平。 济源：中华联合在济源市与政府部门合作开创的"济源模式"作为行业创新的典范，受到了中央领导和相关部委的高度评价和充分肯定，带动了河南乃至全国养殖保险的发展，也为解决病死畜禽无害化处理难题和保障人民群众餐桌安全提供了有效途径。展业模式创新，部分农险机构与农业大型企业和集团企业合作，推进与集约化养殖的重点龙头企业，如河南扬翔农牧、瑞星农牧等，建立一对一的专项保险保障服务，助力农业产业化发展。
关检"一站式"查验平台+监管互认	周口、鹤壁、洛阳、信阳、漯河、新乡、南阳：机构改革后，系统及监管流程已合并，实现了关检"一站式"查验平台+监管互认，并进行进一步创新推广。根据布控指令，一次查验，一次放行。

续表

创新推广	具体做法简介
京津冀区域检验检疫一体化新模式	鹤壁、驻马店、漯河、濮阳、郑州：一是制定负面清单。按照风险等级，提出不能实施进口直通、出口直放的产品负面清单。二是建立信用评价制度。对企业进行信用等级评价，并将评级结果与通关放行结合。三是全面实现无纸化。2016年5月，无纸化报检系统正式上线运行。制定出台《河南检验检疫局无纸化报检操作规程（试行）》，指导、规范全省系统无纸化报检工作。四是建立"证单通签"平台。以"谁检验、谁放行、谁负责"为原则，充分利用系统内现有签证资源，最大限度地满足河南企业"属地备案"和进出口货物的"就近报检、属地施检、就近放行"的要求。 开封：深化全程无纸化改革，加快全省检验检疫一体化进程，建立郑州、开封、洛阳三个片区的协调联动机制，提高包括自贸区在内的特殊开放区域互联互通水平及通关效率。 洛阳：2016年9月，按照国家质检总局和河南出入境检验检疫局的统一部署，洛阳出入境检验检疫局e-CIQ正式上线运行，洛阳市太染化有限公司出口到印度尼西亚一批"工业化工染料直接橙"在e-CIQ环境下实现检验通关，该批货物重量39600千克、货值81180美元，是洛阳市第一在e-CIQ环境下检验通关的出口货物，这标志着洛阳市正式纳入全国检验检疫通关一体化体系。洛阳及平顶山两市的外贸企业可根据需要通过e-CIQ系统任意选择报检地点和通关口岸，实现一次申报，享受全国执行标准统一、实施时间统一、执法尺度统一、业务流程统一的检验检疫服务，极大地提高通关效率。洛阳日报《洛阳市纳入全国检验检疫通关一体化》（2016年9月12日） 三门峡：实现晋陕豫一体化。
境内外维修海关监管制度	南阳：南阳海关联合卧龙综保区管委会制定详细监管方案，确保该项目顺利开展。宛综保〔2021〕21号 南阳卧龙综保区管委会关于印发《河南蓝联智能电子科技有限公司开展维修业务监管方案》的通知。
跨境电商监管新模式	郑州：新郑综保区自2012年开始即开展苹果手机的入区维修业务，截至目前共开展外—外、内—外、内—内的共计10种维修模式。
企业协调员制度	新乡：大力推行"一对一"企业协调员制度落地实行。一是为辖区高级认证企业配备了企业协调员，开设进出口"快速通道"和"绿色通道"，在通关、查验现场设立服务专窗，提供优先办理进出口申报手续、上门查验、预约加班等服务，进一步缩短企业通关时间。对辖区重点企业（新乡化纤、华兰生物、瑞丰新材等）配备了海关联络员，对上述企业在进出口环节遇到的问题实施"首问负责制"，主动协调相关部门予以解决。第一，中国海关信用管理微信公众号海关企业协调员队伍名单。第二，郑州海关关于开展危化品应急演练的通知。

创新推广虽然不是复制推广工作的作为重点，但对于改革创新意识的养成与制度再创新工作的开展同样有着重要意义。虽然河南能够借鉴一些改革事项的创新精神，结合自身实际进行创新推广，但比例较低。此外，各地市的创新推广意识与能力表现，展现出了与开放平台以及自贸片区的建设状况之间的息息相关（见图4-2）。河南干部队伍对自贸试验区制度创新成果创新推广工作的主观认识水平与客观能力建设仍需要进一步提升，相关人才培养与知识储备亟待加强。

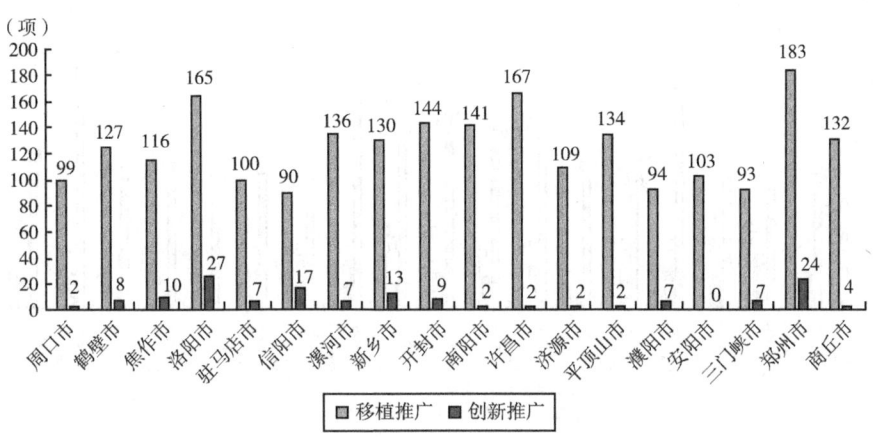

图4-2　各地市移植与创新推广情况

三、实施成效维度

（一）整体实施成效

统计分析已完成242项自贸试验区制度创新成果实施成效发现，167项显著，56项一般，19项不确定，显著率为69.0%。缺乏市场主体承接改革事项，是导致难以判断复制推广成效的主要原因。制度化建设不足，是造成显著率偏低的重要原因。复制推广不是就事论事，既需要培养细致周到的政务服务意识，更需要开展积极培育市场主体、引领产业发展的创造性工作。关注推广质量是未来工作的重点。

(二) 各地市实施成效

进一步分析各地市复制推广工作的实施成效，开放平台较多、开放程度较高的地市，自贸试验区制度创新成果复制推广成效显著的改革事项较多（见图4-3）。经济社会发展相对落后，市场经济不够活跃地区复制推广改革事项成效的不确定比例较高。

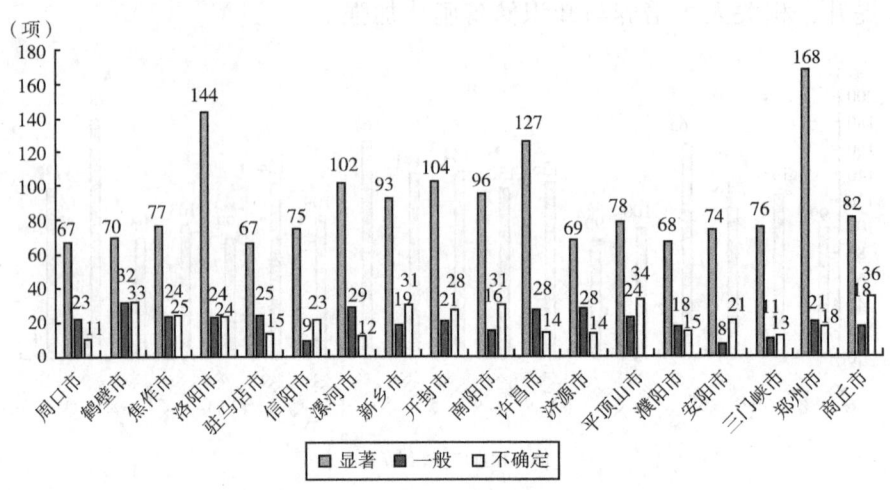

图4-3　各地市复制推广实施成效

四、复制推广覆盖面维度

(一) 整体推广覆盖状况

在已完成242改革事项中，219项为部分地市复制推广，占比为90.5%，23项为全省复制推广。六大领域的具体复制推广范围如图4-4所示。其中，人力资源与人才流动便利化、事中事后监管两大领域自贸试验区制度创新成果鲜有全省复制推广。可见，这两类自贸试验区创新成果的推广门槛较高、改革难度较大。

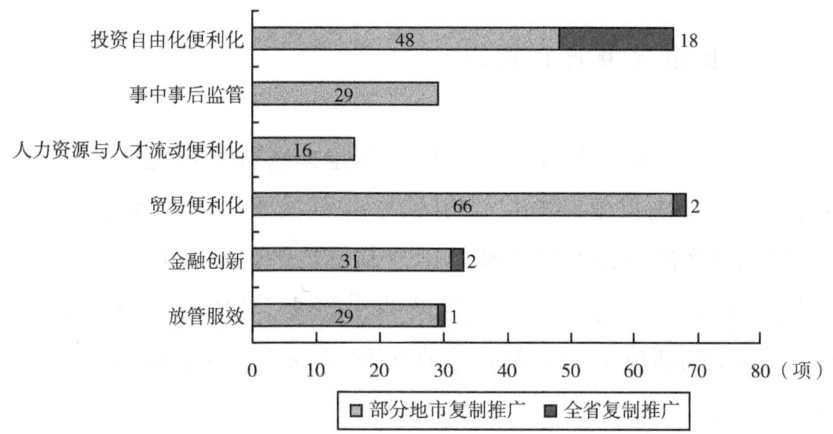

图 4-4　各领域已完成复制推广制度创新成果覆盖面

(二) 各地市推广覆盖状况

进一步分析 278 项改革事项在各地市复制推广的覆盖面,可以发现覆盖率①50% 以下地市的改革事项有 137 项,覆盖率 50%~70% 地市的改革事项有 35 项,覆盖率 70% 以上地市的改革事项有 106 项(见表 4-8)。贸易便利化与投资自由化便利化领域的改革事项在各个地市复制推广覆盖率偏低,表明河南众多地市贸易与投资环境还有较大的改革提升空间。

表 4-8　各领域制度创新成果各地市复制推广覆盖率

改革事项分布领域	地市覆盖率		
	50% 以下	50%~70%	70% 以上
放管服效	16	7	12
金融创新	9	8	17
贸易便利化	60	4	14
人力资源与人才流动便利化	5	0	13
事中事后监管	16	6	14
投资自由化便利化	31	10	36

① 覆盖率是指某自贸试验区创新成果在规定地域内,实际复制推广地区与应复制推广地区的比值。

五、各地市复制推广概况

各地市自贸试验区制度创新成果复制推广整体状况见表4-9。自贸试验区制度创新成果复制推广的实施率与开放平台建设水平呈正相关,有自贸试验片区的地市实施率都处于复制推广的第一方阵(见图4-5)。但复制推广的完成率与开放平台建设的相关性不如实施率强烈,说明自贸试验区制度创新成果的复制推广在河南遇到了不小的困难与较大阻力(见图4-6)。

表4-9　　　　　　　　河南各地市复制推广概况

	已复制推广	正在推进	可实施未推广	不具备条件未推广	台账未整理	台账中未自评	实施率	完成率
周口市	101	3	18	146	3	7	37.4%	82.8%
鹤壁市	135	3	16	106	18		49.6%	87.7%
焦作市	126		19	129	3	1	45.3%	86.9%
洛阳市	192	3	2	81			70.1%	97.5%
驻马店市	107		14	117		40	38.5%	88.4%
信阳市	107	2	22	138		9	39.2%	81.7%
漯河市	143	4	14	117			52.9%	88.8%
新乡市	143	1	10	118		6	51.8%	92.9%
开封市	153	1	11	113			55.4%	92.7%
南阳市	143	2	11	121		1	52.2%	91.7%
许昌市	169	1	6	102			61.2%	96.0%
济源市	111	2	17	146		2	40.6%	85.4%
平顶山市	136	10	14	113	4	1	52.5%	85.0%
濮阳市	101	1	34	142			36.7%	74.3%
安阳市	103	7	24	144			39.6%	76.9%
三门峡市	100	1	30	147			36.3%	76.3%
郑州市	207	7	6	58			77.0%	94.1%
商丘市	136	1	17	124			49.3%	88.3%

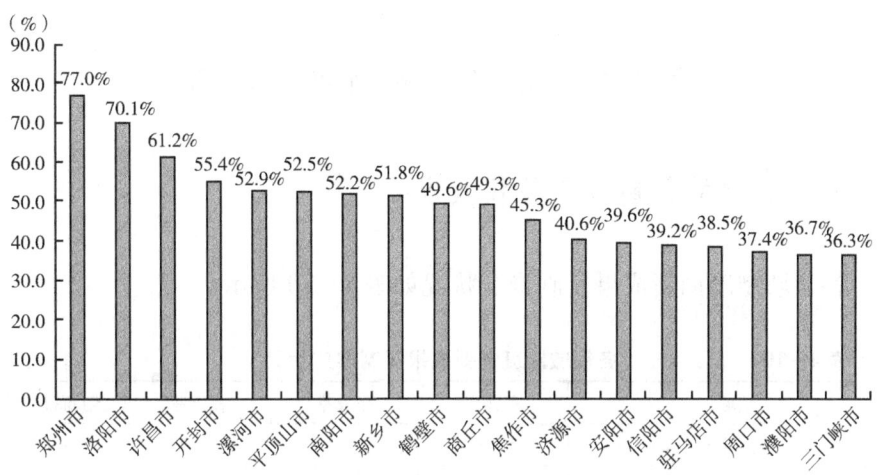

图4-5 河南各地市复制推广实施率

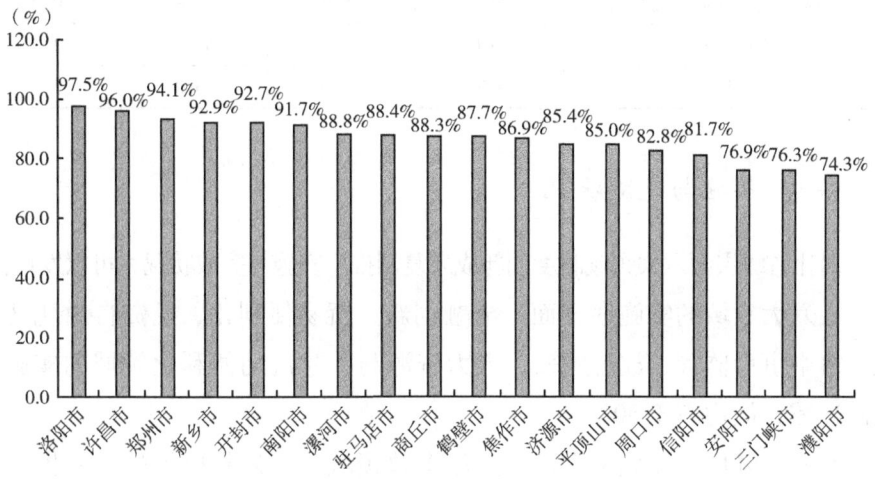

图4-6 河南各地市复制推广完成率

整体而言，278项自贸试验区制度创新成果在河南的复制推广达到了预期目标。但也可以发现，各地市、各领域制度创新成果的复制推广实施率、完成率与成效显著率的相关度并不高。这反映了当前河南的复制推广工作开展还存在一些亟待解决的问题，各地各部门在未来的工作中，需要更加关注复制推广的质量问题。

第三节 各领域复制推广状况

一、各领域复制推广整体状况

各领域制度创新成果复制推广状况如表4-10所示。

表4-10　　　　各领域制度创新成果复制推广状况　　　　单位:%

领域	实施率	完成率	显著率	创新推广率
投资自由化便利化	83.3	97.1	72.7	0.0
贸易便利化	85.2	97.8	76.5	7.4
事中事后监管	81.5	100.0	69.0	0.0
人力资源与人才流动便利化	80.0	75.0	18.8	0.0
金融创新	100.0	90.0	57.6	3.0
放管服效	80.0	100.0	75.8	3.3

（一）实施与完成状况

对比省级层面六大领域制度创新成果复制推广实施与完成状况，可以发现：

在六大领域的实施率方面，金融创新、贸易便利化、投资自由化便利化、事中事后监管、放管服效、人力资源与人才流动便利化领域的实施率依次递减，但均高于80%。

在六大领域的完成率方面，虽然多数领域制度创新成果的复制推广完成率高达90%以上，但人力资源与人才流动便利化领域制度创新成果的完成率却仅为75.0%。

这些状况表明，虽然各领域自贸试验区制度创新成果的复制推广在河南省总体上取得了扎实工作成绩，但仍然有着一定工作落实提升空间，在个别领域还存在较大改革创新完成度不高的问题。与此同时，这些复制推广的实施与完成情况短板，也暴露了当前复制推广工作体制机制不健全、制度化建设保障能力不足的问题。

（二）实施成效

贸易便利化、放管服效、投资自由化便利化、事中事后监管、金融创新、人力资源与人才流动便利化领域的复制推广实施成效显著率依次递减，且显著率最高领域也仅为76.5%（见表4-10）。这表明市场主体对自贸试验区制度创新成果的复制推广获得感有待进一步提升，很多改革试点经验虽然实现了复制推广，但研究发现，大部分地市的具体落实举措仅限于走访或宣传，并未取得明显改革效果，或者承接政策的市场主体缺失或稀少。尤其是人力资源与人才流动便利化领域，不仅实施率与完成率处于较低水平，显著率更仅为18.8%。可见，河南在人才引进、人才培养的人力资源与便利化领域还有巨大的提升空间。

（三）不同领域制度创新成果在各地市推广状况

进一步比较不同领域制度创新成果在各地市的复制推广状况（见图4-7）后可以发现：不同地区经济社会的发展水平与开放平台的建设水平对当地干部群众开放意识塑造、改革能力锤炼有着重要的基础性环境作

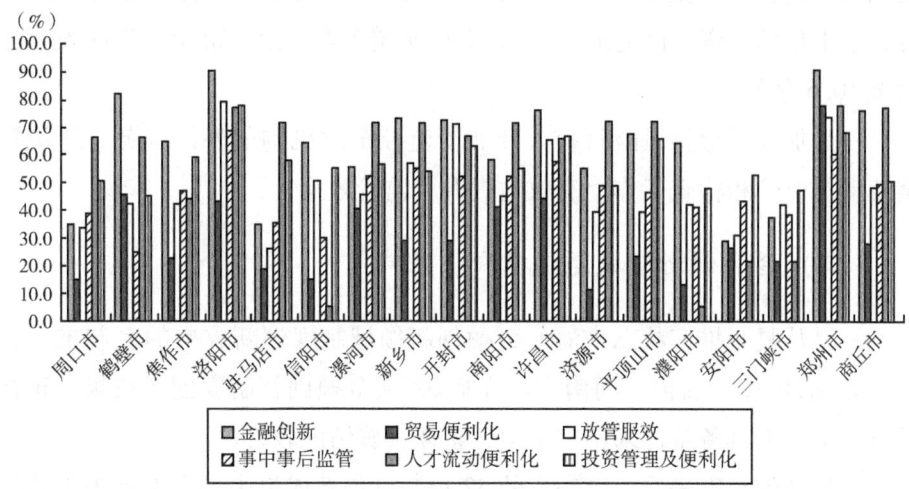

图4-7　各地市六大领域复制推广率

注：领域复制推广率＝已复制推广/相关领域总数。

用。由于不同地域改革生态的养成差异，导致各地市的开放意识与改革能力产生了明显差距，反映在复制推广工作上表现为：各地市对不同类型创新成果的推广实施力度、改革落地成效以及创新推广水平大相径庭。

二、金融创新领域评估

（一）金融创新领域复制推广概况

金融创新领域共有34项制度创新成果，占总改革事项比例为12.2%。目前，河南省分别从跨境业务、企业融资、绿色金融等方面，稳步推进了金融开放创新。

一是积极推动跨境电子商务金融业务。积极扩展跨境电子商务金融服务，开展跨境电子商务人民币结算，进一步简化跨境人民币结算流程，如洛阳市自贸试验区已有跨境人民币结算优质企业20家。

二是降低了企业融资成本。河南各地市多途径引入债务融资工具，鼓励企业在银行间债券市场发行绿色债务融资工具，积极引导银行业金融机构利用市场扩充资金来源，如洛阳银行发行10亿元全省首单绿色金融债券，信阳华信投资集团完成发行4.97亿元超短融，南阳市投资集团发行超短融10.6亿元。

三是加强了金融风险管控。开展了监控金融机构的外汇业务、跨境资金流动等监管和检查工作，有效地提升了监管效率。

（二）金融创新领域复制推广状况特点

一是从复制推广状态来看，金融创新领域制度创新成果的复制推广实施率为97.06%。目前，河南省已完成32项金融创新制度创新成果，正在推进1项，不具备条件未推广1项，整体实施情况较好。

二是从创新度来看，已完成的32项制度创新成果中，有1项为创新推广，31项为移植推广。

三是从实施成效来看，已完成事项中17项为显著，15项为一般，整体的实施效果良好。

四是从复制推广覆盖面来看，30 项属于部分地市复制推广，2 项属于全省复制推广。

五是从各地市复制推广来看，已完成金融创新领域改革事项数量前五名的城市包括洛阳市、郑州市、鹤壁市、许昌市、商丘市和新乡市，如图 4-8 所示。

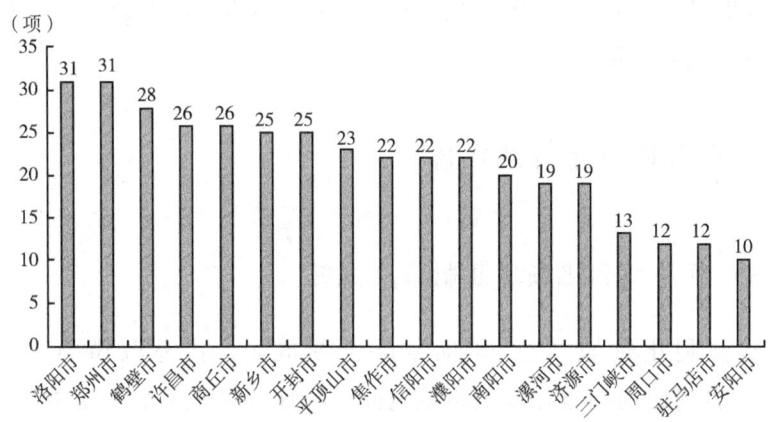

图 4-8　各地市金融创新领域制度创新成果已复制推广状况

（三）金融创新领域复制推广状况分析

一是复制推广完成情况较好。河南稳步推进了金融开放创新，简化了跨境贸易结算业务办理流程，拓展了债务融资工具，解决企业"融资难""融资贵"等问题，积极打造智能化地方金融风险监测防控平台，加强了风险管控。

二是创新推广水平有待提升。金融创新领域的制度创新成果在河南大多以移植推广的形式落地，只有"多元化农业保险助推现代农业发展"这 1 项实现了创新推广。未来河南需要从跨境投融资、绿色金融、金融监管考核及纠纷解决等方面提升该领域制度创新成果的创新推广水平。

三是复制推广实施效果一般。在金融开放决策方面，民营银行市场准入和设立程序细则尚未落地，而城商行和农商行盈利能力和抗风险能力较弱等问题，严重制约着金融创新领域制度创新成果在河南的实施成效。

四是复制推广全省覆盖率低。河南金融创新领域大部分制度创新成果仅实现了部分地市的复制推广。无市场主体、无承接权限等问题，成为该领域制度创新成果难以复制推广的主要原因。例如，受到市场主体与改革权限的制约，知识产权证券化、知识价值信用融资新模式、租赁资产证券化业务创新、融资租赁公司收取外币租金、银行办理大宗商品衍生品柜台交易涉及的结售汇业务等制度创新成果仅在一小部分地市进行了复制推广，且实施成效大多一般。

三、贸易便利化领域评估

（一）贸易便利化领域复制推广概况

贸易便利化领域共有78项制度创新成果，占总改革事项比例为28.05%。目前，河南省在促进跨境电商、国际贸易发展、完善通关便利化制度等做出了积极探索。

一是促进新型贸易业态发展。形成了全国首创的跨境电商零售进口正面监管模式，有效地促进并带动了河南新兴业态规范化健康发展，也为全国跨境电商的发展提供了参考范本。

二是提高企业通关效率。开展国际贸易"单一窗口"平台，实现了现结售汇、出口退税、税费支付等金融功能上线融合，显著地促进了河南省一般贸易、加工贸易申报业务数量，有效地提高了企业通关效率、降低了企业成本。

三是提升贸易便利化程度。通过实施简化通关作业随附单证、简化统一进出境备案清单等改革事项，完善了通关便利化监管制度，推进了通关合作与通关一体化机制，显著提升了贸易便利化程度。

（二）贸易便利化领域复制推广状况特点

一是从复制推广状态来看，贸易便利化领域制度创新成果的复制推广实施率为 87.18%。目前，河南省已完成 53 项贸易便利化制度创新成果，正在推进 15 项，不具备条件未推广 10 项，整体完成情况较好。

二是从创新度来看，已完成的 53 项改革事项中，47 项属于移植推广，6 项属于创新推广，反映出需要鼓励各地市创新。

三是从实施成效来看，已完成事项中 37 项为显著，9 项为一般，7 项为不确定，整体的实施效果较好。

四是从复制推广覆盖面来看，51 项属于部分地市复制推广，2 项属于全省复制推广，全省复制推广覆盖率较低。

五是从各地市复制推广来看，贸易便利化领域复制推广制度创新成果数量列前五名的地市有：郑州市、鹤壁市、许昌市、洛阳市和漯河市，如图 4-9 所示。

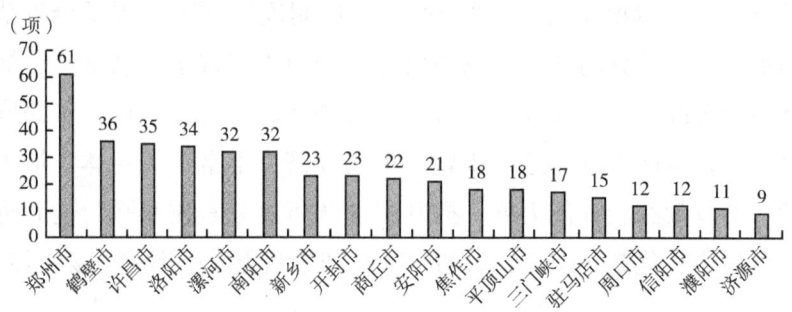

图 4-9　河各地市贸易便利化领域制度创新成果已复制推广状况

(三) 贸易便利化领域复制推广状况分析

一是复制推广完成情况较好。河南通过实施海关特殊监管区域间保税货物流转监管模式、海关业务预约平台、货物贸易"一保多用"管理模式、集中汇总纳税、加工贸易工单式核销、检验检疫通关无纸化、简化通关作业随附单证等改革事项，有效地降低了干预程度，实现了高效精准监管。

二是创新推广水平低。河南省虽然形成了全国首创的跨境电商零售进口正面监管模式，为全国跨境电商的发展提供了参考范本。但是河南省在贸易便利化领域的创新推广水平并不高，大多数制度创新成果仍以移植推广的形式落地。未来以传统制造业与电子组装加工业为主的河南省贸易，需要在转口贸易、离岸贸易等方面提高贸易便利化领域制度创新成果的创新推广水平。

三是复制推广实施成效良好。河南省通过对贸易便利化领域制度创新成果的复制推广，促进了新型贸易业态的积极发展，优化了国际贸易"单一窗口"平台，简化通关作业随附单证、简化统一进出境备案清单，实现了现结售汇、出口退税、税费支付等金融功能上线融合，完善了通关便利化监管制度，推进了通关合作与通关一体化机制，显著提升了贸易便利化程度。

四是复制推广全省覆盖率较低。贸易便利化领域的制度创新成果在河南省只有"出口退税无纸化""企业协调员制度"两项实现了全省范围内的复制推广，大部分制度创新成果仅在部分地市实现了复制推广。缺乏市场主体与相关改革权限等成果是影响制度创新成果覆盖率进一步提升的主要原因。未来河南省需要进一步繁荣市场经济、丰富市场主体、加大复制推广工作的政策红利宣传力度，提升干部队伍业务素质水平，进而将自贸试验区贸易便利化制度创新领域的改革红利惠及更大范围的市场主体。

四、放管服效领域评估

（一）放管服效领域复制推广概况

放管服效领域共有35项制度创新成果，占总制度创新成果数量比例为12.59%。目前，河南省在优化政务服务、简化行政审批事项和流程、创新市场监管机制等方面进行了积极卓有成效的复制推广。

一是优化了政务服务流程。河南省利用大数据打造了"互联网＋政务服务"，积极推进政务服务"一张网"，推出涉税电子审批服务，推广"离窗办税"模式。

二是提升了企业申办政务服务事项便利度。河南省积极推动企业政务服务新模式,打造企业专属服务网页,有效减少线下跑动次数,缩短办理时限,使企业申办行政事项达到"一张网页、一次登录、一键直达"。

三是推动了行政审批制度改革。河南省积极推广"证照分离"改革事项,从直接取消审批、审批改为备案、实行告知承诺、优化审批服务等四种方式分类推进审批制度改革,取消了对外贸易经营者备案登记等多项审批,显著地减少了申请材料、审批环节、承诺期限、排队次数、盖章数量等,压缩了企业办理业务时间。

(二) 放管服效领域复制推广状况特点

一是从复制推广状态来看,放管服效领域制度创新成果的复制推广实施率为88.57%。目前,河南省已完成25项放管服效改革事项,正在推进6项,不具备条件未推广4项,整体实施情况较好。

二是从创新度来看,已完成的25项改革事项中,24项均属于移植推广,1项属于创新推广。

三是从实施成效来看,已完成事项中17项为显著,8项为一般,整体的实施效果较好。

四是从复制推广覆盖面来看,24项属于部分地市复制推广,1项属于全省复制推广。

五是从各地市复制推广来看,放管服效领域制度创新成果复制推广数量列前五名的地市有:洛阳市、郑州市、开封市、许昌市和新乡市,如图4-10所示。

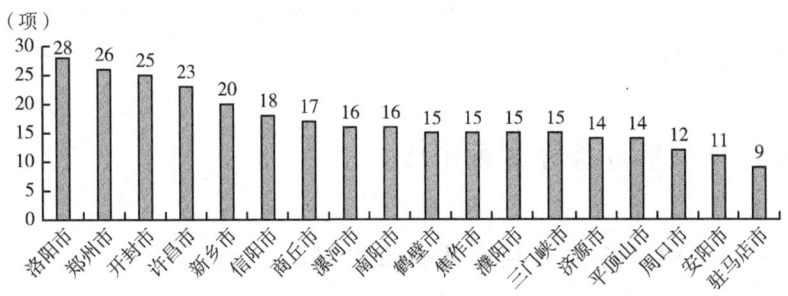

图4-10 各地市放管服效领域制度创新成果已复制推广状况

(三) 放管服效领域复制推广状况分析

一是复制推广完成情况较好。河南省积极推动"企业专属网页"政务服务新模式、"证照分离"改革试点、一码集成、创新不动产登记工作法服务等制度创新,提升了企业申办政务服务事项便利度,缩短了业务办理时间。

二是创新推广水平有待提升。虽然,放管服效领域的制度创新成果的复制推广在河南省大多以移植推广的形式落地,但仍然实现了"'生态眼'助力长江大保护"的创新推广。这说明河南省面对放管服效领域的复制推广工作具有一定的创新推广意识与能力,未来需要在审批事项改革、食品药品许可制度等方面加大创新推广力度,进一步提升河南省对该领域制度创新成果的创新推广能力。

三是复制推广实施成效良好。河南省在行政审批制度改革、优化政务服务方面取得了较为显著的效果,但是在行政关系及工作协调、行政管理体制、复制推广考核等方面还需要重点进一步提升复制推广的实施成效。

四是复制推广的全省覆盖率较低。放管服效领域制度创新成果大部分仅在部分地市实现了复制推广,只有"市场主体名称登记便利化改革"实现了全省范围内的复制推广。理论上,放管服效领域的制度创新成果均可实现全省范围内的复制推广,如"'证照分离'改革试点""一码集成服务""集成化行政执法监督体系""涉税执法容缺容错机制"等,未来河南省需要进一步提升放管服效领域制度创新成果的复制推广覆盖率,不断优化各地市的营商环境。

五、事中事后监管领域评估

(一) 事中事后监管领域复制推广概况

事中事后监管领域共有36项制度创新成果,占总制度创新数量规模比例为12.95%。目前,河南省实施了双随机抽查、双告知推送、双智能监察、联合监管、联合惩戒、信息互联等监管举措。

一是积极推进了综合执法体制改革。河南省各地市积极整合工商、质检、食品、药品、物价等多个市场监管领域执法职责,统筹多元化监管力量,建立跨部门之间协调联动机制,有效地避免权责交叉、多头执法的问题,大幅提升了综合监管能力。

二是加强了社会信用体系建设。河南省全面推动企业信用信息公示,从投资者条件、企业设立程序、业务规则、监督管理等方面完善专业监管制度,并引导社会力量参与市场监管。

三是提升了市场监管能力。河南省建立市场综合监管大数据平台,打造以信用为核心的跨部门协同监管平台,提升监管规范化、精准化、智能化水平。

(二) 事中事后监管领域复制推广状况特点

一是从复制推广状态来看,复制推广实施率为83.3%。目前,河南省已完成25项事中事后监管制度创新成果的复制推广,正在推进5项,不具备条件未推广6项,整体实施情况较好。

二是从创新度来看,所有25项已实施的制度创新成果均以移植推广的形式在河南落地。

三是从实施成效来看,在已完成复制推广的制度创新成果中,16项的实施成效为显著,7项为一般,2项为不确定,该领域复制推广的整体实施成效较好。

四是从复制推广覆盖面来看,25项已实施复制推广的制度创新成果均为部分地市复制推广。

五是从各地市复制推广来看,已完成复制推广的事中事后监管领域制度创新成果数量规模列前五名的城市包括洛阳市、郑州市、许昌市、新乡市和漯河市,如图4-11所示。

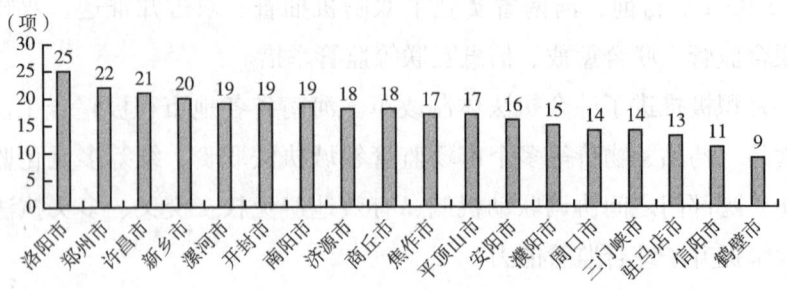

图 4-11　各地市事中事后监管领域制度创新成果已复制推广状况

（三）事中事后监管领域复制推广状况分析

一是复制推广的实施与完成情况较好。河南省建立了跨部门之间协调联动机制，统筹多元化监管力量，积极推进综合执法体制改革，加强了社会信用体系建设，提升了市场监管能力。

二是创新推广水平低。事中事后监管领域制度创新成果的复制推广在河南省均以移植推广的形式落地，缺乏没有针对产业发展、跨境合作等方面探索形成具有本土特色的创新推广方法路径探索。

三是复制推广实施成效良好。河南省采取多元化监管措施，实施企业送达信息共享机制，并建立市场综合监管大数据平台，积极对执法机构进行改革，有效地避免了权责交叉、多头执法的问题，显著地提高了综合监管能力，但在金融风险监管、企业诚信管理方面的事中事后能力仍需要进一步提升。

四是复制推广的全省覆盖率较低。事后监管领域的制度创新成果均为部分地市复制推广，一些地市复制推广工作制度化建设水平低、职责不清、权限不足是导致相关改革事项未能进行复制推广的重要原因。

六、人力资源与人才流动便利化领域评估

（一）人力资源与人才流动便利化领域复制推广概况

人力资源与人才流动便利化领域共有 18 项制度创新成果，占该领域制

度创新成果总数量比例为 6.47%。目前，河南省利用复制推广重点在境外职业资格认可、优化外籍人才引进流程等方面进行了改革创新，优化了河南省营商环境。通过建立出入境人员综合服务"一站式"平台，开展了直接采认台湾地区部分技能人员职业资格，有效地简化了外籍人才创办企业登记材料，显著提高了人才流动便利度。

（二）人力资源与人才流动便利化领域复制推广状况特点

一是从复制推广状态来看，复制推广实施率为 94.1%。目前，河南省已完成 15 项人力资源与人才流动便利化改革事项，正在推进 2 项，不具备条件未推广 1 项，整体实施情况较好。

二是从创新度来看，已完成的 15 项制度创新成果的复制推广，在河南省均以移植推广的形式落地。

三是从实施成效来看，已完成复制推广的 15 项制度创新成果中，2 项为显著，11 项为一般，2 项为不确定，整体的实施成效良好。

四是从复制推广覆盖面来看，15 项均属于部分地市复制推广，没有实现全省复制推广的制度创新成果。

五是从各地市复制推广来看，已完成复制推广的人力资源与人才流动便利化领域制度创新成果的数量规模列前五名的城市包括洛阳市、郑州市、漯河市、商丘市和驻马店市，如图 4-12 所示。

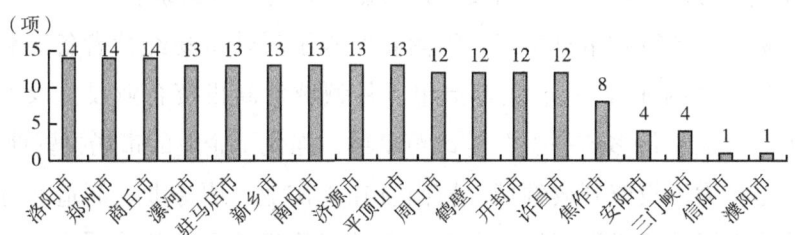

图 4-12 各地市人力资源与人才流动便利化领域制度创新成果已复制推广状况

（三）人力资源与人才流动便利化领域复制推广状况分析

一是复制推广实施与完成情况较好。河南省推动境外职业资格认可、简化外籍人才创办企业登记材料、优化外籍人才引进流程，优化了河南省营商环境，提高了人才流动便利度。

二是创新推广和实施成效水平一般。人力资源与人才流动便利化领域制度创新成果的复制推广在河南省均以移植推广的形式落地，改革事项规模小且缺乏对于创新推广的探索，导致该领域制度创新成果复制推广的整体实施成效不尽如人意。此外，人力资源与人才流动便利化领域创新成果的政策红利释放，既与复制推广的改革实施力度相关，又与政策落地地区的经济社会发展水平尤其户籍捆绑的社会福利含金量密切相关。

三是复制推广的全省覆盖率低。人力资源与人才流动便利化领域的制度创新成果均为部分地市复制推广。未来河南省需要进一步提升整体人才成长环境的优化建设水平，既要关注、帮助人才成长，又要畅通人才与人力资源要素的流动。

七、投资自由化便利化领域评估

（一）投资自由化便利化领域复制推广概况

投资自由化便利化领域共有77项制度创新成果，占该领域制度创新成果总数量比例为27.70%。目前，河南省通过复制推广在投资审批、网上业务办理等方面进行了积极的投资自由化便利化改革探索。

一是简化了行政审批手续。河南省实施了对外贸易经营者备案和原产地企业备案"两证合一"、负面清单以外领域外商投资企业设立及变更审批改革、公证"最多跑一次"等改革事项，强化了企业的市场投资地位。

二是扩大了投资开放领域。河南省在采矿业、服务业、制造业等领域减少或取消了外商投资限制，不断完善外资管理体系，从深层次、多维度促进投资开放。

三是营造了良好的营商环境。河南省清理了与外商投资负面清单不符的地方性法规、规章及相关文件，消除了企业投资隐形壁垒，优化了营商环境。

(二) 投资自由化便利化领域复制推广状况特点

一是从复制推广状态来看，该领域复制推广实施率为 83.12%。目前，河南省已完成 50 项投资自由化便利化制度创新成果的复制推广，正在推进 14 项，不具备条件未推广 13 项，整体实施情况较好。

二是从创新度来看，已完成的 50 项制度创新成果均是以移植推广的形式实现的复制推广。

三是从实施成效来看，在已完成复制推广的制度创新成果中，30 项实施成效为显著，17 项为一般，3 项为不确定，整体的复制推广实施成效较好。

四是从复制推广覆盖面来看，35 项属于部分地市复制推广，15 项制度创新成果实现了全省复制推广。

五是从各地市复制推广来看，已完成投资自由化便利化领域制度创新成果的数量规模列前五名的城市包括洛阳市、郑州市、许昌市、平顶山市和开封市，如图 4-13 所示。

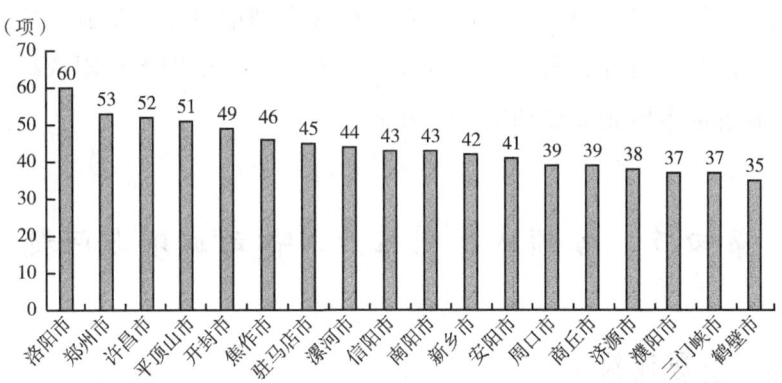

图 4-13　各地市投资自由化便利化领域制度创新成果已复制推广状况

(三) 投资自由化便利化领域复制推广状况分析

一是复制推广完成情况较好。河南省实施了企业简易注销、自主办税、外资企业设立及变更等商事制度改革措施，实现了 36 项公证事项让当事人

"最多跑一次",建立完善了办证绿色通道和为年老、残疾、危重病人等"特殊人群"上门公证服务制度。

二是创新推广水平不高。投资自由化便利化领域的制度创新成果在河南省均是以移植推广的形式实现的复制推广,河南尚未探索形成该领域制度创新成果的创新推广路径机制。未来河南省应该结合自身发展的战略目标与产业基础,深入学习体会有关制度创新成果,借鉴有关改革精神与理念,通过创新推广进一步优化河南省的投资环境,提升河南省制度型开放质量。

三是复制推广实施成效良好。河南省在投资审批、业务网上办理等方面通过复制推广实现了积极的改革探索,优化了投资环境、简化了企业办事流程。但"出版物发行业务许可与网络发行备案联办制度""涉税事项网上服务体验""投资管理体制改革'四个一'""知识产权快速协同保护机制"等制度创新成果的复制推广实施成效仍需要进一步提升。

四是复制推广全省覆盖率有待提升。投资自由化便利化领域制度创新成果还有很多未能实现全省复制推广,缺乏市场主体与改革权限是主要原因。例如,境外投资项目备案管理制度只有个别地市进行复制推广且进程缓慢,原因是外资开放属于中央事权,河南省各地市因无权限或缺乏准入政策导致外商投资企业受到很大的限制。

第四节 各领域复制推广工作的成绩与问题

一、主要成绩

各地市通过复制推广自贸试验区经验,有力推动政府职能转变,营商环境更加优化,贸易投资便利化水平不断提升,金融服务实体经济效果显现,形成了改革红利共享、开放成果普惠的良好局面。

（一）提升政务服务水平

例如，河南省建立了综合统一的行政审批机构，简化审批事项和流程，率先在多证合一、电子办证、"政银合作直通车"等方面开展制度创新模式。实行企业投资项目承诺制，显著地压缩了投资项目审批事项、申请材料、办理时间，提高了办事效率和服务水平。通过打造以"一次办妥"为核心的政务服务体系，已经形成"六个一"政务服务新模式。大力推进"互联网+政务服务"，对政务服务工作流程、管理措施、风险监控等建立标准化制度体系，提升了政务服务标准化水平。

（二）促进了贸易便利化

例如，河南省"两步申报""提前申报""两段准入"稳步推进，"互联网+预约通关"系统全面启用，2022年全省进口、出口整体通关时长为32.64小时、0.38小时，较全国平均水平分别快7.54小时、0.88小时。通过国际贸易"单一窗口"建设，漯河市海关注册企业近1000家，均可使用"单一窗口"办理业务，许昌市实现进出口货物申报使用率100%、税费支付企业"自报自缴"、原产地业务"智能审核+自助打印"模式。

（三）促进了投资自由化便利化

例如，河南省推动开展了工程建设项目审批制度改革，郑州、开封、平顶山市等全面推广备案类企业投资项目承诺制，一般性项目实现"拿地即可开工"。洛阳市审批工程建设项目1500余个，审批事项由65项精简至56项，时限从210个工作日压缩至56个工作日。实施证照"一口受理、并联办理"审批服务模式，漯河市"企业登记全程电子化平台"联通市场监管、公安、税务等，实现"一个平台、一次登录、一次填报、一窗受理、并联办理"。郑州市推动商事登记"1+X"改革，推出"一站式"统一联办、"套餐式"自主选办、随时办三种模式，营业执照与相关许可事项统一联办。

（四）推动金融服务实体经济

例如，河南省开展"信易贷"支持中小微企业融资，焦作市依托智慧金服平台，认证白名单企业2952家，累计发放贷款244.25亿元，被国家发展改革委确定为全国"信易贷"典型案例。南阳市通过入驻"信豫融"平台，定期推荐有贷款需求的优质企业，获贷金额达100多亿元，惠及3000多家企业。建立科技信贷政策导向效果评估机制，洛阳市搭建"专业金融中心+线下金融市场+线上金融平台"的立体式平台，为科技企业提供政策咨询、融资对接等服务，放款超过1亿元。

（五）营商环境逐步优化

例如，河南省积极推动"证照分离"改革从自贸试验区走向全省，所有涉企经营许可事项进"四扇门"（取消审批、审批改备案、告知承诺制、优化审批服务）。许昌、开封、南阳市等累计对73项审批事项进一步减材料、减时限、减环节。安阳、漯河市将劳务派遣经营许可等5项事项自主改为实行告知承诺。推行多领域实施包容免罚清单模式，平顶山市制定行政处罚裁量标准，信阳市推行行政处罚"三张清单"制度，其中轻微违法行为不予处罚清单116项。洛阳市分领域实施减免清单117项，涉及公安、环保、市场监管等。此外，"企业'套餐式'注销服务模式""社会信用体系""市场综合监管大数据平台""优化用电环境"等创新成果，降低了企业设立门槛，也提高了企业注销便利度，显著地改善了营商环境。

（六）事中事后监管体系不断健全

河南省自贸试验区及各地市积极建立事中事后综合监管机制，实现"双随机、一公开"常态化。推进协同监管执法，实现行政执法的全程电子化。开展企业投资项目建设协同精准监管。推动信用信息归集共享和联合应用，出台守信联合激励和失信联合惩戒相关制度、清单，建立健全信用监管机制。

(七) 复制推广工作机制初步形成

2015年8月14日,河南省人民政府下发了《河南省人民政府关于批转河南省推广中国(上海)自由贸易试验区可复制改革试点经验实施方案的通知(豫政〔2015〕54号)》,明确了责任主体、牵头部门、职责分工、通报与督查形式,初步形成了河南省复制推广工作机制。同时,各地对复制推广工作重大意义的认识不断加深,洛阳、新乡、开封等地先后出台下发了落实本地复制推广工作的文件通知。初步探索建立起各地复制推广工作体系,初步打开了河南省复制推广上下合力、省市联动、部门配合的工作局面。

二、主要问题

(一) 金融开放权限不足,金融服务环境有待优化

一是金融开放缺乏权限。河南省自贸试验区目前仅有三级银行网点入驻。民营银行市场准入和设立程序细则尚未落地,而城商行和农商行盈利能力和抗风险能力较弱等。

二是金融服务创新力度不够。金融开放领域的创新案例较少,金融产品创新种类和数量单一,缺少股权类、基金类、保险类金融产品,且各部门缺乏协调机制,普遍存在金融服务业融资难、融资成本高等问题。

三是金融业态单一。金融创新领域主要集中在银行业,金融机构以商业银行为主,证券机构、保险机构、融资租赁机构参与度不足,也成为跨境融资的堵点。

四是金融风险监管机制需要健全。随着金融创新政策的落实,容易引发风险加大、投资行为不规范、资金外逃和非法集资等问题,而相关部门信息不共享、沟通不及时,会导致跨境资金流动监管不力。地方金融监管部门执法权限不足且执法力量薄弱,需要加大执法力度。此外,地方执法机构的风险监管、金融监管考核和金融纠纷机制有待健全。

（二）单一窗口建设不足，贸易便利化制度缺少深层次改革

一是国际贸易"单一窗口"建设不足。尽管河南省部分地市开通了单一窗口平台，但是"单一窗口"无法一次办理国际贸易流程中的所有业务，且国际贸易业务覆盖率还未达到先进标准水平。受疫情及国际贸易壁垒等影响，企业办理国际业务的数量偏低，导致"单一窗口"的利用率也不高。

二是部门协同机制及政策受限。国际贸易的发展需要海关、商检、边检等部门协同办公，这些部门按照各自职能和各自相关法律法规合作，职责会有交叉和重复，容易导致权责不明、信息共享被动、协调困难等问题，且受制于国家相关部委政策限制，部分改革事项实施效果不佳或无法推进落实。

三是贸易便利化相关制度需要深层次改革。河南省实施的贸易便利化改革事项多为复制推广其他地区的经验和做法，没有结合自身区位优势、优势产业进行制度创新，融资租赁、跨境电商的创新力度和规模与先进地区仍有较大差距。

四是新型贸易方式有待拓展。河南省贸易以传统产品进出口为主，而航运物流则以运输装卸、保税仓储为主，如转口贸易、离岸贸易等贸易方式需要突破，释放新型贸易方式潜力。

（三）缺少技术支撑，放管服效改革力度不足

一是放管服效改革缺少技术支撑。在"双随机、一公开"监管实践中，如完善专业监管制度、社会力量参与市场监督制度改革事项，大部分部门抽查系统及抽查方式不成熟，难以达到抽查目的和效果。而且，市场监管需要工商、法院、银行等跨部门合作，涉及市场监管对象多，尤其是互联网企业，实地抽查难度加大，监管方式和技术都亟待创新。

二是服务举措未深度结合企业需求。尽管放管服效的改革举措优化了流程、提高了办事效率，但是与企业需求的结合紧密度不够，服务便利度

偏低，办理业务总数量还不高，而且梳理各地市台账发现负责人或者企业人员对改革事项内涵的理解有误，而且政府服务的宣传力度不大。

三是行政关系及工作协调衔接不佳。河南省在郑州、开封、洛阳设置了三个自贸试验片区，专门机构有省建设领导小组、省自贸办、片区管委会，而在其余15个地市几乎没有设置专门机构来负责改革事项复制推广工作。实际中，制度创新改革事项的复制推广工作，除了与专门机构有关外，还涉及中央、省、市、区、县等层级的相关职能部门，导致交叉管理难度大，任务落实的协调性不高，各部门职权界定不清楚，很不利于复制推广工作的开展。

（四）"互联网+监管"平台建设不完善，事中事后监管机制需健全

一是省市"互联网+监管"衔接不畅。河南省"互联网+监管"系统与各地市监管系统存在部分重要数据无法对接等问题，系统功能无法进行对接，导致监管系统适用范围较窄。此外，随着互联网企业增多（如网约车、食品等），在"双随机、一公开"工作中存在多个监管盲区，降低了监管效率。

二是跨部门监管合力不足。河南省各地市普遍存在着部门间协调难度大、部门合力不足等问题，而且监管主体人员数量少，但监管对象及数量较多。另外，至今未形成统一规范的企业数据集，导致各部门间因信息共享不及时降低了监管效率。

三是协同监管机制不健全。尽管河南省各地市对市场监管机构进行了改革，各行政部门职责进行重新划分，但是"双随机、一公开"工作涉及多个行政部门的职权范围，而有关部门之间的监管职能尚未完全厘清，仍存在权责不对称和职能交叉等现象。此外，信用信息的归集共享不够充分、及时，守信激励和失信惩戒的联合奖惩措施落实推进缓慢。

（五）人才引进与培养机制不健全，高端人才匮乏

一是人才引进力度不足，引才育才理念需创新与变革。梳理现有复制

推广资料发现，河南省各地市人才引进政策依旧停留在本区域内政策宣传、上门服务等方式，较少积极"走出去"、主动大力挖掘人才。此外，相关人才政策缺乏从人才的自我价值实现、人才企业融资、知识产权保护等领域进行全面系统化的顶层设计。河南省复制推广自贸试验区人力资源与人才流动便利化制度创新成果成效显著水平最低，相关人才政策的复制推广与创新出台相较于其他省市缺乏竞争力。高端人才对于改革创新的政策体验缺乏获得感，且大多数人才政策仅仅从关注人才工作和生活的短期需求，缺少足以扭转吸引与培养人才、优化成才环境的根本性制度创新。

二是人才发展激励机制不健全，高端人才政策缺乏配套服务生态化建设。河南省对于复制推广自贸试验区人才政策的理念和方式需要进一步领会、创新，吸引、聘用高端人才的新机制尚未形成，招才引智、人才成长环境产生根本性优化的工作新局面尚未打开。当前人才激励机制，尚不足以充分体现知识和技术等创新要素在收益分配过程中的价值。河南省各地市人才引进效果普遍不够理想，存在高精尖人才引进不足、领军拔尖人才稀少等问题，这与配套的人才发展环境建设不足有关，如与同级别先进城市相比，事业环境、生活环境、薪酬环境、子女成才环境等差距较大。现有人才政策尚难以对急需人才的识别与支持实现精准有力，对人才的扎根、培养、成长尚未形成系统性的配套政策服务体系。与此同时，河南省对于海外人才招引的竞争意识与自信尚未树立，需要注重在具有科技比较优势的国家开辟"人才蓝海"，聚集一批全球高端人才。

（六）外资引进力度不足，开放合作水平不高

一是外商投资受到政策限制。外资开放属于中央事权，河南省各地市因无权限或缺乏准入政策导致外商投资受到很大的限制，导致外商投资企业不能集聚发展。而且部分改革举措未结合区位优势、特色产业进行拓展创新，与企业需求对接不够，使外资投资项目数量偏少。一些市场需求大的项目或业务尚未开放，即"大门已开，小门仍未开"现象仍然存在。

二是投资配套制度不完善。投资便利化配套制度未形成较为完整体系，缺少投资中介机构管理及投资咨询、人才引进及劳动用工管理、土地使用等投资服务配套制度，如项目引进后土地使用及供后监管等问题，制约着投资便利化水平。

三是与港澳台合作水平不高。河南省及各地市对港澳台地区开放程度不够，许多产业领域对港澳台企业仍未完全敞开，相关支持政策缺乏，导致与港澳台之间的合作较少，与其他省区市相比，依然有较大的提升空间。

四是服务业开放力度不够。目前，医疗、教育、文化、研发、信息服务等领域的开放仍然受到不同限制，金融、保险、电信等领域的准入门槛依然较高。

第五章

河南各地市自贸试验区
经验复制推广情况

第一节 各地市复制推广总体状况

一、实施状态

十八地市实施状态如表 5-1 所示。经统计复制推广实施率排名如图 5-1 所示。十八地市中,实施率超 70% 的共 2 市,分别是郑州、洛阳;实施率在 50%~70% 有 6 市,由高到低依次为许昌、开封、漯河、平顶山、南阳、新乡;实施率低于 50% 的有 10 市,由高到低依次为鹤壁、商丘、焦作、济源、安阳、信阳、驻马店、周口、濮阳、三门峡。

表 5-1　十八地市 278 项制度创新成果复制推广情况统计

地市	已复制推广	正在推进	可实施未推广	不具备条件未推广	其他	实施率	完成率
周口市	101	3	18	146	10	37.4%	82.8%
鹤壁市	135	3	16	106	18	49.6%	87.7%
焦作市	126		19	129	4	45.3%	86.9%
洛阳市	192	3	2	81		70.1%	97.5%
驻马店市	107		14	117	40	38.5%	88.4%

续表

地市	已复制推广	正在推进	可实施未推广	不具备条件未推广	其他	实施率	完成率
信阳市	107	2	22	138	9	39.2%	81.7%
漯河市	143	4	14	117		52.9%	88.8%
新乡市	143	1	10	118	6	51.8%	92.9%
开封市	153	1	11	113		55.4%	92.7%
南阳市	143	2	11	121	1	52.2%	91.7%
许昌市	169	1	6	102		61.2%	96.0%
济源市	111	2	17	146	2	40.6%	85.4%
平顶山市	136	10	14	113	5	52.5%	85.0%
濮阳市	101	1	34	142		36.7%	74.3%
安阳市	103	7	24	144		39.6%	76.9%
三门峡市	100	1	30	147		36.3%	76.3%
郑州市	207	7	6	58		77.0%	94.1%
商丘市	136	1	17	124		49.3%	88.3%

注:"其他"包含台账中未整理、台账中未自评等;
实施率:(已复制推广+正在推进)/制度创新成果总数。
完成率:已复制推广/(已复制推广+正在推进+可实施未推广)。

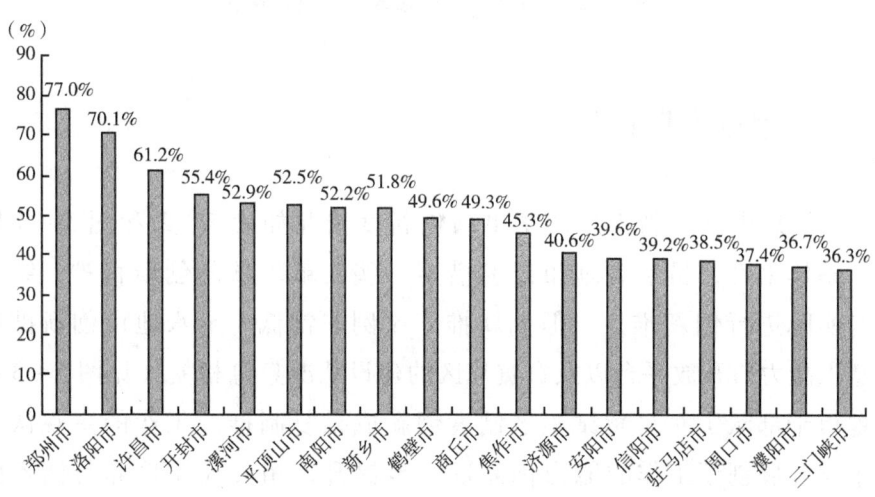

图 5-1 十八地市 278 项改革事项实施率

经统计复制推广完成率排名如图5-2所示。十八地市中，完成率超90%的共6市，由高到低依次是洛阳、许昌、郑州、新乡、开封、南阳；完成率在80%~90%的地市共9个，由高到低依次是漯河、驻马店、商丘、鹤壁、焦作、济源、平顶山、周口、信阳；完成率低于80%的地市有3个，由高到低依次是安阳、三门峡、濮阳。

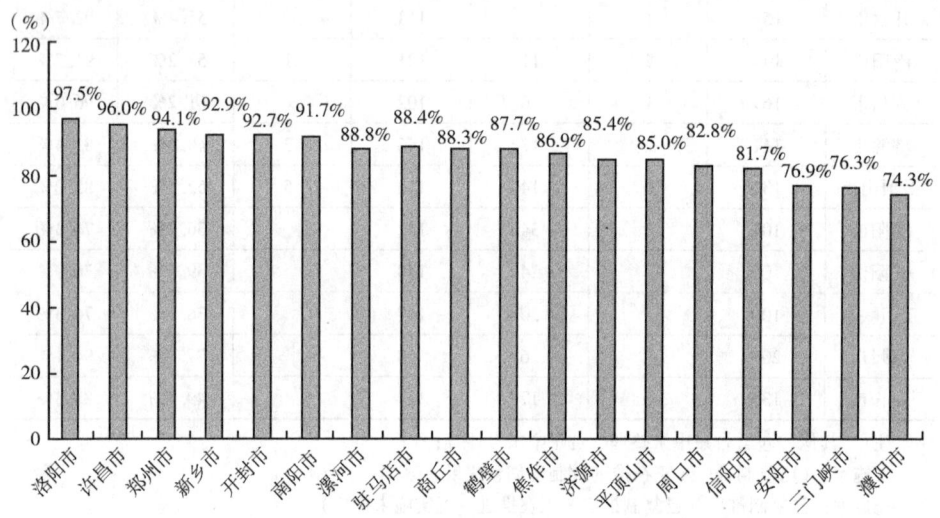

图5-2 十八地市278项改革事项完成率

二、创新推广状况

十八地市已复制推广改革事项创新度情况如表5-2和图5-3所示。整体来看，虽然各地市能够借鉴一些改革事项的创新精神，结合自身实际进行创新推广，但创新推广比例非常低。十八地市创新推广的意识能力与开放平台以及自贸片区的建设状况息息相关（见图5-3）。各地市干部队伍对自贸试验区制度创新成果复制推广工作的主观认识水平与开展创新工作的能力仍需进一步提升，相关人才培养与储备亟待加强。

表 5-2　　河南各地市已复制推广改革事项创新度情况统计

地市	已复制推广	移植推广	创新推广
周口市	101	100	1
鹤壁市	135	133	2
焦作市	126	126	0
洛阳市	192	188	4
驻马店市	107	106	1
信阳市	107	105	2
漯河市	143	141	2
新乡市	143	140	3
开封市	153	150	3
南阳市	143	141	2
许昌市	169	169	0
济源市	111	110	1
平顶山市	136	136	0
濮阳市	101	99	2
安阳市	103	103	0
三门峡市	100	99	1
郑州市	207	204	3
商丘市	136	136	0

注："创新度、实施成效、复制推广覆盖面"仅针对已复制推广的事项进行评估。

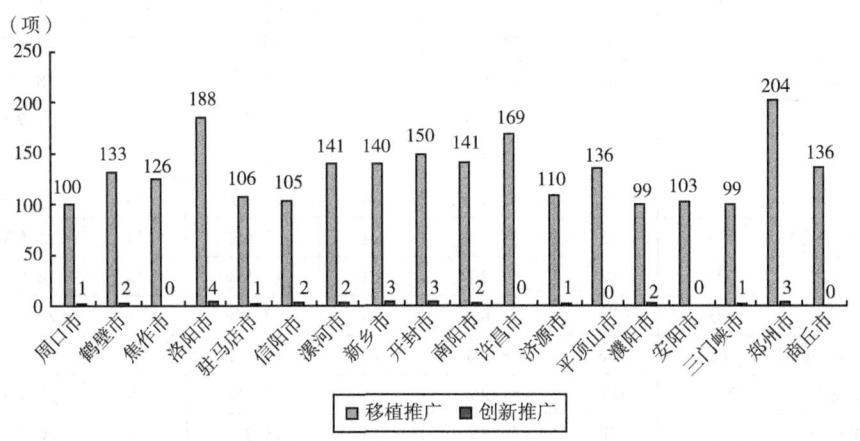

图 5-3　十八地市创新推广制度创新状况

三、实施成效

十八地市已复制推广改革事项实施成效情况如表5-3和图5-4所示。十八地市中，已复制推广改革事项中实施成效显著占比已复制推广改革事项超80%的只有郑州市；已复制推广改革事项中实施成效显著占比已复制推广改革事项在70%~80%的有6市，由高到低依次为三门峡、许昌、洛阳、安阳、漯河、信阳；已复制推广改革事项中实施成效显著占比已复制推广改革事项在60%~70%的有9市，由高到低依次为开封、濮阳、南阳、周口、新乡、驻马店、济源、焦作、商丘；显著占比率低于50%的有2市，由高到低依次为平顶山、鹤壁。

表5-3　　　　　　　　　　十八地市复制推广实施成效

地市	已复制推广	显著	（占比）	一般	（占比）	不确定	（占比）
周口市	101	67	66.3%	23	22.8%	11	10.9%
鹤壁市	135	70	51.9%	32	23.7%	33	24.4%
焦作市	126	77	61.1%	24	19.1%	25	19.8%
洛阳市	192	144	75.0%	24	12.5%	24	12.5%
驻马店市	107	67	62.6%	25	23.4%	15	14.0%
信阳市	107	75	70.1%	9	8.4%	23	21.5%
漯河市	143	102	71.3%	29	20.3%	12	8.4%
新乡市	143	93	65.0%	19	13.3%	31	21.7%
开封市	153	104	68.0%	21	13.7%	28	18.3%
南阳市	143	96	67.1%	16	11.2%	31	21.7%
许昌市	169	127	75.1%	28	16.6%	14	8.3%
济源市	111	69	62.2%	28	25.2%	14	12.6%
平顶山市	136	78	57.4%	24	17.6%	34	25.0%
濮阳市	101	68	67.3%	18	17.8%	15	14.9%
安阳市	103	74	71.8%	8	7.8%	21	20.4%
三门峡市	100	76	76.0%	11	11.0%	13	13.0%
郑州市	207	168	81.2%	21	10.1%	18	8.7%
商丘市	136	82	60.3%	18	13.2%	36	26.5%

注："创新度、实施成效、复制推广覆盖面"仅针对已复制推广的事项进行评估。

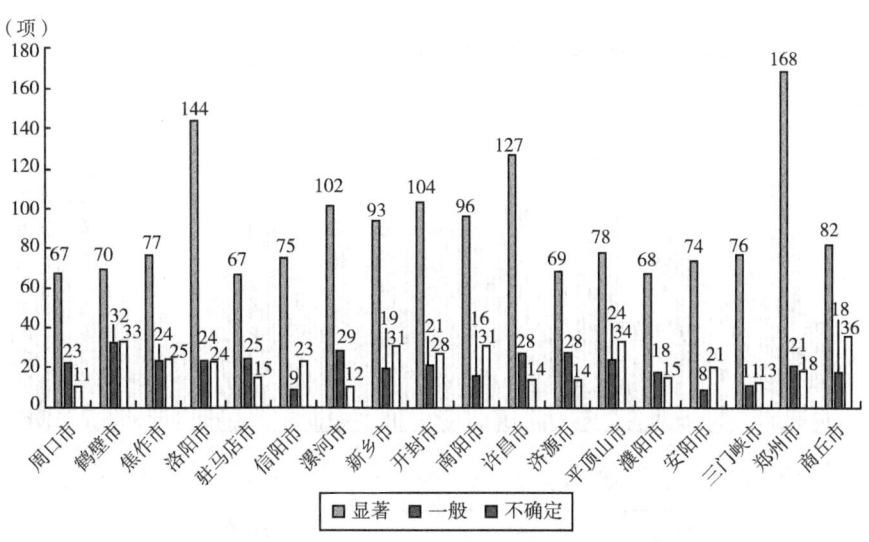

图 5-4 十八地市复制推广实施成效对比

十八地市中,已复制推广改革事项中实施成效一般占比由高到低依次为济源、鹤壁、驻马店、周口、漯河、焦作、濮阳、平顶山、许昌、开封、新乡、商丘、洛阳、南阳、三门峡、郑州、信阳、安阳。十八地市中,已复制推广改革事项中实施成效不确定占比由高到低依次为商丘、平顶山、鹤壁、新乡、南阳、信阳、安阳、焦作、开封、濮阳、驻马店、三门峡、济源、洛阳、周口、郑州、漯河、许昌。

四、不同领域制度创新成果各地市复制推广状况

国家层面推出的 278 项制度创新成果在河南各地市不同领域的复制推广率[1]、各地市复制推广实施率[2]与完成率[3]如图 5-5 至图 5-7 所示。

---

[1] 复制推广率=已复制推广/相关领域制度创新成果总数。
[2] 实施率=(已复制推广+正在推进)/制度创新成果总数。
[3] 完成率=已复制推广/(已复制推广+正在推进+可实施未推广)。

（一）各地市各领域复制推广状况

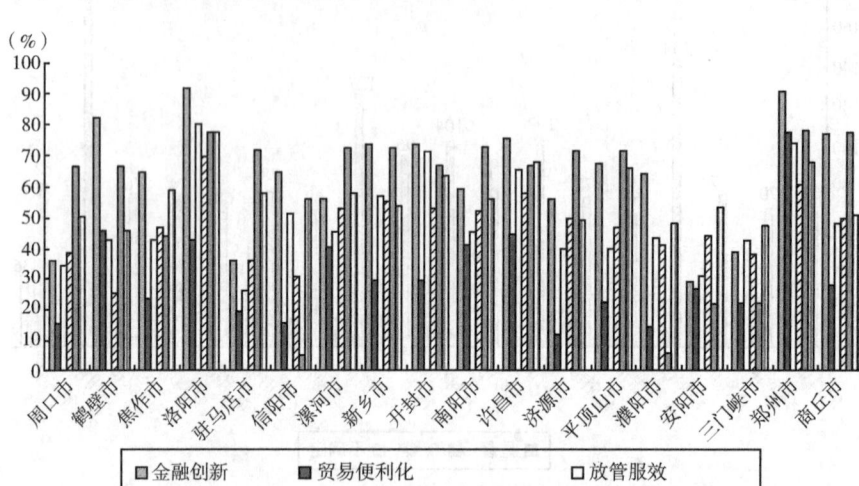

图 5-5　六大领域创新成果十八地市复制推广率

注：复制推广率 = 已复制推广/相关领域总数。

河南各地市中，金融创新领域已复制推广占比超 90% 的共 2 市，分别是洛阳、郑州；占比在 80%~90% 的只有鹤壁；占比在 70%~80% 的有 4 市，分别为许昌、商丘、新乡、开封；占比在 60%~70% 的有 4 市，分别为平顶山、焦作、信阳、濮阳；占比在 50%~60% 的有 3 市，分别为南阳、漯河、济源；低于 50% 的有 4 市，分别为三门峡、周口、驻马店、安阳。

河南各地市中，贸易便利化领域已复制推广占比只有郑州市（78.21%）超过 50%；其他地市已复制推广占比都低于 50%，分别为鹤壁、许昌、洛阳、漯河、南阳、新乡、开封、商丘、安阳、焦作、平顶山、三门峡、驻马店、信阳、周口、濮阳、济源。

河南各地市中，放管服效领域已复制推广占比高于 70% 的有 3 市，由高到低依次为洛阳、郑州、开封；占比在 50%~70% 的有 3 市，由高到低依次为许昌、新乡、信阳；低于 50% 的有 12 市，分别为商丘、漯河、南阳、鹤壁、焦作、濮阳、三门峡、济源、平顶山、周口、安阳、驻马店。

河南各地市中，事中事后监管领域已复制推广占比高于 60% 的有 2 市，由高到低依次为洛阳、郑州；占比在50%~60%的有7市，分别为许昌、新乡、漯河、南阳、开封、商丘、济源；低于50%的有9市，分别为平顶山、焦作、安阳、濮阳、周口、三门峡、驻马店、信阳、鹤壁。

河南各地市中，人力资源与人才流动便利化领域已复制推广占比高于70%的有9市，分别为洛阳、郑州、商丘、新乡、南阳、漯河、济源、平顶山、驻马店；占比为66.67%的有4市，分别为许昌、开封、周口、鹤壁；低于50%的有5市，分别为焦作、安阳、三门峡、濮阳、信阳。

河南各地市中，投资自由便利化领域已复制推广占比高于70%的只有洛阳市；占比在60%~70%的有4市，由高到低依次为郑州、许昌、平顶山、开封；占比在50%~60%的有9市，分别为焦作、驻马店、漯河、南阳、信阳、新乡、安阳、商丘、周口；低于50%的有4市，分别为济源、三门峡、濮阳、鹤壁。

（二）各领域各地市实施状况

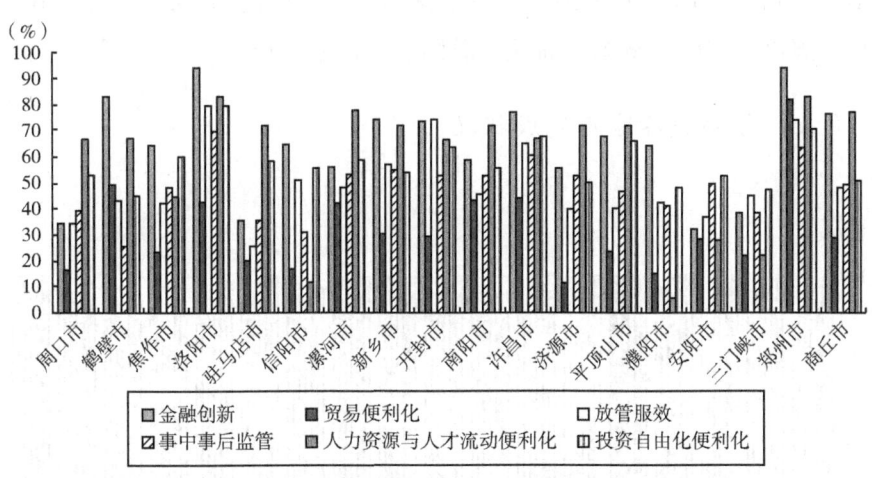

图5-6 六大领域创新成果十八地市复制实施率

注：实施率=（已复制推广+正在推进）/制度创新成果总数。

河南各地市中，金融创新领域复制推广实施率由高到低依次为洛阳、郑州、鹤壁、许昌、商丘、新乡、开封、平顶山、焦作、信阳、濮阳、南阳、漯河、济源、三门峡、周口、驻马店、安阳。

河南各地市中，贸易便利化领域复制推广实施率由高到低依次为郑州、鹤壁、许昌、洛阳、南阳、漯河、新乡、开封、商丘、安阳、焦作、平顶山、三门峡、驻马店、周口、信阳、濮阳、济源。

河南各地市中，放管服效领域复制推广实施率由高到低依次为洛阳、开封、郑州、许昌、新乡、信阳、漯河、商丘、南阳、三门峡、焦作、鹤壁、濮阳、济源、平顶山、安阳、周口、驻马店。

河南各地市中，事中事后监管领域复制推广实施率由高到低依次为洛阳、郑州、许昌、新乡、漯河、开封、南阳、济源、安阳、商丘、焦作、平顶山、濮阳、周口、三门峡、驻马店、信阳、鹤壁。

河南各地市中，人力资源与人才流动便利化领域复制推广实施率由高到低依次为洛阳、郑州、漯河、商丘、驻马店、新乡、南阳、济源、平顶山、周口、鹤壁、开封、许昌、焦作、安阳、三门峡、信阳、濮阳。

河南各地市中，投资自由便利化领域复制推广实施率由高到低依次为洛阳、郑州、许昌、平顶山、开封、焦作、驻马店、漯河、信阳、南阳、新乡、周口、安阳、济源、商丘、濮阳、三门峡、鹤壁。

（三）各领域各地市完成状况

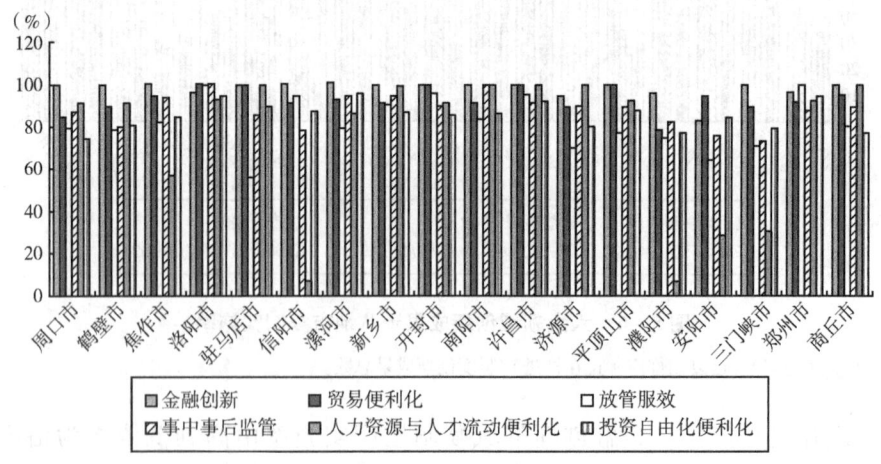

图 5-7 六大领域各地市复制完成率

注：完成率＝已复制推广/（已复制推广＋正在推进＋可实施未推广）。

河南各地市中，金融创新领域复制推广完成率为100%共13市，分别是周口、鹤壁、焦作、驻马店、信阳、漯河、新乡、开封、南阳、许昌、平顶山、三门峡、商丘；完成率在90%~100%共4市，分别是洛阳、郑州、濮阳、济源；只有安阳完成率低于90%为83.3%。

河南各地市中，贸易便利化领域复制推广完成率为100%共5市，分别是洛阳、驻马店、开封、许昌、平顶山；完成率在90%~100%共10市，从高到低依次是商丘、安阳、焦作、漯河、郑州、信阳、新乡、南阳、鹤壁、济源；完成率在80%~90%共2市，从高到低依次是三门峡、周口；只有濮阳完成率低于80%为78.6%。

河南各地市中，放管服效领域复制推广完成率为100%共2市，分别是洛阳、郑州；完成率在90%~100%共4市，从高到低依次是开封、许昌、信阳、新乡；完成率在80%~90%共5市，从高到低依次是南阳、焦作、商丘、周口、漯河；完成率在70%~80%共5市，从高到低依次是鹤壁、平顶山、濮阳、三门峡、济源；完成率低于70%共2市，分别是安阳（64.7%）和驻马店（56.3%）、

河南各地市中，事中事后监管领域复制推广完成率为100%共2市，分别是洛阳、南阳；完成率在90%~100%共7市，从高到低依次是新乡、漯河、焦作、许昌、开封、济源、商丘；完成率在80%~90%共6市，从高到低依次是平顶山、郑州、周口、驻马店、濮阳、鹤壁；完成率在70%~80%共3市，从高到低依次是信阳、安阳、三门峡。

河南各地市中，人力资源与人才流动便利化领域复制推广完成率为100%共6市，分别是驻马店、新乡、南阳、许昌、济源、商丘；完成率在90%~100%共6市，从高到低依次是洛阳、郑州、平顶山、周口、鹤壁、开封；完成率在80%~90%只有漯河市为86.7%，完成率低于60%共5市，分别是焦作（57.1%）、三门峡（30.8%）、安阳（28.6%）、濮阳（7.7%）、信阳（7.1%）。

河南各地市中，投资自由便利化领域复制推广完成率在90%~100%共5市，从高到低依次是漯河、洛阳、郑州、许昌、驻马店；完成率在

80%~90%共10市,从高到低依次是平顶山、信阳、新乡、南阳、开封、安阳、焦作、鹤壁、济源、三门峡;完成率在70%~80%共3市,从高到低依次是商丘、濮阳、周口。

第二节 各地市复制推广情况分析

一、周口市

（一）周口市复制推广概况

周口市复制推广实施率[①]在全省居第16名。周口市复制推广实施完成整体情况一般。从表5-4可知,周口市278项改革事项中,已复制推广101项,实施率为37.4%,占比为36.3%,正在推进改革为3项,占比为1.1%,不具备条件未推广146项,占比为52.5%,可实施未推广为18项,占比为6.5%,其他10项,占比为3.6%。从数据可见,周口市复制推广实施率整体水平不高,在全省居于第三梯队。

表5-4 周口市278项制度创新成果复制推广情况统计

改革事项	已复制推广（占比）	正在推进（占比）	可实施未推广（占比）	不具备条件未推广（占比）	其他（占比）	总计（占比）
金融创新	12	0	0	22	0	34
	35.3%	0	0	64.7%	0	100.0%
贸易便利化	12	1	1	62	2	78
	15.4%	1.3%	1.3%	79.5%	2.6%	100.0%
放管服效	12	0	3	15	5	35
	34.3%	0	8.6%	42.9%	14.3%	100.0%

---

① 实施率=（已复制推广+正在推进）/制度创新成果总数。

续表

改革事项	已复制推广（占比）	正在推进（占比）	可实施未推广（占比）	不具备条件未推广（占比）	其他（占比）	总计（占比）
事中事后监管	14 38.9%	0 0	2 5.6%	18 50.0%	2 5.6%	36 100.0%
人力资源与人才流动便利化	12 66.7%	0 0	1 5.6%	4 22.2%	1 5.6%	18 100.0%
投资自由化便利化	39 50.6%	2 2.6%	11 14.3%	25 32.5%	0 0	77 100.0%
总计（占比）	101 36.3%	3 1.1%	18 6.5%	146 52.5%	10 3.6%	278 100.0%

注："其他"包含台账中未整理、台账中未自评等。

从表5-5可知，已复制推广的101项改革，99项为移植推广，2项为创新推广，实施成效上显著为67项，占已复制推广项数的66.3%；实施成效一般为23项，占已复制推广项数的22.8%；实施成效不确定为11项，占已复制推广项数的10.9%。从数据来看，101项已复制推广的复制推广改革整体实施成效较好，但在全省中仍处于一般水平。

表5-5　　　　　　周口市创新推广和实施成效统计

改革事项	移植推广	创新推广	不确定	一般	显著	已复制推广
金融创新	12	0		8	1	12
贸易便利化	11	1	1	0	11	12
放管服效	12	0	1	1	10	12
事中事后监管	14	0	3	2	9	14
人力资源与人才流动便利化	12	0	1	10	1	12
投资自由化便利化	39	0	2	2	35	39
总计	100	1	11	23	67	101

注：只对"已复制推广"项目评价创新度和实施成效。

周口市内部人力资源与人才流动便利化领域实施完成情况最优。人力资源与人才流动便利化领域共包含18项改革事项。周口市已复制推广12

项，占比①为66.7%，不具备条件未推广4项，占比为22.2%，可实施未推广1项，占比为5.6%，其他1项，占比为5.6%，完成率92.3%，实施率66.7%，为周口市内部六大改革领域中实施率最高，但是实施率在全省十八地市中列第10位。吸引外来人才政策中典型代表为"周口韩科热力有限公司"韩国籍总经理金英基办理在华永久居留，充分服务于周口市人才引进及人才流动。但该领域仍存在完成率较高、实施显著率较低的现象。

周口市内部贸易便利化领域的实施完成情况相对落后。贸易便利化领域包含78项改革事项。周口市已复制推广12项，占比为15.4%，正在推进1项，占比为1.3%，不具备条件未推广62项，占比为79.5%，可实施未推广1项，占比为1.3%，其他2项，占比为2.6%，完成率85.7%，实施率16.7%，实施率在全省十八地市中位列第15位，而且实施率明显低于周口市内部其他六大改革领域的实施率，这与地理位置限制及暂不具备复制条件有一定相关性，但周口市仍需要进一步推动服务业开放政策及国际化创新发展。

（二）周口市复制推广工作的现状特点

1. 金融创新

从复制推广状态来看，金融创新领域复制推广实施情况一般。金融创新领域包含34项改革事项。周口市已复制推广12项金融创新改革事项，占比为35.3%，不具备条件未推广22项，占比为64.7%，完成率100%，实施率35.3%，实施率在全省十八地市中列第16位。

从创新度来看，金融创新领域改革事项的创新推广水平低。在已复制推广的12项改革事项中均属于移植推广，创新推广为0，移植推广比例为100%。

从实施成效来看，金融创新领域复制推广实施成效比较一般。已复制推广的12项改革事项中仅1项为显著，8项为一般，3项为不确定，显著

---

① 相对领域改革事项的总数，下同。

率为8.3%。

2. 贸易便利化

从复制推广状态来看，周口市贸易便利化领域复制推广实施率在六大领域复制推广实施率中最低。贸易便利化领域包含78项改革事项。周口市已复制推广12项，占比为15.4%，正在推进1项，占比为1.3%，不具备条件未推广62项，占比为79.5%，可实施未推广1项，占比为1.3%，其他2项，占比为2.6%，完成率85.7%，实施率16.7%，实施率在全省十八地市中列第15位，而且实施率明显低于周口市内部其他六大改革领域的实施率，这与地理位置限制及暂不具备复制条件有一定相关性，但周口市仍需进一步推动服务业开放政策及国际化创新发展。

从创新度来看，贸易便利化领域改革事项的创新推广水平低。在已复制推广12项改革事项中11项属于移植推广，创新推广为1，移植推广比例为91.7%。

从实施成效来看，贸易便利化领域复制推广实施成效较为显著。已复制推广的11项改革事项中10项为显著，1项为不确定，显著率为90.9%。

3. 放管服效

从已复制推广状态来看，放管服效领域复制推广实施情况一般。目前，周口市35项放管服效改革事项已复制推广12项，占比为34.3%，不具备条件未推广15项，占比为42.9%，可实施未推广3项，占比为8.6%，其他5项，占比为14.3%，完成率80%，实施率34.3%，实施率在全省十八地市中列第17位。

从创新度来看，放管服效领域改革事项的创新推广水平低。在已复制推广的12项改革事项中均属于移植推广，创新推广为0，移植推广比例为100%。

从实施成效来看，放管服效领域复制推广实施成效显著。已复制推广事项中10项为显著，1项为一般，1项为不确定，显著率为83.3%。

4. 事中事后监管

从已复制推广状态来看，事中事后监管领域复制推广实施情况一般。

其中，周口市36项事中事后监管改革事项已复制推广14项，占比为38.9%，可实施未推广2项，占比为5.6%，不具备条件未推广18项，占比为50%，其他2项，占比为5.6%，完成率87.5%，实施率38.9%，实施率在全省十八地市中列第14位。

从创新度来看，事中事后监管领域没有进行创新推广。在已复制推广14项改革事项中均属于移植推广，创新推广为0，复制推广比例为100%。

从实施成效来看，事中事后监管领域复制推广实施成效较为显著。已复制推广的14项改革事项中9项为显著，2项为一般，3项为不确定，显著率为64.3%。

5. 人力资源与人才流动便利化

从复制推广状态来看，人力资源与人才流动便利化领域复制推广实施情况良好。人力资源与人才流动便利化领域共包含18项改革事项。周口市已复制推广12项，占比为66.7%，不具备条件未推广4项，占比为22.2%，可实施未推广1项，占比为5.6%，其他1项，占比为5.6%，完成率92.3%，实施率66.7%，为周口市内部六大改革领域中实施率最高，但是在全省十八地市中列第10位。

从创新度来看，人力资源与人才流动便利化领域没有进行创新推广。在已复制推广12项改革事项中均属于移植推广，创新推广为0，移植推广比例为100%。

从实施成效来看，人力资源与人才流动便利化领域复制推广实施成效一般。已复制推广事项中仅1项为显著，10项为一般，1项为不确定，显著率为8.33%。

6. 投资自由化便利化

从复制推广状态来看，投资自由化便利化领域复制推广实施情况良好。投资自由化便利化领域共包含77项改革事项。目前，周口市已复制推广39项，占比为50.6%，可实施未推广11项，占比为14.3%，不具备条件未推广25项，占比为32.5%，完成率75%，实施率53.2%，实施率在全省十八地市中列第12位。

从创新度来看，投资自由化便利化领域的改革事项没有进行创新推广。在已复制推广改革事项中，39项均属于移植推广。

从实施成效来看，投资自由化便利化领域复制推广实施成效较为显著。已复制推广事项中35项为显著，2项为一般，2项为不确定。显著率高达89.7%，意味着周口市相关部门重视已复制推广投资自由化便利化改革事项的实施成效。

（三）周口市各领域复制推广状况分析

1. 金融创新

一是改革事项实施情况一般。周口市在深入开展跨境信贷融资等方面取得了一定成绩，但从整体来看，金融创新领域完成度一般，诸多金融服务政策，如绿色债务融资工具创新、知识产权证券化、分布式共享模式实现"银政互通"等方面的政策并未实施开展，需要进一步推进金融创新领域相关改革落实。

二是改革事项创新度较低。周口市实施的金融创新领域改革事项全部为移植推广，周口市在开展复制推广时，可结合本地实际，进一步创新科创金融支持模式，完善金融支持科技创新的体制机制，全方位推动制度创新。

三是改革事项实施成效一般。目前周口市金融主体较为单一，缺乏创新应用的市场主体或囿于政策平台限制，致使周口市中小企业融资成本较高、融资成效欠佳。例如，科技信贷政策导向效果评估机制，需要财政部门提供科技信贷准备金，而周口市财政局尚未提供科技信贷准备金，因此市级科技贷业务无法实施。周口市需要进一步加强科技金融支持力度，进一步为科创企业融资"减负""松绑"，推动知识价值信用融资新模式、"信易贷"支持小微企业融资等落地见效。

2. 贸易便利化

一是改革事项实施情况较低。周口市在出口退税无纸化、简化通关作业随单证、集中汇总纳税等改革取得了一定成绩，指导益海（周口）粮油有限公司完成 AEO 认证，实施成效较为显著。但从整体来看，贸易便利化多数改革仍未推进，主要原因是多数贸易便利化领域改革需要海关特殊监管区域作为实施载体，周口市尚不具备条件。下一步，周口市需要积极推进周口港口保税物流中心（B型）申建工作，以内河航运为抓手，打造"豫货出海口"，为国际贸易提供更方便、更快捷的平台支撑。

二是改革事项创新度较低。周口市实施的贸易便利化领域改革事项大部分为移植推广，仅关检"一站式"查验平台＋监管互认这项为创新推广。这表明周口市的改革创新缺乏开放平台的引领和支撑，关于从事相关业务的个案报批手续需要进一步地精简，开放更多平台开展相关业务等。另外，进一步加强跨部门沟通协作，促进多个部门合力营造便利高效的通关物流环境。

三是改革事项实施成效较为显著。周口市借助自贸试验区加大体制改革探索力度，加快对试点成熟经验的复制推广，同时充分发挥各类开放平台对周口地区改革开放的引领和支撑作用，让更大范围、更多企业享受到改革和创新的红利。对不涉及税、证需改单的报关单实行先放行后改单作业模式，完善进口研发样品便利化监管制度，并加强事后监管。开展国际贸易"单一窗口"平台，简化通关作业随附单证、简化统一进出境备案清单，实现了现结售汇、出口退税、税费支付等金融功能上线融合，完善了通关便利化监管制度，推进了通关合作与通关一体化机制，显著提升了贸易便利化程度。

3. 放管服效

一是改革事项实施情况一般。周口市放管服效领域35项改革中，已复制推广12项，不具备条件未推广15项，可实施未推广3项，其他情况5项。从整体来看，实施完成度一般。优化用电环境市场主体名称登记便利化改革等改革都已完成。从不具备条件未推广情况来看，周口需要持续深化"放管服效"改革，着力在改革创新、提质增效上下真功夫、求突破，推进审批服务便利化。

二是创新推广水平低。周口市实施的放管服效领域改革事项全部为移植推广，说明周口市需要进一步创新放管服效领域创新模式，完善审批事项改革、健全政务服务体系、强化监督评价的体制机制，全方位推动制度创新。

三是改革事项实施成效较为显著。周口市已复制推广的12项改革举措中，实施成效显著的为10项，周口市在优化政务服务、便利企业生产经营和群众办事创业实施成效较为良好。例如，建立知识产权类型化案件快审机制，出台《周口市中级人民法院加强产权司法保护行动计划》，成立知识产权专业审判团队，坚持调判结合，提升知识产权案件的审判质量和效率，实行诉前调解和诉讼调解相结合。又如，周口市推进工程建设项目审批制度改革，召开工作推进会议，出台专项改革方案，建立工程建设项目审批制度框架和信息数据平台，与全省政务服务平台、全国工程建设项目审批管理系统等相关平台实现互联互通，不断压减审批时限，大幅提升项目开工成本。

4. 事中事后

一是改革事项实施情况一般。事中事后监管领域中周口市已复制推广的改革有14项，尤其是在企业送达信息共享机制、多领域实施包容免罚清单模式、以信用为核心的跨部门协同监管平台等改革事项都已完成，信息共享和综合执法制度等改革事项尚未实施。从整体看来，复制推广完成度不足一半，因此周口市各级各有关部门仍需要高度重视事中事后监管工作，积极推进事中事后监管复制推广工作，科学配置监管资源，持续加强监管能力建设，压紧压实行业责任、属地责任。

二是创新推广水平低。周口市实施的事中事后监管领域改革事项全部为移植推广，说明周口市需要继续推动各个领域事中事后监管模式创新，尤其是在事中事后监管改革事项上形成具有当地特色的制度创新。

三是改革事项实施成效较为显著。周口市采取多元化监管措施，实施企业送达信息共享机制，并建立市场综合监管大数据平台，积极对执法机构进行改革，有效地避免了权责交叉、多头执法的问题，显著地提高了综合监管能力。引入3家中介机构协助稽核查，推进信用信息应用加强社诚信管理，开展了信易批、信易游、信易医、信易租等，对守信者实行容缺受理，惠及805家企业；为守信者提供更优惠的旅游服务、门诊陪诊服务、更低的租赁押金或免押金租住更长久等多项惠民政策。但在"竣工测验合一"改革试点、完善专业监管制度等方面仍需加强。

5. 人力资源与人才流动便利化

一是改革事项实施情况良好。周口市积极推动境外职业资格认可、简化外籍人才创办企业登记材料、优化外籍人才引进流程，优化了河南营商环境，提高了人才流动便利度。

二是创新推广水平低。周口市实施的人力资源与人才流动便利化领域改革事项均为移植推广，且整体上业务数量普遍较少。周口市需要根据当地金融、教育、科技服务、航空等急需专业领域，开展境外职业资格认可，提高与港澳台、国外人才交流活动和企业展销活动的参与度。

三是改革事项实施成效一般。周口市实施的人力资源与人才流动便利化领域改革事项实施成效整体来看一般，12项已移植推广的复制推广改革中仅1项效果显著，为益海（周口）粮油工业有限公司、周口韩科热力有限公司等外籍高管办理特殊人才类永久居留申请，其余效果一般。因此为提高人力资源与人才流动便利化，助力当地优化营商环境，吸引境内外高水平专业人员到周口创新创业，需要进一步支持促进人力资源服务领域合作交流，不断优化完善人才服务保障，搭建人才事业发展平台，着力构建人才强市。

6. 投资自由化便利化

一是复制推广实施情况良好。周口市在投资管理体制改革"四个一"、涉税事项网上区域通办及网上服务体验、不动产登记业务便民模式、公证事项"最多跑一次"等改革取得了显著的成效，提升了投资审批效能。

二是创新推广情况一般。投资自由化便利化领域制度创新成果的复制推广在周口市都是以移植推广的形式落地，只有"负面清单以外领域外商投资企业设立及变更审批改革"这项有创新推广的成分。周口市虽然积极学习了其他省区市的复制推广经验，但尚未形成具有当地特色的创新推广路径机制，需要进一步提升对相关改革事项的创新推广意识与能力。

三是改革事项实施成效显著。周口市对企业税收环境、投资方式、审批、网上办理业务等改革事项积极推广,优化了营商环境、简化了企业办事流程。例如,推行企业"套餐式"注销服务模式,线下在行政服务大厅窗口实现注销一窗通,线上通过部门间信息共享实现注销便利化。涉税事项网上办理、优化涉税事项办理程序、压缩办理时限等,均取得显著成效。但受外商投资项目备案管理制度、非居民税收网上管理、开放在线数据处理业务(经营类电子商务)的外资股权比例限制,外资股权比例可至100%等改革事项仍需要提升实施成效。

二、鹤壁市

(一)鹤壁市复制推广概况

鹤壁复制推广实施率在全省居第9名。鹤壁市复制推广实施完成整体情况有待提升。由表5-6可知,鹤壁市278项改革事项中,已复制推广135项,实施率49.6%,正在推进改革为3项,占比为1.1%,不具备条件未推广106项,占比为38.1%,可实施未推广为16项,占比为5.8%,其他18项,占比为6.5%。从数据可见,鹤壁市已复制推广完成率整体水平一般,在全省居于第三梯队。

表5-6　　鹤壁市278项制度创新成果复制推广情况

改革事项	已复制推广 (占比)	正在推进 (占比)	可实施 未推广 (占比)	不具备条件 未推广 (占比)	其他 (占比)	总计 (占比)
金融创新	28	0	0	6	0	34
	82.4%	0	0	17.6%	0	100.0%
贸易便利化	36	3	1	37	1	78
	46.2%	3.8%	1.3%	47.4%	1.3%	100.0%
放管服效	15	0	4	15	1	35
	42.9%	0	11.4%	42.9%	2.9%	100.0%

续表

改革事项	已复制推广 （占比）	正在推进 （占比）	可实施 未推广 （占比）	不具备条件 未推广 （占比）	其他 （占比）	总计 （占比）
事中事后监管	9	0	2	18	7	36
	25.0%	0	5.6%	50.0%	19.4%	100.0%
人力资源与人才 流动便利化	12	0	1	4	1	18
	66.7%	0	5.6%	22.2%	5.6%	100.0%
投资自由化便利化	35	0	8	26	8	77
	45.5%	0	10.4%	33.8%	10.4%	100.0%
总计（占比）	135	3	16	106	18	278
	48.6%	1.1%	5.8%	38.1%	6.5%	100.0%

注："其他"包含台账中未整理、台账中未自评等。

从表5-7可知，已复制推广的135项改革中，127项为移植推广，8项为创新推广，实施成效上显著为70项，占已复制推广项数的51.9%；实施成效一般为32项，占已复制推广项数的23.7%；实施成效不确定为33项，占已复制推广项数的24.4%。从数据来看，135项已复制推广的复制推广改革整体实施成效较好。

表5-7　　　　　鹤壁市创新推广和实施成效

改革事项	移植推广	创新推广	不确定	一般	显著	已复制推广
金融创新	28	0	1	24	3	28
贸易便利化	34	2	10	2	24	36
放管服效	15	0	3	0	12	15
事中事后监管	9	0	0	0	9	9
人力资源与人才流动便利化	12	0	12	0	0	12
投资自由化便利化	35	0	7	6	22	35
总计	133	2	33	32	70	135

注：只对"已复制推广"项目评价创新度和实施成效。

鹤壁市内部金融创新领域的实施完成情况最优。金融创新领域共包含34项改革事项。鹤壁市已复制推广28项，占比为82.4%，不具备条件未推广6项，占比为17.6%，完成率100%，实施率82.4%，实施率为鹤壁市内部六大改革领域中最高，而且在全省十八地市中列第3位。

鹤壁市内部事中事后监管领域的实施完成情况相对落后。事中事后监管领域包含36项改革事项。鹤壁市已复制推广9项，占比为25%，不具备条件未推广18项，占比为50%，可实施未推广2项，占比为5.6%，其他7项，占比为19.4%，完成率81.8%，实施率25%，实施率为鹤壁市内部六大改革领域中最低，而且在全省十八地市中列末尾。整体来看，鹤壁市事中事后监管领域的实施率明显低于其他领域的实施率，这与其内陆地理位置限制及暂不具备复制条件有一定相关性，但鹤壁市仍需要进一步推动事中事后监管领域的服务创新。

（二）鹤壁市复制推广工作的现状特点

1. 金融创新

从复制推广状态来看，金融创新领域复制推广实施情况较好。金融创新领域共包含34项改革事项。鹤壁市已复制推广28项，占比为82.4%，不具备条件未推广6项，占比为17.6%，完成率100%，实施率82.4%，实施率为鹤壁市内部六大改革领域中最高，而且在全省十八地市中列第3位。

从创新度来看，金融创新领域改革事项的创新推广水平低。已复制推广的28项改革事项均属于移植推广。

从实施成效来看，金融创新领域复制推广实施成效比较一般。已复制推广的28项改革事项中仅3项为显著，24项为一般，1项为不确定，显著率为10.7%。

2. 贸易便利化

从复制推广状态来看，贸易便利化领域改革事项实施率一般。贸易便利化领域共包含78项改革事项。鹤壁市已复制推广36项，占比为46.2%，不具备条件未推广37项，占比为47.4%，可实施未推广1项，占比为1.3%，正在推进3项，占比为3.8%，其他1项，占比为1.3%，完成率90%，实施率50%，实施率在全省十八地市中列第2位。

从创新度来看，贸易便利化领域创新推广水平低。在已复制推广 36 项改革事项中 34 项属于移植推广，2 项为创新推广，移植推广比例为 94.4%。

从实施成效来看，贸易便利化领域复制推广实施成效较为显著。已复制推广的 36 项改革事项中 24 项为显著，10 项为不确定，2 项为一般，显著率为 66.7%。

3. 放管服效

从复制推广状态来看，放管服效领域复制推广实施情况一般。放管服效领域共包含 35 项改革事项。目前，鹤壁市已复制推广 15 项，占比为 42.9%，不具备条件未推广 15 项，占比为 42.9%，可实施未推广 4 项，占比为 11.4%，其他 1 项，占比为 2.9%，完成率 78.9%，实施率 42.9%，实施率在全省十八地市中列第 12 位。

从创新度来看，放管服效领域改革事项的创新推广水平低。在已复制推广 15 项改革事项中均属于移植推广，创新推广为 0，移植推广比例为 100%。

从实施成效来看，放管服效领域复制推广实施成效显著。已复制推广事项中 12 项为显著，0 项为一般，3 项为不确定，显著率为 80%。

4. 事中事后监管

从复制推广状态来看，事中事后监管领域复制推广实施情况一般。事中事后监管领域包含 36 项改革事项。鹤壁市已复制推广 9 项，占比为 25%，不具备条件未推广 18 项，占比为 50%，可实施未推广 2 项，占比为 5.6%，其他 7 项，占比为 19.4%，完成率 81.8%，实施率 25%，实施率为鹤壁市内部六大改革领域中最低，而且在全省十八地市中列末位。

从创新度来看，事中事后监管领域没有进行创新推广。在已复制推广 9 项改革事项中均属于移植推广，创新推广为 0，移植推广比例为 100%。

从实施成效来看，事中事后监管领域复制推广实施成效较为显著。已复制推广的 9 项改革事项中全部为显著，0 项为一般，显著率为 100%。

5. 人力资源与人才流动便利化

从复制推广状态来看，人力资源与人才流动便利化领域复制推广实施情况良好。人力资源与人才流动便利化领域包含18项改革事项。目前，鹤壁市已复制推广12项，占比为66.7%，可实施未推广1项，占比为5.6%，不具备条件未推广4项，占比为22.2%，其他1项，占比为5.6%，完成率92.3%，实施率66.7%，实施率在全省十八地市中列第11位。整体而言，人力资源与人才流动便利化领域改革事项为鹤壁市复制推广完成率相对较好的领域之一。

从创新度来看，人力资源与人才流动便利化领域没有进行创新推广。在已复制推广12项改革事项中均属于移植推广，创新推广为0，移植推广占比为100%。

从实施成效来看，人力资源与人才流动便利化领域复制推广实施成效较差。已复制推广事项中0项为显著，12项为不确定，显著率为0。

6. 投资自由化便利化

从复制推广状态来看，投资自由化便利化领域复制推广实施情况一般。投资自由化便利化领域包含77项改革事项。目前，鹤壁市已复制推广35项，占比为45.5%，可实施未推广8项，占比为10.4%，不具备条件未推广26项，占比为33.8%，其他8项，占比为10.4%，完成率81.4%，实施率45.5%，实施率在全省十八地市中列末位。

从创新度来看，投资自由化便利化领域的改革事项没有进行创新推广。已复制推广的35项改革事项均为移植推广。

从实施成效来看，投资自由化便利化领域复制推广实施成效较为显著。已复制推广事项中22项为显著，6项为一般，7项为不确定。显著率高达62.9%，意味着鹤壁市相关部门重视已复制推广投资自由化便利化改革事项的实施成效。

（三）鹤壁市各领域复制推广状况分析

1. 金融创新

一是复制推广实施情况较好。金融创新领域共包含34项改革事项，鹤壁市已移植推广28项，鹤壁市在智能化地方金融风险检测防控平台、深入开展"信易贷"支持中小微企业融资等方面取得了一定成绩。但从整体来看，金融创新领域仍有一些政策需要进一步发展。例如，个人其他经常项下人民币结算业务、绿色债务融资工具创新等金融服务政策并未实施，需要进一步拓宽政策支撑，促进金融领域开放发展。

二是创新推广能力有待提升。金融创新领域的自贸试验区制度创新成果在鹤壁市均是以移植推广的形式落地，仅多元化农业保险助推现代农业发展、智能化地方金融风险检测防控平台两项具有创新推广的成分。这说明鹤壁市需要进一步创新科创金融支持模式，完善金融支持科技创新的体制机制，全方位提升该领域制度创新成果的创新推广能力。

三是复制推广实施成效一般。仅3项改革效果为显著。例如，深入开展"信易贷"支持中小微企业融资，建立完善"信易贷"白名单推荐工作机制，对生产经营稳定、经济效益好、信用记录优的中小企业实行动态"白名单"管理，对符合信贷条件的"白名单"企业融资需求优先予以安排，每月定期对信易贷"白名单"进行信用核查，发挥信用体系建设助力中小微企业融资的积极作用。但跨境电子商务人民币结算业务、直接投资项下外汇登记及变更登记下放银行办理、取消境外融资租赁债权审批等改革事项，已传达辖区银行执行，应用主体较少，尚未取得显著成效。

2. 贸易便利化

一是复制推广实施情况一般。鹤壁市在原产地签证管理改革创新、国际贸易单一窗口、检验检疫通关无纸化、海关业务预约平台等改革取得了一定成绩，实施成效较为显著。但从整体来看，贸易便利化多数改革仍未推进，鹤壁市受限于缺乏海关特殊监管区域，导致部分贸易便利化领域改革不具备复制推广条件。下一步，鹤壁市要积极发展外向型经济，提高加工贸易和保税物流业务量，增强区域辐射带动能力，为后期申建综合保税区夯实基础。

二是创新推广水平低。鹤壁市实施的贸易便利化领域改革事项均为移植推广，说明鹤壁市的改革创新缺乏开放平台的引领和支撑。下一步，鹤壁市需要积极借鉴贸易便利化改革举措思路，进一步加强跨部门沟通协作，促进多个部门合力营造便利高效的通关物流环境。

三是复制推广实施成效较为显著。鹤壁市积极推进国际贸易"单一窗口"平台建设,多次举办了国家"单一窗口"标准版应用推广培训会,对全市进出口企业进行分类分级管理。但进口研发样品便利化监管制度,保税展示交易货物分线监管、预检验和登记核销管理模式,出境加工监管等改革事项进展缓慢,与鹤壁外向型经济发展水平不高有一定相关性。下一步,鹤壁市需要争取一批重大外经贸新项目落地,实现进出口提质增效,也为申建综合保税区提供有力条件。

3. 放管服效

一是复制推广实施情况一般。鹤壁市放管服效领域 35 项改革中,已复制推广 15 项,不具备条件未推广 15 项,可实施未推广 4 项,从整体来看,实施完成度一般。但鹤壁市在优化政务服务、便利企业生产经营和群众办事创业实施成效较为良好,尤其是在优化用电环境、建设项目水电气暖现场一次联办模式、开展省域多规合一改革试点、推动不动产抵押权变更登记服务等制度创新实施成效较为显著,提升了企业申办政务服务事项便利度,缩短了业务办理时间。推行"全通版"食品药品许可证、打造高能级人才服务综合体等改革事项仍需要加大力度,争取尽快落地实施。

二是创新推广水平低。鹤壁市实施的放管服效领域改革事项全部为移植推广,说明鹤壁市需要进一步创新放管服效领域创新模式,完善审批事项改革、健全政务服务体系、强化监督评价的体制机制,全方位推动制度创新。

三是复制推广实施成效较为显著。鹤壁市已复制推广的 15 项改革举措中,实施成效显著的为 12 项。例如,鹤壁市城市管理局、鹤壁市发改委、国网鹤壁供电公司联合出台《鹤壁市水电气报装"一件事"办理实施方案》,在鹤壁市行政服务大厅"智慧鹤壁"设立水电气一窗受理联办窗口,将用水、用电、用气报装整合为"一窗口"办理,全过程对接服务"一个人"跟进,实现水电气报装"一件事"办理。又如,建立鹤壁普惠金融共享平台,通过对企业经营状况、社会信用等综合评估、精准画像,实现贷款申请、授信、签约、用信、还款等全流程线上融资操作，有效解决企业"贷不来"、银行"不敢贷"问题。但一码集成服务、"事转企"背景下国有企业"三级跳"发展新模式等改革仍需要增强改革力度，进一步完善行政审批制度改革体制机制，提高服务意识。

4. 事中事后监管

一是复制推广实施情况欠佳。事中事后监管领域中鹤壁市已复制推广的改革有9项，虽然在企业送达信息共享机制、多领域实施包容免罚清单模式、以信用为核心的跨部门协同监管平台等改革事项效果显著，但从整体看来，复制推广完成度不足30%，推进信用信息应用加强社会诚信管理、社会力量参与市场监督制度、信息共享和综合执法制度等多项改革推进情况不翔实。因此鹤壁市各级有关部门仍需要高度重视事中事后监管工作，积极推进事中事后监管复制推广工作，科学配置监管资源，持续加强监管能力建设，压紧压实行业责任、属地责任。

二是创新推广水平低。鹤壁市实施的事中事后监管领域改革事项全部为移植推广，说明鹤壁市需要继续推动各个领域事中事后监管模式创新，尤其是在事中事后监管改革事项上形成具有当地特色的制度创新。

三是复制推广实施成效较为显著。鹤壁市9项已复制推广改革实施成效均为显著。例如，公共信用信息"三清单"（数据清单、行为清单、应用清单）编制，多次召开信用信息归集培训会，完成市公共信用信息平台目录调整，信用信息覆盖全部市场主体，整体的数据合格率已达到90%以上。同时，鹤壁市采取多元化监管措施，实施企业送达信息共享机制，并建立市场综合监管大数据平台，积极对执法机构进行改革，有效地避免了权责交叉、多头执法的问题，显著地提高了综合监管能力。

5. 人力资源与人才流动便利化

一是复制推广实施情况一般。鹤壁市积极推动境外职业资格认可、简化外籍人才创办企业登记材料、优化外籍人才引进流程，优化了营商环境，提高了人才流动便利度。

二是创新推广水平低。鹤壁市实施的人力资源与人才流动便利化领域改革事项均为移植推广,且整体上业务数量普遍较少。鹤壁市需要根据当地金融、教育、科技服务、航空等急需专业领域,开展境外职业资格认可,提高与港澳台、国外人才交流活动和企业展销活动的参与度。

三是复制推广实施成效一般。鹤壁市实施的人力资源与人才流动便利化领域改革事项实施成效整体来看一般,12项已复制推广的复制推广改革中无一项效果显著,实施成效全部为不确定。例如,对在中国境内工作的外国人办理在华永久居留、为在国内创业的外国学生办理居留证等,均未取得明确进展。鹤壁市需要加大人才支持力度,吸引境内外高水平专业人员到鹤壁创新创业,不断优化完善人才服务保障。

6. 投资自由化便利化

一是改革事项实施情况一般。鹤壁市在企业设立实行"单一窗口"、涉税事项网上区域通办、网上自主办税、出口退税无纸化等改革取得了显著的成效,提升了投资审批效能。但从整体来看,不具备条件未推广比例仍然较高,二手车出口业务新模式、保税交易、保税交割等26项改革事项不具备条件未推广,8项改革事项可实施未推广,因此,鹤壁市下一步需要进一步完善投资自由化便利化政策创新。

二是创新推广能力不足。35项投资自由化便利化改革领域的自由贸易试验区制度创新成果在鹤壁均是以移植推广的形式实现的复制推广。鹤壁市虽然积极学习了其他省区市的复制推广经验,但尚未形成具有当地特色的创新推广路径机制,需要进一步提升对相关改革事项的创新推广意识与能力。

三是改革事项实施成效较为显著。已复制推广事项中22项为显著。例如,无纸化申报退(免)税额占全部申报退(免)税额的85%以上。鹤壁市对企业税收环境、投资方式、审批、网上办理业务等改革事项积极推广,优化了营商环境、简化了企业办事流程。但是国际海关经认证的经营者(AEO)互认制度、进口研发样品便利化监管制度等改革事项仍需要提升实施成效。

三、焦作市

（一）焦作市复制推广概况

焦作市复制推广实施率在全省居第 11 名。焦作市复制推广实施完成整体情况有待提升。由表 5-8 可知，焦作市 278 项改革事项中，已复制推广 126 项，实施率 45.3%，不具备条件未推广 129 项，占比为 46.4%，可实施未推广为 19 项，占比为 6.8%，其他 4 项，占比为 1.4%。从数据可见，焦作市复制推广实施率整体水平一般，在全省居第三梯队。

表 5-8　　焦作市 278 项制度创新成果复制推广情况

改革事项	已复制推广（占比）	可实施未推广（占比）	不具备条件未推广（占比）	其他（占比）	总计（占比）
金融创新	22	0	11	1	34
	64.7%	0	32.4%	2.9%	100.0%
贸易便利化	18	1	59	0	78
	23.1%	1.3%	75.6%	0	100.0%
放管服效	15	3	15	2	35
	42.9%	8.6%	42.9%	5.7%	100.0%
事中事后监管	17	1	17	1	36
	47.2%	2.8%	47.2%	2.8%	100.0%
人力资源与人才流动便利化	8	6	4	0	18
	44.4%	33.3%	22.2%	0	100.0%
投资自由化便利化	46	8	23	0	77
	59.7%	10.4%	29.9%	0	100.0%
总计（占比）	126	19	129	4	278
	45.3%	6.8%	46.4%	1.4%	100.0%

注："其他"包含台账中未整理、台账中未自评等。

从表 5-9 可知，已复制推广的 122 项改革，116 项为移植推广，10 项为创新推广，实施成效上显著为 77 项，占已复制推广项数的 61.1%；实施成效一般为24项,占已复制推广项数的19%;实施成效不确定为25项,占已复制推广项数的19.8%。

表5-9　　　　　　　　焦作市创新推广和实施成效

改革事项	移植推广	创新推广	不确定	一般	显著	已复制推广
金融创新	22	0	1	19	2	22
贸易便利化	18	0	2	2	14	18
放管服效	15	0	4		11	15
事中事后监管	17	0	2	1	14	17
人力资源与人才流动便利化	8	0	3	1	4	8
投资自由化便利化	46	0	13	1	32	46
总计	126	0	25	24	77	126

注:只对"已复制推广"项目评价创新度和实施成效。

焦作市内部金融创新领域的实施完成情况最优。金融创新领域共包含34项改革事项。焦作市已复制推广22项,占比为64.7%,不具备条件未推广11项,占比为32.4%,其他1项,占比为2.9%,完成率100%,实施率64.7%,实施率为焦作市内部六大改革领域中最高,在全省十八地市中列第9位。

焦作市内部贸易便利化领域的实施完成情况相对落后。贸易便利化领域包含78项改革事项。焦作市已复制推广18项,占比为23.1%,不具备条件未推广59项,占比为75.6%,可实施未推广1项,占比为1.3%,完成率94.7%,实施率23.1%,实施率为焦作市内部六大改革领域中最低,在全省十八地市中列第11位,这与地理位置限制及暂不具备复制条件有一定相关性,但焦作市仍需进一步推动服务业开放政策及国际化创新发展。

(二)焦作市复制推广工作的现状特点

1. 金融创新

从复制推广状态来看,金融创新领域复制推广实施情况较好。金融创新领域共包含34项改革事项。焦作市已复制推广22项,占比为64.7%,

不具备条件未推广11项，占比为32.4%，其他1项，占比为2.9%，完成率100%，实施率64.7%，在全省十八地市中列第9位。

从创新度来看，金融创新领域没有进行创新推广。已复制推广的22项改革事项均属于移植推广。

从实施成效来看，金融创新领域复制推广实施成效一般。已复制推广的22项改革事项中仅2项为显著，19项为一般，1项为不确定，显著率为9.1%。

2. 贸易便利化

从复制推广状态来看，贸易便利化领域改革事项实施率较低。目前，贸易便利化领域包含78项改革事项。焦作市已复制推广18项，占比为23.1%，不具备条件未推广59项，占比为75.6%，可实施未推广1项，占比为1.3%，完成率94.7%，实施率23.1%，实施率为焦作市内部六大改革领域中最低，在全省十八地市中列第11位。

从创新度来看，贸易便利化领域没有进行创新推广。已复制推广的18项改革事项均属于移植推广。

从实施成效来看，贸易便利化领域复制推广实施成效较为显著。已复制推广的18项改革事项中14项为显著，2项为不确定，2项为一般，显著率为77.8%。

3. 放管服效

从复制推广状态来看，放管服效领域复制推广实施情况一般。放管服效领域共包含35项改革事项。目前，焦作市已复制推广15项，占比为42.9%，不具备条件未推广15项，占比为42.9%，可实施未推广3项，占比为8.6%，其他2项，占比为5.7%，完成率83.3%，实施率42.7%，在全省十八地市中列第11位。

从创新度来看，放管服效领域没有进行创新推广。在已复制推广15项改革事项中均属于移植推广，创新推广为0，移植推广比例为100%。

从实施成效来看，放管服效领域复制推广实施成效显著。已复制推广事项中11项为显著，0项为一般，4项为不确定，显著率为73.3%。

4. 事中事后监管

从复制推广状态来看，事中事后监管领域复制推广实施情况一般。其中，焦作市36项改革复制推广已复制推广17项，占比为47.2%，可实施未推广1项，占比为2.8%，不具备条件未推广17项，占比为47.2%，其他1项，占比为2.8%，完成率94.4%，实施率47.2%，在全省十八地市中列第11位。

从创新度来看，事中事后监管领域没有进行创新推广。在已复制推广17项改革事项中均属于移植推广，创新推广为0，移植推广比例为100%。

从实施成效来看，事中事后监管领域复制推广实施成效较为显著。已复制推广的项改革事项中14项为显著，1项为一般，2项为不确定，显著率为82.4%。

5. 人力资源与人才流动便利化

从复制推广状态来看，人力资源与人才流动便利化领域复制推广实施情况良好。人力资源与人才流动便利化领域包含18项改革事项。目前，焦作市已复制推广8项，占比为44.4%，可实施未推广6项，占比为33.3%，不具备条件未推广4项，占比为22.2%，完成率57.1%，实施率44.4%，在全省十八地市中列第14位。

从创新度来看，人力资源与人才流动便利化领域没有进行创新推广。在已复制推广8项改革事项中均属于复制推广，创新推广为0，移植推广比例为100%。

从实施成效来看，人力资源与人才流动便利化领域复制推广实施成效一般。已复制推广事项中4项为显著，1项为一般，3项为不确定，显著率为57.1%。

6. 投资自由化便利化

从复制推广状态来看，投资自由化便利化领域复制推广实施情况较好。投资自由化便利化领域包含77项改革事项。目前，焦作市已复制推广46项，占比为59.7%，可实施未推广8项，占比为10.4%，不具备条件未推广23项，占比为29.9%，完成率85.2%，实施率59.7%，在全省十八地市中列第 6 位。

从创新度来看，投资自由化便利化领域的改革事项没有进行创新推广。在已复制推广 46 项改革事项中，46 项均属于移植推广，移植推广比例为 100%。

从实施成效来看，投资自由化便利化领域复制推广实施成效较为显著。已复制推广事项中 32 项为显著，1 项为一般，13 项为不确定。显著率高达 69.6%，意味着焦作市相关部门重视已复制推广投资自由化便利化改革事项的实施成效。

（三）焦作市各领域复制推广状况分析

1. 金融创新

一是改革事项实施情况较好。焦作市在知识价值信用融资新模式、人民银行牵头的人民币跨境业务等方面取得了一定成绩，如积极推动跨境电子商务人民币结算业务，开展"跨境人民币宣传月活动"，召开银企对接会，在《焦作日报》微信公众号开展跨境人民币新政解读连载，建立跨境人民币服务工作专班，对企业定期走访、座谈。但从整体来看，金融创新领域仍有一些政策需要进一步发展，如知识产权证券化、融资租赁公司收取外币租金等并未实施，需要多元化市场主体支撑，进一步加强政策创新应用。

二是创新推广能力较强。金融领域制度创新成果的复制推广门槛较高，政策性、纪律性、专业性较强，虽然金融创新领域的制度创新成果在焦作均是以移植推广的形式落地，但在诸如跨境双向人民币资金池业务、直接投资项下外汇登记及变更登记下放银行办理、个人跨境贸易人民币结算业务等 9 项制度创新成果，焦作市结合本地实际积极推进，这表明焦作市在金融创新领域复制推广工作中已有一定的创新意识与改革能力。

三是改革事项实施成效较为显著。例如，开展"信易贷"支持中小微企业融资，焦作市依托智慧金服平台，上线纯信用银行产品 17 款、信用保险产品 13 款，为近 3000 家企业获得信用贷款 1100 多亿元，被国家发展改革委确定为全国"信易贷"典型案例。但是，目前焦作市金融供体主体单一化，保理公司、大宗商品衍生品、融资租赁等业务类型缺乏，制约自贸试验区金融创新成果在焦作复制推广的实施成效。

2. 贸易便利化

一是改革事项实施情况较差。焦作市在出口退税无纸化、集中汇总纳税、海关批次进出集中申报、出境加工监管、原产地签证管理改革创新等改革取得了一定成绩，实施成效较为显著。但从整体来看，贸易便利化多数改革仍未推进，这与焦作缺乏海关特殊监管区域有关，导致部分贸易便利化领域改革不具备复制推广条件。下一步，焦作市要高度重视推动贸易便利化，积极发展外贸等外向型经济，助推形成更加便利高效的通关环境。

二是改革事项创新度较低。贸易便利化领域的制度创新成果大多是以移植推广的形式在焦作实现的复制推广，仅"集中汇总纳税"具有创新推广成分。这既从一个侧面说明，焦作市的改革创新与复制推广工作缺乏开放平台的引领和支撑，也从另一个侧面表明，焦作市需要努力争取进口口岸、海关特殊监管区等开放平台，尽早实现相关制度创新成果的创新推广。

三是改革事项实施成效亟待提升。焦作市贸易便利化领域创新成果囿于海关特殊监管区域缺乏等，未取得明显成效。虽积极推进国际贸易"单一窗口"平台建设，但对贸易便利化提升促进作用微小。

3. 放管服效

一是改革事项实施情况一般。焦作市放管服效领域35项改革中，已复制推广15项，不具备条件未推广15项，可实施未推广3项，从整体来看，实施完成度一般。供电服务新模式、税银征信互动化等落地成效较好。焦作市需要持续深化"放管服效"改革，着力在工程建设项目审批制度改革、创新涉外商事诉讼、仲裁与调解"一站式"纠纷解决机制等领域加大改革力度，争取有所突破。

二是改革事项创新度较低。焦作市实施的放管服效领域改革事项全部为移植推广，说明焦作市需要进一步创新放管服效领域创新模式，完善审批事项改革、健全政务服务体系、强化监督评价的体制机制，全方位推动制度创新。

三是改革事项实施成效较为显著。焦作市已复制推广的15项改革举措中，实施成效显著的为11项，例如，创新不动产登记工作模式，通过全市大数据共享交换平台整合了公安、民政、不动产、税务、房管的数据，利用全市政务服务平台打通了不动产、房管、税务的系统，在全省率先开通"新增房屋不动产产权证书"的全流程网上办理。如推广"企业专属网页"政府服务新模式方面，焦作市于2019年7月在河南省首家建成运营了"企业360"平台，为企业提供360度全方位服务，破解企业遇到困难"不知道找谁办，不知道怎么去办"难题。

4. 事中事后监管

一是改革事项实施情况一般。事中事后监管领域中焦作市已复制推广的改革有17项，尤其是在企业送达信息共享机制、完善专业监管制度、社会力量参与市场监督制度、政府智能化监管服务模式、以信用风险分类为依托的市场监管制度等改革事项效果显著，但从整体看来，复制推广完成度不足一半，因此焦作市各级有关部门仍需要高度重视事中事后监管工作，积极推进事中事后监管复制推广工作，科学配置监管资源，持续加强监管能力建设，压紧压实行业责任、属地责任。

二是改革事项创新度较低。焦作市实施的事中事后监管领域改革事项全部为移植推广，说明焦作市需要继续推动各个领域事中事后监管模式创新，尤其是在事中事后监管改革事项上形成具有当地特色的制度创新。

三是改革事项实施成效较为显著。焦作市17项已复制推广改革中有14项实施成效均为显著，例如，在推进信息共享和综合执法制度方面，焦作市下发联合抽查事项清单，同时引导社会力量参与市场监督制度，通过在保险、汽车、家装建材等行业协会建立维权工作站，建立多元化纠纷解决机制。综合来看，焦作市在智能化、多元化监管、信息共享机制等方面取得不错进展，有效地避免了权责交叉、多头执法的问题，显著地提高了综合监管能力。

5. 人力资源与人才流动便利化

一是改革事项实施情况一般。焦作市积极落实人才出入境便利化措施，向涉外单位和企业宣传推介。推动境外职业资格认可、简化外籍人才创办企业登记材料、优化外籍人才引进流程，优化了营商环境，提高了人才流动便利度。但囿于吸引高端人才能力有限，诸多举措可实施未推广。

二是创新推广意识有待提升。由于焦作市人力资源与人才流动便利化领域自贸试验区制度创新成果涉及的相关业务量在焦作发生的普遍较少、当前市场需求较少，所以这些制度创新成果在焦作均是以移植推广的形式落地。未来焦作市需要进一步提升市场敏感性、提升创新推广的意识与能力，活跃市场经济，加强与港澳台、国外人才与企业的交流互动，结合重点发展领域，吸引更多高层次外籍人才集聚。

三是改革事项实施成效一般。焦作市实施的人力资源与人才流动便利化领域改革事项实施成效整体来看一般，8项已复制推广的改革事项中有4项效果显著，为中原吉凯恩股份有限公司一名英国籍工作人员办理永久居留身份证，为孟州隆丰皮草有限公司西班牙籍、孟州郝模膜材料有限公司韩国籍等5名工作人员提供便利。1项一般，3项实施成效不确定。因此为提高人力资源与人才流动便利化，助力当地优化营商环境，吸引境内外高水平专业人员到焦作创新创业，焦作市需要进一步支持促进人力资源服务领域合作交流，加快推进移民事务服务中心，提供政策咨询、居留旅行、法律援助、语言文化等工作学习生活便利服务。

6. 投资自由化便利化

一是改革事项实施情况较好。焦作市在投资管理"四个一"、企业设立实行"单一窗口"、涉税事项网上区域通办、不动产登记业务便民模式等改革取得了显著的成效，提升了投资审批效能。例如，推进重点产业专利导航工作机制，孟州市产业集聚区被认定为河南省专利导航产业发展实验区，成立汽车及零部件装备制造业知识产权联盟，促进全市知识产权创造、保护和运用。

二是改革事项创新度一般。焦作市实施的投资自由化便利化改革事项大多数为移植推广，只有对外贸易经营者备案和原产地企业备案"两证合一"这项为创新推广，其他46项均为移植推广。焦作市学习了其他省区市经验,但未形成具有当地特色的制度创新事项,需要进一步提升创新意识。

三是改革事项实施成效显著。焦作市对企业税收环境、投资方式、审批、网上办理业务等改革事项积极推广,优化了营商环境、简化了企业办事流程。优化涉税事项办理程序,增值税专用发票最高开票限额审批时限平均为 1.5 天,远远低于 8 天的标准。网上办理跨区域涉税事项、自然人"一人式"税收档案等均取得显著成效。

四、洛阳市

(一) 洛阳市复制推广概况

洛阳市已复制推广实施率在全省居第 2 名。洛阳市复制推广实施完成整体情况优秀。由表 5-10 可知,洛阳市 278 项改革事项中,已复制推广 192 项,实施率 70.1%,正在推进改革为 3 项,占比为 1.1%,不具备条件未推广 81 项,占比为 29.1%,可实施未推广为 2 项,占比为 0.7%。从数据可见,洛阳市已复制推广实施率整体水平较高,在全省居于第一梯队。

表 5-10　　洛阳市 278 项制度创新成果复制推广情况

改革事项	已复制推广 (占比)	正在推进 (占比)	可实施未推广 (占比)	不具备条件未推广 (占比)	总计 (占比)
金融创新	31	1	0	2	34
	91.2%	2.9%	0	5.9%	100.0%
贸易便利化	34	0	0	44	78
	43.6%	0	0	56.4%	100.0%
放管服效	28	0	0	7	35
	80.0%	0	0	20.0%	100.0%
事中事后监管	25	0	0	11	36
	69.4%	0	0	30.6%	100.0%
人力资源与人才 流动便利化	14	1	0	3	18
	77.8%	5.6%	0	16.7%	100.0%

续表

改革事项	已复制推广（占比）	正在推进（占比）	可实施未推广（占比）	不具备条件未推广（占比）	总计（占比）
投资自由化便利化	60	1	2	14	77
	77.9%	1.3%	2.6%	18.2%	100.0%
总计（占比）	192	3	2	81	278
	69.1%	1.1%	0.7%	29.1%	100.0%

注："其他"包含台账中未整理、台账中未自评等。

从表5-11可知，已复制推广的192项改革，165项为移植推广，27项为创新推广，实施成效上显著为144项，占比已复制推广项数的75%；实施成效一般为24项，占比已复制推广项数的12.5%；实施成效不确定为24项，占比已复制推广项数的12.5%。从数据来看，192项已复制推广的复制推广改革整体实施成效较好，在全省中处于较高水平。

表5-11 洛阳市创新推广和实施成效

改革事项	移植推广	创新推广	不确定	一般	显著	已复制推广
金融创新	30	1	2	18	11	31
贸易便利化	32	2	0	1	33	34
放管服效	27	1	2	0	26	28
事中事后监管	25	0	4	1	20	25
人力资源与人才流动便利化	14	0	12	0	2	14
投资自由化便利化	60	0	4	4	52	60
总计	188	4	24	24	144	192

注：只对"已复制推广"项目评价创新度和实施成效。

洛阳市内部金融创新领域的实施完成情况最优。金融创新领域共包含34项改革事项。洛阳市已复制推广31项，占比为91.2%，正在推进1项，占比为2.9%，不具备条件未推广2项，占比为5.9%，完成率高达90.9%，为洛阳市六大改革领域中完成率最高，实施率在全省十八地市中列首位，且创新推广程度较高。

洛阳市内部贸易便利化领域的实施完成情况相对落后。贸易便利化领域包含78项改革事项。洛阳市已复制推广34项,占比为43.6%,不具备条件未推广44项,占比为56.4%,完成率43.6%,实施率100%,实施率在全省十八地市中列第4位,实施率明显低于洛阳市其他领域的实施率。

(二)洛阳市复制推广工作的现状特点

1. 金融创新

从复制推广状态来看,金融创新领域复制推广实施情况最好。金融创新领域共包含34项改革事项。洛阳市已复制推广31项,占比为91.2%,正在推进1项,占比为2.9%,不具备条件未推广2项,占比为5.9%,完成率94.1%,实施率96.9%,实施率在全省十八地市中列首位,为洛阳市内部六大改革领域中实施率最高。并且,如图5-5所示,在全省十八地市金融创新领域已复制推广制度创新成果数量规模与郑州市并列第一。

从创新度来看,金融创新领域创新推广状况较低。在已复制推广的31项改革事项中30项属于移植推广,创新推广为1项,移植推广比例为96.8%。

从实施成效来看,金融创新领域复制推广实施成效一般。已复制推广的31项改革事项中仅11项为显著,18项为一般,2项为不确定,显著率为35.5%。

2. 贸易便利化

从复制推广状态来看,贸易便利化领域改革事项完成率相对较低。贸易便利化领域包含78项改革事项。洛阳市已复制推广34项,占比为43.6%,不具备条件未推广44项,占比为56.4%,完成率43.6%,实施率100%,实施率在全省十八地市中列第2位。

从创新度来看,贸易便利化领域改革事项的创新推广水平低。在已复制推广34项改革事项中32项属于移植推广,2项为创新推广,移植推广比例为94.1%。

从实施成效来看,贸易便利化领域复制推广实施成效较为显著。已复制推广的34项改革事项中33项为显著,1项为一般,显著率高达97.1%。

3. 放管服效

从复制推广状态来看，放管服效领域复制推广实施情况较好。放管服效领域共包含35项改革事项。目前，洛阳市已复制推广28项，占比为80%，不具备条件未推广7项，占比为20%，完成率100%，实施率80%，实施率在全省十八地市中列首位。

从创新度来看，放管服效领域改革事项的创新推广水平低。在已复制推广28项改革事项中27项属于移植推广，1项为创新推广，移植推广比例为96.4%。

从实施成效来看，放管服效领域复制推广实施成效显著。已复制推广事项中26项为显著，0项为一般，2项为不确定，显著率为92.9%。

4. 事中事后监管

从复制推广状态来看，事中事后监管领域复制推广实施情况较好。其中，洛阳市36项改革复制推广已复制推广25项，占比为69.4%，不具备条件未推广11项，占比为30.6%，完成率100%，实施率69.4%，实施率在全省十八地市中列首位。

从创新度来看，事中事后监管领域没有进行创新推广。在已复制推广25项改革事项中均属于移植推广，创新推广为0，移植推广比例为100%。

从实施成效来看，事中事后监管领域复制推广实施成效较为显著。已复制推广的项改革事项中20项为显著，1项为一般，4项为不确定，显著率为80%。

5. 人力资源与人才流动便利化

从复制推广状态来看，人力资源与人才流动便利化领域复制推广实施情况较好。人力资源与人才流动便利化领域包含18项改革事项。目前，洛阳市已复制推广14项，占比为77.8%，正在推进1项，占比为5.6%，可实施未推广0项，不具备条件未推广3项，占比为16.7%，完成率93.3%，实施率83.3%，实施率在全省十八地市中列首位。

从创新度来看，人力资源与人才流动便利化领域没有进行创新推广。在已复制推广14项改革事项中均属于移植推广，创新推广为0，移植推广比例为100%。

从实施成效来看,人力资源与人才流动便利化领域复制推广实施成效显著率偏低。已复制推广事项中2项为显著,0项为一般,12项为不确定,显著率为14.2%。

6. 投资自由化便利化

从复制推广状态来看,投资自由化便利化领域复制推广实施情况较好。投资自由化便利化领域包含77项改革事项。目前,洛阳市已复制推广60项,占比为77.9%,正在推进1项,占比为1.3%,不具备条件未推广14项,占比为18.2%,可实施未推广2项,占比为2.6%,完成率95.2%,实施率79.2%,实施率在全省十八地市中列首位。

从创新度来看,投资自由化便利化领域的改革事项没有进行创新推广。已复制推广60项制度创新成果均属于移植推广。

从实施成效来看,投资自由化便利化领域复制推广实施成效较为显著。已复制推广事项中52项为显著,4项为一般,4项为不确定。显著率高达86.7%,意味着洛阳市相关部门重视已复制推广投资自由化便利化改革事项的实施成效。

(三)洛阳市各领域复制推广状况分析

1. 金融创新

一是改革事项实施情况最好。洛阳市在深入开展"信易贷"支持中小微企业融资、人民银行牵头的"自贸通"综合金融服务、进一步简化跨境贸易和直接投资人民币结算业务办理流程等方面取得了一定成绩,如洛阳市已全面开展个人其他经常项目人民币跨境结算业务。银行可在"了解你的客户""了解你的业务""尽职审查"三原则基础上,为个人办理其他经常项目人民币跨境结算业务。但从整体来看,金融创新领域仍有一些政策需要进一步发展,如知识产权证券化、智能化地方金融风险检测防控平台等并未实施。

二是具有一定的创新推广工作能力。洛阳市积极推进金融领域制度创新成果，取得一定成效。例如，多元化农业保险助推现代农业发展这项属于创新推广，将农业保险与乡村振兴有效结合，制定《洛阳银行业保险业高质量服务乡村振兴的实施意见》，实现脱贫地区贷款余额、农业保险保额、特色农业保险产品数持续增长。中原农险政策性特色农险试点工作继续取得积极进展，在嵩县、栾川、伊川等7个县推广林果、瓜菜、中药材、草畜等特色农业产业，涵盖花椒、猕猴桃、樱桃等10个特色农业产品保险品种，赔付支出近300万元。而在诸如"自贸通"综合金融服务、进一步简化跨境贸易和直接投资人民币结算业务办理流程、科技信贷政策到校效果评估机制等16项改革事项的复制推广中具有创新推广的成分。洛阳市全面启动实施政策性科技创新金融运营机制，形成具有本土特色的创新推广机制路径。

三是复制推广实施成效较为显著。例如，建立科技信贷政策导向效果评估机制，通过搭建"专业金融中心＋线下金融市场＋线上金融平台"的立体式平台，为科技企业提供政策咨询、融资对接等服务，放款超过1亿元。自贸试验区洛阳片区适当降低区内企业开展跨国公司外汇资金集中运营管理业务的准入条件，已为2家跨国公司企业开展相关业务。

2. 贸易便利化

一是改革事项实施情况一般。洛阳市在出口退税无纸化、集中汇总纳税、出境加工监管、原产地签证管理改革创新等改革取得了一定成绩，实施成效较为显著。但从整体来看，贸易便利化多数改革仍未推进，主要原因是洛阳综合保税区封关运行时间短，招引的企业和项目不多，导致制度创新应用载体不足。下一步，洛阳市要加快推进综合保税区建设、招商引资等工作，推进自贸试验区制度创新与企业发展有效结合，争取推出"洛阳经验"。

二是创新推广能力较强。虽然贸易便利化领域的自由贸易试验区制度创新成果大多是以移植推广的方式在洛阳完成了复制推广，仅"京津冀区域检验检疫一体化新模式""关检'一站式'查验平台＋监管互认"实现了创新推广，但"跨境电商监管新模式"同样实现了有创新成分的复制推广。这表明洛阳需要在充分挖掘了现有开放平台引领开放经济发展、承接自贸试验区制度创新成果创新推广的潜力，未来进一步争取更多开放平台，为洛阳贸易环境的不断优化而加大相关领域的改革创新力度。

三是改革事项实施成效相对显著。例如，国际海关经认证的经营者（AEO）互认制度，洛阳海关已开展 AEO 认证，自贸试验区内鸿泰半导体公司已通过认证。推动第三方检验结果采信，对中航油进出口有限责任公司进口航空汽油，采信洛阳西诺燃料油质量检验中心第三方检验结果，优化了检验监管流程，保证了监管质量。深化原产地签证管理改革创新，2020 年 6 月开始实施企业申报的原产地证由海关原产地签证管理系统自动运行审单规则进行审核，并将审核结果立即反馈给企业，无须等待海关关员人工审核。

3. 放管服效

一是改革事项实施情况优秀。洛阳市放管服效领域 35 项改革中，已复制推广 28 项，不具备条件未推广 7 项，从整体来看，实施完成度较好。尤其是在优化用电环境及供电服务新模式、涉税执法容缺容错机制、推行不动产抵押权变更登记、工程建设项目审批制度改革试点、"四链融合"促进洛阳老工业基地转型升级等制度创新实施成效较为显著。

二是创新推广能力较强。放管服效领域的制度创新成果在洛阳市大多是以移植推广的方式实现的复制推广。此外，"'四链融合'促进洛阳老工业基地转型升级"则是洛阳在放管服效领域为全国贡献的原创制度创新成果。

三是改革事项实施成效较为显著。洛阳市已复制推广事项中 26 项为显著，显著率高达 92.9%。例如，推进集成化行政执法监督体系，洛阳市整合原工商、质监、食品、药品、物价、商标、专利、商务、盐业等 9 个市场监管领域执法职责，组建洛阳市市场监管综合行政执法队伍，统一依法行使行政处罚权及与之相关的行政检查、行政强制权，将对统筹执法资源和执法力量，增强执法的统一性、权威性起到重要作用。又如"一码集成服务"改革，洛阳将市场主体需求量较大、办理频次较高的食品生产许可证、食品经营许可证、食品小经营店登记证、食品小作坊登记证、药品经营许可证、医疗器械经营许可证、特种设备使用登记证等7类行政许可事项集中整合到营业执照上，节约了企业证照办理成本，市场主体实现"办照即办证""拿照即经营"。

4. 事中事后监管

一是改革事项实施情况较好。事中事后监管领域中洛阳市已复制推广的改革有25项，尤其是在社会信用体系、信息共享和综合执法制度、完善专业监管制度、"竣工测验合一"改革试点、政府智能化监管服务模式、以信用风险分类为依托的市场监管制度等改革事项效果显著。例如，推进信用信息应用加强社会诚信管理，信用分级分类监管已覆盖税务、粮食和物资储备、住建、生态环境、民政、人社等17个领域，有效提升监管精准性。

二是创新推广水平较低。洛阳市复制推广的事中事后监管领域的制度创新成果全部为移植推广，并无创新推广。这表明洛阳市需要继续提升事中事后监管领域创新的创新推广能力，尽早探索出在事中事后监管领域具有洛阳特色的复制推广路径机制。

三是复制推广实施成效较为显著。洛阳市已复制推广的项改革事项中20项为显著，显著率高达80%。引进2家中介机构开展保税核查、核销和企业稽查工作。推进"竣工测验合一"改革试点，建立了洛阳市"多测合一"名录库，实施动态管理，收录全国50余家测绘单位，原则上由一家测绘中介服务机构承担全流程的测绘中介服务，不得重复计费，有效提高测绘中介服务效率。

5. 人力资源与人才流动便利化

一是改革事项实施情况较好。洛阳市积极推动简化外籍人才创办企业登记材料、优化外籍人才引进流程，优化了营商环境，提高了人才流动便利度。人力资源与人才流动便利化领域完成率高达77.8%。

二是创新推广能力仍需要进一步提升。人力资源与人才流动便利化领域的自贸试验区制度创新成果在洛阳均是以移植推广的形式复制落地的。

面对人才市场的激烈竞争，洛阳需要进一步提升自身在人力资源与人才流动便利化领域制度创新成果的复制推广能力，不断优化洛阳的人才发展环境。

三是复制推广实施成效一般。洛阳市实施的人力资源与人才流动便利化领域改革事项实施成效整体来看一般，已复制推广事项中 2 项为显著，12 项为不确定，显著率为 14.2%。这说明洛阳在引进外籍高层次人才方面还有短板，需要加快发展外向型经济，吸引更多重点领域国际人才到洛阳生活就业。

6. 投资自由化便利化

一是改革事项实施情况较好。洛阳市在投资管理"四个一"、企业设立实行"单一窗口"、涉税事项网上区域通办、网上自主办税、税银征信互动化、税务便利化相关改革等方面取得了显著成效，提升了投资审批效能。例如，优化涉税事项网上服务体验，共 254 个涉税缴费事项可在网上办理，税收优惠事项网上办理率、主要业务在电子税务局办理率高达 90%以上，在全省名列前茅。

二是创新推广能力较强。虽然投资自由化便利化领域制度创新成果的复制推广在洛阳市都是以移植推广的形式落地的，但"境外投资企业管理制度""负面清单以外领域外商投资企业设立及变更审批制度""对外贸易经营者备案"和"原产地企业备案'两证合一'"等改革事项在洛阳实现了含有创新推广成分的复制推广。未来洛阳市需要进一步探索形成具有当地特色的创新推广路径机制，进一步提升对相关改革事项的创新推广意识与能力。

三是改革事项实施成效显著。洛阳市已复制推广事项中 52 项为显著，显著率高达 86.7%，在企业税收环境、投资审批改革等领域成效显著。例如，洛阳市审批工程建设项目 1500 余个，审批事项由 65 项精简至 56 项，时限从 210 个工作日压缩至 56 个工作日。进一步压缩企业简易注销登记公告时间，将企业简易注销登记公告时间由 45 个自然日压缩到 20 个自然日，建立企业简易注销容错机制，企业存在"被列入企业经营异常名录""存在股权（投资权益）被冻结、出质或动产抵押等情形""企业所属的非法人分支机构未办注销登记的"等不适用简易注销程序的，待异常状态消失后，允许企业再次依程序申请简易注销登记。

五、驻马店市

（一）驻马店市复制推广概况

驻马店市复制推广完成率在全省居第15名。驻马店市复制推广实施完成整体情况有待提升。由表5-12可知，驻马店市278项改革事项中，已复制推广107项，实施率38.5%，不具备条件未推广117项，占比为42.1%，可实施未推广为14项，占比为5%，其他40项，占比为14.4%。从数据可见，驻马店市复制推广完成率整体水平一般，在全省居于第三梯队。

表5-12 驻马店市278项制度创新成果复制推广情况

改革事项	已复制推广（占比）	正在推进（占比）	可实施未推广（占比）	不具备条件未推广（占比）	总计（占比）
金融创新	31	1	0	2	34
	91.2%	2.9%	0	5.9%	100.0%
贸易便利化	34	0	0	44	78
	43.6%	0	0	56.4%	100.0%
放管服效	28	0	0	7	35
	80.0%	0	0	20.0%	100.0%
事中事后监管	25	0	0	11	36
	69.4%	0	0	30.6%	100.0%
人力资源与人才流动便利化	14	1	0	3	18
	77.8%	5.6%	0	16.7%	100.0%
投资自由化便利化	60	1	2	14	77
	77.9%	1.3%	2.6%	18.2%	100.0%
总计（占比）	192	3	2	81	278
	69.1%	1.1%	0.7%	29.1%	100.0%

注："其他"包含台账中未整理、台账中未自评等。

从表 5-13 可知,已复制推广的 107 项改革,100 项为移植推广,7 项为创新推广,实施成效上显著为 67 项,占比已复制推广项数的 62.6%;实施成效一般为 25 项,占比已复制推广项数的 23.4%;实施成效不确定为 15 项,占比已复制推广项数的 14%。从数据来看,107 项已复制推广的复制推广改革整体实施成效较好。

表 5-13　　　　　驻马店市创新推广和实施成效

改革事项	移植推广	创新推广	不确定	一般	显著	已复制推广
金融创新	30	1	2	18	11	31
贸易便利化	32	2	0	1	33	34
放管服改	27	1	2	0	26	28
事中事后监管	25	0	4	1	20	25
人力资源与人才流动便利化	14	0	12	0	2	14
投资自由化便利化	60	0	4	4	52	60
总计	188	4	24	24	144	192

注:只对"已复制推广"项目评价创新度和实施成效。

驻马店市内部人力资源与人才流动便利化领域的实施完成情况最优。人力资源与人才流动便利化领域共包含 18 项改革事项。驻马店市已复制推广 13 项,占比为 72.2%,不具备条件未推广 5 项,占比为 27.8%,完成率 100%,实施率 72.2%,实施率在全省十八地市中列第 5 位,人力资源与人才流动便利化领域的复制推广实施率为驻马店市内部六大改革领域中最高。但该领域存在实施率较高、实施显著率较低的特点。

驻马店市内部贸易便利化领域的实施完成情况相对落后。贸易便利化领域包含 78 项改革事项。驻马店市已复制推广 15 项,占比为 19.2%,正在推进 0 项,不具备条件未推广 59 项,占比高达 75.6%,其他 4 项,占比为 5.1%,完成率 100%,实施率 16.7%,实施率在全省十八地市中列第 14 位,驻马店市贸易便利化领域已复制推广实施率明显低于该地市其他领域的实施率。这与地理位置限制及暂不具备复制条件有一定相关性,但驻马店市仍需要进一步推动贸易便利化领域政策创新。

(二) 驻马店市复制推广工作的现状特点

1. 金融创新

从复制推广状态来看，金融创新领域复制推广实施情况一般。金融创新领域共包含 34 项改革事项。目前，驻马店市已复制推广 12 项金融创新改革事项，占比为 35.3%，可实施未推广 0 项，不具备条件未推广 7 项，占比为 20.6%，其他 15 项，占比为 44.1%，完成率 100%，实施率 35.3%，实施率在全省十八地市中列第 17 位。

从创新度来看，金融创新领域没有进行创新推广。已复制推广的 12 项改革事项均属于移植推广。

从实施成效来看，金融创新领域复制推广实施成效显著率偏低。已复制推广的 12 项改革事项中仅 1 项为显著，10 项为一般，1 项为不确定，显著率为 8.3%。

2. 贸易便利化

从复制推广状态来看，贸易便利化领域改革事项实施率最低。贸易便利化领域包含 78 项改革事项。驻马店市已复制推广 15 项，占比为 19.2%，正在推进 0 项，不具备条件未推广 59 项，占比高达 75.6%，其他 4 项，占比为 5.1%，完成率 100%，实施率 16.7%，实施率在全省十八地市中列第 14 位，驻马店市贸易便利化领域已复制推广实施率明显低于该地市其他领域的实施率。

从创新度来看，贸易便利化领域改革事项的创新推广水平低。在已复制推广 15 项改革事项中 14 项属于移植推广，1 项为创新推广，移植推广比例为 93.3%。

从实施成效来看，贸易便利化领域复制推广实施成效较为显著。已复制推广的 15 项改革事项中 13 项为显著，2 项为不确定，显著率高达 86.7%。

3. 放管服效

从复制推广状态来看，放管服效领域复制推广实施情况一般。放管服效领域共包含 35 项改革事项。目前，驻马店市已复制推广 28 项，占比为

80.0%，可实施未推广 7 项，占比为 20%，完成率 56.3%，实施率 25.7%，实施率在全省十八地市中位列末尾。

从创新度来看，放管服效领域没有进行创新推广。在已复制推广 9 项改革事项中均属于移植推广，创新推广为 0，移植推广比例为 100%。

从实施成效来看，放管服效领域复制推广实施成效显著。已复制推广事项中 7 项为显著，0 项一般，2 项为不确定，显著率为 77.8%。

4. 事中事后监管

从复制推广状态来看，事中事后监管领域复制推广实施情况一般。事中事后监管领域共包含 36 项改革事项。其中，驻马店市已复制推广 25 项，占比为 69.4%，不具备条件未推广 11 项，占比为 30.6%，完成率 86.7%，实施率 36.1%，实施率在全省十八地市中列第 16 位。

从创新度来看，事中事后监管领域没有进行创新推广。在已复制推广 13 项改革事项中均属于移植推广，创新推广为 0，移植推广比例为 100%。

从实施成效来看，事中事后监管领域复制推广实施成效较为显著。已复制推广改革事项中 12 项为显著，0 项为一般，1 项为不确定，显著率为 92.3%。

5. 人力资源与人才流动便利化

从复制推广状态来看，人力资源与人才流动便利化领域复制推广实施情况最好。人力资源与人才流动便利化领域共包含 18 项改革事项。驻马店市已复制推广 13 项，占比为 72.2%，不具备条件未推广 5 项，占比为 27.8%，完成率 100%，实施率 72.2%，实施率在全省十八地市中列第 5 位，人力资源与人才流动便利化领域的复制推广实施率为驻马店市内部六大改革领域中最高。

从创新度来看，人力资源与人才流动便利化领域没有进行创新推广。在已复制推广 13 项改革事项中均属于移植推广，创新推广为 0，移植推广比例为 100%。

从实施成效来看，人力资源与人才流动便利化领域复制推广实施成效一般。已复制推广事项中 0 项为显著，12 项为一般，1 项为不确定，显著率为0。

6. 投资自由化便利化

从复制推广状态来看,投资自由化便利化领域复制推广实施情况较好。投资自由化便利化领域包含77项改革事项。目前,驻马店市已复制推广45项,占比为58.4%,可实施未推广5项,占比为6.5%,不具备条件未推广18项,占比为23.4%,其他9项,占比为11.7%,完成率90%,实施率58.4%,实施率在全省十八地市中列第7位。

从创新度来看,投资自由化便利化领域的改革事项没有进行创新推广。在已复制推广改革事项中,45项均属于移植推广,0项属于创新推广,移植推广比例100%。

从实施成效来看,投资自由化便利化领域复制推广实施成效较为显著。已复制推广事项中34项为显著,3项一般,8项为不确定,显著率高达75.6%,意味着驻马店市相关部门重视已复制推广投资自由化便利化改革事项的实施成效。

(三) 驻马店市各领域复制推广状况分析

1. 金融创新

一是改革事项实施情况一般。驻马店市在知识价值信用融资新模式、人民银行牵头的人民币跨境业务等方面取得了一定成绩,但从整体来看,绿色债务融资工具创新、科技信贷政策导向效果评估机制、开展个人其他经常项目人民币跨境结算业务等金融创新政策并未实施,实施率较低。驻马店市需要加大力度支持金融服务实体经济发展,在科技金融、绿色金融等领域实现突破。

二是创新推广能力度较强。该领域的制度创新成果均是以移植推广的形式在驻马店市实现的复制推广。但诸如"跨境电子商务人民币结算业务""进一步简化跨境贸易和直接投资人民币结算业务办理流程""个人跨境贸易人民币结算业务""知识价值信用融资新模式"等制度创新成果,驻马店市仍积极推广。

三是改革事项实施成效一般。驻马店市已复制推广的12项改革事项中仅1项为显著，10项为一般，1项为不确定，显著率为8.3%。例如，融资租赁公司设立子公司不设最低注册资本限制，目前驻马店市尚未设立融资租赁公司子公司导致政策缺少应用主体，也制约着驻马店市金融创新的实施成效。

2. 贸易便利化

一是改革事项实施情况较差。驻马店市贸易便利化领域完成率仅19.2%。在出口退税无纸化、跨境电商监管新模式、企业协调员制度、海关业务预约平台等改革取得了一定成绩，实施成效较为显著。驻马店市缺乏综合保税区域、保税维修、平行车进口等业务尚未起步，导致贸易便利化大多数改革仍未推进。

二是创新推广能力较强。驻马店市大多贸易便利化领域的制度创新成果是以移植推广的形式在驻马店市实现的复制推广。但是诸如"跨境电商监管新模式"等改革事项在驻马店实现了带有创新推广成分的复制推广。

三是改革事项实施成效相对显著。驻马店市已复制推广的15项改革事项中13项为显著，显著率高达86.7%。驻马店市积极落实出口退税无纸化、生产型出口企业出口退税服务前置等改革措施，优化跨境贸易营商环境。

3. 放管服效

一是改革事项实施情况一般。驻马店市放管服效领域35项改革中，已复制推广9项，不具备条件未推广16项，可实施未推广7项，其他3项，从整体来看，实施完成度一般。但驻马店市在优化政务服务、便利企业生产经营和群众办事创业实施成效较为良好，尤其是在涉税执法容缺容错机制、开展省域"多规合一"改革试点等制度创新实施成效较为显著。

二是改革事项创新度较低。驻马店市实施的放管服效领域改革事项全部为移植推广，针对优化用电环境、"企业专属网页"政务服务新模式等，驻马店市未采取有力措施进行推广。驻马店市需要提升服务企业能力，最大限度地便民利企。

三是改革事项实施成效较为显著。驻马店市已复制推广事项中7项为显著，显著率为77.8%。例如，税银征信互动化，驻马店市税务局与建设银行、农业银行合作，发布小微企业产品，将银税互动放贷面由AB级扩大至M级，并就信息共享事项进一步明确和规范，推动授信金额大幅提升。

4. 事中事后监管

一是改革事项实施情况一般。事中事后监管领域中驻马店市已复制推广的改革有13项，尤其是在公共信用信息"三清单"编制、企业送达信息共享机制、以信用风险分类为依托的市场监管制度、市场综合监管大数据平台等改革事项效果显著。但从整体看来，复制推广完成度不足一半，社会力量参与市场监督制度、引入中介机构开展保税核查、核销和企业稽查等尚未落地实施。驻马店市各级各有关部门需要高度重视事中事后监管工作，打通监管协同壁垒，为企业健康发展提供有力支撑。

二是创新推广水平较低。驻马店市实施的事中事后监管领域改革事项全部为移植推广，说明驻马店市需要继续推动各个领域事中事后监管模式创新，尤其是在事中事后监管改革事项上形成具有当地特色的制度创新。

三是改革事项实施成效较为显著。驻马店市已复制推广的改革事项中12项为显著，显著率高达92.3%。例如，推进商事主体信用修复制度，出台《关于进一步推进全市市场主体信用修复的实施方案》《行政处罚信用修复制度》等文件，累计修复企业经营异常名录信息近3万条，严重违法失信名单信息近5000条。

5. 人力资源与人才流动便利化

一是改革事项实施情况一般。驻马店市召开全市外国人联席会议，主动赴涉外企业、高新技术企业进行宣讲和解读，重点宣介移民与出入境便利政策有关情况，但落地事项较少。

二是改革事项创新度较低。驻马店市实施的人力资源与人才流动便利化领域改革事项均为移植推广，整体处于宣传推介阶段，业务数量普遍较少。

三是改革事项实施成效一般。驻马店市实施的人力资源与人才流动便利化领域改革事项实施成效整体来看一般，12项已复制推广的复制推广改革中全部效果为一般。外籍华人在华永久居留、外国优秀留学生创业等事项均未办理，说明驻马店市需要加大人才保障力度，吸引境内外高水平专业人员到驻马店创新创业。

6. 投资自由化便利化

一是改革事项实施情况较好。驻马店市在涉税事项网上区域通办及网上服务体验、网上自主办税、税控发票领用网上申请、电力工程审批绿色通道等改革取得了显著的成效，提升了投资审批效能。

二是改革事项创新度较差。驻马店市实施的投资自由化便利化改革事项全部为移植推广，并未有创新推广。驻马店市学习了其他省区市经验，但未形成具有当地特色的制度创新事项，需要进一步提升创新意识。

三是改革事项实施成效显著。驻马店市已复制推广事项中34项为显著，显著率为75.6%。例如，推进简易注销便利化，驻马店市市场监管局出台《进一步完善简易注销登记便捷中小微企业市场退出的通知》，畅通市场退出渠道。

六、信阳市

（一）信阳市复制推广概况

信阳市已复制推广工作实施率在全省排第14名。信阳市复制推广实施完成整体情况一般。如表5-14所示，278项改革事项中，信阳市已复制推广107项，正在推进2项，可实施未推广22项，不具备条件未推广138项，其他9项，实施率为39.2%，实施率未达到50%，已复制推广实施率整体水平偏低，在全省居于第三梯队。

表 5-14　　　　信阳市 278 项制度创新成果复制推广情况

改革事项	已复制推广（占比）	正在推进（占比）	可实施未推广（占比）	不具备条件未推广（占比）	其他（占比）	总计（占比）
金融创新	22	0	0	12	0	34
	64.7%	0	0	35.3%	0	100.0%
贸易便利化	12	1	0	65	0	78
	15.4%	1.3%	0	83.3%	0	100.0%
放管服效	18	0	1	16	0	35
	51.4%	0	2.9%	45.7%	0	100.0%
事中事后监管	11	0	3	15	7	36
	30.6%	0	8.3%	41.7%	19.4%	100.0%
人力资源与人才流动便利化	1	1	12	4	0	18
	5.6%	5.6%	66.7%	22.2%	0	100.0%
投资自由化便利化	43	0	6	26	2	77
	55.8%	0	7.8%	33.8%	2.6%	100.0%
总计（占比）	107	2	22	138	9	278
	38.5%	0.7%	7.9%	49.6%	3.2%	100.0%

注："其他"包含台账中未整理、台账中未自评等。

从表 5-15 可知，已复制推广的 107 项改革，90 项为移植推广，17 项为创新推广，实施成效上显著为 75 项，占比已复制推广项数的 70.1%；实施成效一般为 9 项，占比已复制推广项数的 8.4%；实施成效不确定为 23 项，占比已复制推广项数的 21.5%。

表 5-15　　　　信阳市创新推广和实施成效

改革事项	移植推广	创新推广	不确定	一般	显著	已复制推广
金融创新	21	1	5	3	14	22
贸易便利化	11	1	2	0	10	12
放管服效	18	0	1	0	17	18
事中事后监管	11	0	2	1	8	11
人力资源与人才流动便利化	1	0	1	0	0	1
投资自由化便利化	43	0	12	5	26	43
总计	105	2	23	9	75	107

注：只对"已复制推广"项目评价创新度和实施成效。

信阳市内部金融创新领域的实施完成情况最优。金融创新领域包含34项改革事项。信阳市已复制推广22项，占比为64.7%，不具备条件未推广12项，占比为35.3%，完成率100%，实施率64.7%，实施率在全省十八地市中列第10位，在信阳市内部六大改革领域中实施率最高，能够提高信阳市金融创新服务体系惠民便企。

信阳市内部人力资源与人才流动便利化领域的实施完成情况相对落后。人力资源与人才流动便利化领域包含18项改革事项。信阳市已复制推广1项，占比为5.6%，正在推进1项，占比为5.6%，可实施未实施12项，占比为66.7%，不具备条件未推广4项，占比为22.2%，完成率7.1%，实施率11.1%，实施率在全省十八地市中列第17位，明显低于信阳市内部其他领域的实施率，信阳市需要进一步推动人才便利化的改革事项。

（二）信阳市复制推广工作的现状特点

1. 金融创新

从复制推广状态来看，金融创新领域复制推广实施情况良好。金融创新领域包含34项改革事项。信阳市已复制推广22项，占比为64.7%，不具备条件未推广12项，占比为35.3%，完成率100%，实施率64.7%，实施率在全省十八地市中列第10位，在信阳市内部六大改革领域中实施率最高。

从创新度来看，金融创新领域改革事项的创新推广水平低。在已复制推广22项改革事项中，21项属于移植推广，1项属于创新推广，创新推广比例为95.5%。

从实施成效来看，金融创新领域复制推广实施成效显著。已复制推广事项中14项为显著，3项一般，5项为不确定，显著率为63.6%。

2. 贸易便利化

从复制推广状态来看，贸易便利化领域改革事项实施率偏低。贸易便利化领域包含78项改革事项。目前，信阳市已复制推广12项，占比为15.4%，不具备条件未推广65项，占比为83.3%，正在推进1项，占比为

1.3%，完成率92.3%，实施率16.7%，实施率在全省十八地市中列第16位。另外，如图5-5所示，信阳市在全省十八地市贸易便利化领域的已复制推广个数排名也是第16位。

从创新度来看，贸易便利化领域改革事项的创新推广水平低。在已复制推广改革事项中，11项属于移植推广，1项属于创新推广，移植推广比例为91.7%。

从实施成效来看，贸易便利化领域复制推广实施成效较为显著。其中10项为显著，2项为不确定，显著率为83.3%。

3. 放管服效

从复制推广状态来看，放管服效领域改革事项完成率偏低。放管服效领域共包含35项改革事项。目前，信阳市已复制推广18项，占比为51.4%，不具备条件未推广16项，占比为45.7%，可实施未推广1项，占比为2.9%，完成率94.7%，实施率51.4%，实施率在全省十八地市中列第6位。

从创新度来看，放管服效领域改革事项的创新推广水平低。在已复制推广改革事项中18项全部属于移植推广。

从实施成效来看，放管服效领域复制推广实施成效显著。已复制推广事项中17项为显著，1项为不确定，显著率为94.4%。

4. 事中事后监管

从复制推广状态来看，事中事后监管领域改革事项实施率偏低。事中事后监管领域共包含36项改革事项。其中，信阳市已复制推广11项，占比30.6%，可实施未推广3项，占比为8.3%，不具备条件未推广15项，占比为41.7%，其他7项，占比为19.4%，完成率78.6%，实施率30.6%，实施率在全省十八地市中列第17位。

从创新度来看，事中事后监管领域改革事项创新推广水平较低。在已复制推广改革事项中11项均为移植推广。

从实施成效来看，事中事后监管领域复制推广实施成效较为显著。已复制推广事项中8项为显著，1项为一般，2项为不确定，显著率为72.7%。

5. 人力资源与人才流动便利化

从复制推广状态来看，人力资源与人才流动便利化领域改革事项完成率偏低。人力资源与人才流动便利化领域包含18项改革事项。信阳市已复制推广1项，占比为5.6%，正在推进1项，占比为5.6%，可实施未实施12项，占比为66.7%，不具备条件未推广4项，占比为22.2%，完成率7.1%，实施率11.1%，实施率在全省十八地市中列第17位，明显低于信阳市内部其他领域的实施率，信阳市需要进一步推动人才便利化的改革事项。

从创新度来看，人力资源与人才流动便利化领域改革事项创新推广水平较低。已复制推广的1项改革事项属于移植推广。

从实施成效来看，人力资源与人才流动便利化领域复制推广实施成效一般。已复制推广事项中1项为一般。

6. 投资自由化便利化

从复制推广状态来看，投资自由化便利化领域复制推广实施情况良好。投资自由化便利化领域包含77项改革事项。目前，信阳市已复制推广43项，占比为55.8%，可实施未推广项，占比为7.8%，不具备条件未推广26项，占比为33.8%，其他2项，占比为2.6%，完成率87.8%，实施率55.8%，实施率在全省十八地市中列第9位。

从创新度来看，投资自由化便利化领域的改革事项没有进行创新推广。已复制推广的43项改革事项均属于移植推广。

从实施成效来看，投资自由化便利化领域复制推广实施成效较为显著。已复制推广43项改革事项中26项为显著，5项一般，12项为不确定，显著率高达60.1%，意味着信阳市相关部门重视已复制推广投资自由化便利化改革事项的实施成效。

（三）信阳市各领域复制推广状况分析

1. 金融创新

一是改革事项实施情况良好。信阳市不断完善金融政策体系，增强金融服务能力，稳步推进了金融开放创新，在简化跨境贸易结算业务办理流程、外债资金意愿结汇、分布式共享模式实现"银政互通"等方面取得了一定的成绩。

二是创新推广能力较强。信阳市出台《绿色金融改革创新三年行动方案》，鼓励金融机构设立绿色金融专营机构，推动金融创新举措落地见效。推动银行办理大宗商品衍生品柜台交易涉及的结售汇业务，指导建行信阳分行为安钢集团信阳钢铁有限责任公司办理远期售汇业务。

三是改革事项实施成效显著。信阳市推动"银政互通"，推广辖内银行机构与税务系统实现数据直连，银税合作贷款业务明显增加。积极宣传推介外汇便利措施，为艾斯比（河南）工业矿产有限公司办理意愿结汇，金额85万美元。落实直接投资项下外汇登记及变更登记下放银行办理，对银行开展业务培训，农业银行信阳分行为信阳天海阳光供水设备有限公司办理境外投资外汇登记310万元人民币。

2. 贸易便利化

一是改革事项实施情况偏低。信阳市外向型经济发展相对缓慢，综合保税区、口岸等开放平台缺乏，导致贸易便利相关措施缺乏载体不具备复制推广条件。信阳市要加快保税物流中心（B型）、铁路口岸、淮滨港、固始港等项目建设，加大力度招引外向型项目，完善物流基础设施，进一步提升贸易便利化水平。

二是创新推广能力有待加强。自由贸易试验区贸易便利化领域的制度创新成果仅"'一站式'查验平台＋监管互认"在信阳实现了创新推广，其他11项均为移植推广。这表明信阳市的复制推广工作缺乏开放平台的引领和支撑，创新推广的物质基础相对薄弱。

三是复制推广实施成效显著。信阳市积极促进发展新型贸易业态，落实企业协调员制度，做到一般性问题当日答复。推行"预约通关"互联网模式，指导企业在线填写并提交预约通关申请。

3. 放管服效

一是改革事项完成率偏低。信阳市积极推动放管服效改革的复制推广,推进实施涉税执法容缺容错机制、工程建设项目审批制度改革、创新不动产登记工作模式等。但是,"企业专属网页"政务服务新模式、集成化行政执法监督体系、一码集成服务等改革事项推进缓慢,尚未取得明显进展。

二是创新推广水平低。信阳市实施的放管服效领域改革事项均为移植推广,说明信阳市仍需要针对企业诉求,加大审批事项改革力度,进一步健全政务服务体系。

三是改革事项实施成效显著。例如,信阳市建立了"多规合一"业务协同平台,规范项目策划生成机制,为审批提速打下基础。信阳市较早开展"银税合作",确立银税互动联席会议制度、信息共享平台、三方三级协调机制等事宜,明确银税信息交换渠道,金融机构依据税务机关提供的企业诚信纳税状况开发优质客户,有效地防范了金融信贷风险。

4. 事中事后监管

一是改革事项完成率偏低。信阳市事中事后监管改革事项的完成率不到三分之一,政府智能化监管服务模式、推进信用信息应用加强社会诚信管理、社会信用体系信息共享和综合执法制度等创新举措均未取得明显成效。

二是创新推广水平低。信阳市实施的事中事后监管领域改革事项均为移植推广。信阳市需要在事中事后监管改革事项上形成具有当地特色的制度创新。

三是改革事项实施成效显著。例如,推行多领域实施包容免罚清单模式,信阳市市场监管局出台《关于在全市市场监管领域实施柔性执法进一步优化营商环境的指导意见》《信阳市市场监督管理局全面推行柔性行政执法工作实施方案》等文件,在全市推行行政处罚"三张清单"制度,其中轻微违法行为不予处罚清单116项、一般违法行为减轻处罚清单10项、一般违法行为从轻处罚清单10项。

5. 人力资源与人才流动便利化

一是改革事项完成率偏低。信阳市关于人力资源与人才流动便利化改革事项基本没有落地见效。间接反映信阳市外籍人才引进意识不强,吸引高层次人才就业生活的氛围不浓厚,缺乏有力的人才支撑环境。

二是创新推广水平低。信阳市实施的人力资源与人才流动便利化领域改革事项只有1项且为移植推广,具体业务数量不明。

三是改革事项实施成效一般。信阳市虽落实人才流动要求,但外籍华人在华永久居留申请、外国人长期签证等多项改革事项没有落地见效,整体上实施成效一般。信阳市需要进一步加大吸引外籍人才力度,创造人才流动便利环境。

6. 投资自由化便利化

一是改革事项实施情况良好。信阳市不断优化了企业税收环境,改革年度检验验照制度,实施企业名称自主申报制度,提升了投资审批效能。

二是创新推广能力不足。投资自由化便利化领域制度创新成果的复制推广在信阳市都是以移植推广的形式落地的。信阳市探索创新意识有待加强,需要结合本地实际落实推广要求,形成具有特色的创新推广路径。

三是改革事项实施成效显著。例如,推动公证"最多跑一次"改革,变群众提供材料为主动收集材料,变书面审核材料为实地调查核实,变群众跑路为数据共享,积极推行网上办证、远程办证、上门办证和预约办证等便民服务方式。加快建立重点产业专利导航工作机制,信阳市上天梯非金属矿管理区珍珠岩、膨润土等非金属矿精深加工产业专利导航实验区获批,为知识产权服务经济发展提供支撑。

七、漯河市

(一)漯河市复制推广概况

漯河市已复制推广工作实施率在全省排第5名。漯河市复制推广实施完成整体情况较好。如表5-16所示,278项改革事项中,漯河市已复制推广143项,正在推进4项,可实施未推广14项,不具备条件未推广117项,实施率为52.9%,实施率整体水平中上,在全省居于第二梯队。

表 5–16　　漯河市 278 项制度创新成果复制推广情况

改革事项	已复制推广（占比）	正在推进（占比）	可实施未推广（占比）	不具备条件未推广（占比）	总计（占比）
金融创新	19	0	0	15	34
	55.9%	0	0	44.1%	100.0%
贸易便利化	32	1	1	44	78
	41.0%	1.3%	1.3%	56.4%	100.0%
放管服效	16	1	3	15	35
	45.7%	2.9%	8.6%	42.9%	100.0%
事中事后监管	19	0	1	16	36
	52.8%	0	2.8%	44.4%	100.0%
人力资源与人才流动便利化	13	1	1	3	18
	72.2%	5.6%	5.6%	16.7%	100.0%
投资自由化便利化	44	1	1	24	77
	57.1%	1.3%	1.3%	31.2%	100.0%
总计（占比）	143	3	4	117	278
	51.4%	1.1%	1.4%	42.1%	100.0%

注："其他"包含台账中未整理、台账中未自评等。

从表 5–17 可见，已复制推广的 143 项改革，136 项为移植推广，7 项为创新推广，实施成效上显著为 102 项，占已复制推广项数的 71.3%；实施成效一般为 29 项，占已复制推广项数的 20.3%；实施成效不确定为 12 项，占已复制推广项数的 8.4%。

表 5–17　　漯河市创新推广和实施成效

改革事项	移植推广	创新推广	不确定	一般	显著	已复制推广
金融创新	19	0	2	8	9	19
贸易便利化	30	2	3	7	22	32
放管服效	16	0	2	0	14	16
事中事后监管	19	0	1	1	17	19
人力资源与人才流动便利化	13	0	1	11	1	13
投资自由化便利化	44	0	3	2	39	44
总计	141	2	12	29	103	143

注：只对"已复制推广"项目评价创新度和实施成效。

漯河市内部人力资源与人才流动便利化领域的实施完成情况最优。人力资源与人才流动便利化领域包含17项改革事项。漯河市已复制推广13项，占比为72.2%，可实施未推广1项，占比为5.6%，不具备条件未推广3项，占比为16.7%，完成率86.7%，实施率77.8%，实施率在全省十八地市中列第3位，在漯河市内部六大改革领域中实施率最高。助力漯河市优化营商环境，吸引境内外高水平专业人员来漯河创新创业，打造了优良人才生态环境。

漯河市内部贸易便利化领域的实施完成情况相对落后。贸易便利化领域包含78项改革事项。漯河市已复制推广32项，占比为41%，正在推进1项，占比为1.3%，不具备条件未推广44项，占比为56.4%，可实施未推广1项，占比为1.3%，完成率94.1%，实施率42.3%，实施率在全省十八地市中列第6位，贸易便利化领域复制推广实施率明显低于该市其他领域的实施率。这与其地理位置限制及暂不具备复制条件有一定相关性，但漯河市仍需要进一步推动服务业开放政策及国际化创新发展。

(二) 漯河市复制推广工作的现状特点

1. 金融创新

从复制推广状态来看，金融创新领域复制推广实施情况良好。金融创新领域包含34项改革事项。目前，漯河市已复制推广19项，占比为55.9%，不具备条件未推广15项，占比为44.1%，完成率100%，实施率55.9%，实施率在全省十八地市中列第13位。

从创新度来看，金融创新领域改革事项的创新推广水平低。在已复制推广改革事项中，19项均属于移植推广。

从实施成效来看，金融创新领域复制推广实施成效较为显著。已复制推广事项中9项为显著，8项为一般，2项为不确定，显著率为47.4%。

2. 贸易便利化

从复制推广状态来看，贸易便利化领域改革事项实施率偏低。贸易便利化领域包含78项改革事项。漯河市已复制推广32项，占比为41%，正在推进1项，占比为1.3%，不具备条件未推广44项，占比为56.4%，可实施未推广1项，占比为1.3%，完成率94.1%，实施率42.3%，实施率在全省十八地市中列第6位，贸易便利化领域复制推广实施率明显低于该市其他领域的实施率。

从创新度来看，贸易便利化领域改革事项的创新推广有待提高。在已复制推广改革事项中，30项为移植推广，2项为创新推广。

从实施成效来看，贸易便利化领域复制推广实施成效较为显著。其中22项为显著，7项为一般，3项为不确定，显著率为68.8%。

3. 放管服效

从复制推广状态来看，放管服效领域改革事项完成率偏低。放管服效领域共包含35项改革事项。目前，漯河市已复制推广16项，占比为45.7%，正在推进1项，占比为2.9%，可实施未推广3项，占比为8.6%，不具备条件未推广15项，占比为42.9%，完成率80%，实施率48.6%，实施率在全省十八地市中列第7位。

从创新度来看，放管服效领域改革事项的创新推广水平低。在已复制推广改革事项中，16项均属于移植推广。

从实施成效来看，放管服效领域复制推广实施成效显著。已复制推广事项中14项为显著，2项为不确定，显著率为87.5%。

4. 事中事后监管

从复制推广状态来看，事中事后监管领域复制推广实施情况良好。事中事后监管领域共包含36项改革事项。其中，漯河市已复制推广19项，占比为52.8%，可实施未推广1项，占比为5.6%，不具备条件未推广16项，占比为44.4%，完成率95%，实施率52.8%，实施率在全省十八地市中列第5位。

从创新度来看，事中事后监管领域改革事项创新推广水平较低。在已复制推广改革事项中19项均为移植推广。

从实施成效来看，事中事后监管领域复制推广实施成效较为显著。已复制推广事项中17项为显著，1项为一般，1项为不确定，显著率为89.5%，意味着漯河市相关部门重视已复制推广事中事后监管改革事项的实施成效。

5. 人力资源与人才流动便利化

从复制推广状态来看，人力资源与人才流动便利化领域复制推广实施情况良好。人力资源与人才流动便利化领域包含18项改革事项。漯河市已复制推广13项，占比为72.2%，可实施未推广1项，占比为5.6%，不具备条件未推广3项，占比为16.7%，完成率86.7%，实施率77.8%，实施率在全省十八地市中列第3位，在漯河市内部六大改革领域中实施率最高。

从创新度来看，人力资源与人才流动便利化领域改革事项创新推广水平较低。已复制推广的13项改革事项均属于移植推广。

从实施成效来看，人力资源与人才流动便利化领域复制推广实施成效一般。已复制推广事项中1项为显著，11项为一般，1项为不确定，显著率仅为7.7%。

6. 投资自由化便利化

从复制推广状态来看，投资自由化便利化领域复制推广实施情况良好。投资自由化便利化领域包含77项改革事项。目前，漯河市已复制推广44项，占比为57.1%，可实施未推广8项，占比为10.4%，不具备条件未推广24项，占比为31.2%，正在推进1项，占比为1.3%，完成率95.7%，实施率58.4%，实施率在全省十八地市中列第8位。

从创新度来看，投资自由化便利化领域的改革事项没有进行创新推广。在已复制推广改革事项中，44项均属于移植推广。

从实施成效来看，投资自由化便利化领域复制推广实施成效较为显著。已复制推广事项中39项为显著，2项为一般，3项为不确定，显著率高达88.6%，意味着漯河市相关部门重视已复制推广投资自由化便利化改革事项的实施成效。

(三）漯河市各领域复制推广状况分析

1. 金融创新

一是改革事项实施情况一般。漯河市深入开展"信易贷"支持中小微企业融资，此项改革事项取得明显成效。但是，经常项下跨境人民币集中收付业务、科技信贷政策导向效果评估机制等均未落地。

二是创新推广水平低。金融创新领域的自贸试验区制度创新成果在漯河均以移植推广的形式落地。虽然金融创新领域复制推广门槛高，但漯河市仍需要加强金融服务实体经济发展意识，提升金融创新能力。

三是复制推广实施成效一般。绿色债务融资工具创新、融资租赁公司收取外币租金等多项改革事项，缺乏市场主体无法落地实施，在推进信用信息应用加强社会诚信管理方面取得显著成效。例如，漯河市积极研究开发个人信用积分，出台了个人信用积分管理办法和激励细则，上线"沙澧分"并将"信易+服务"延伸至衣、食、住、行、游等涉及群众生活的方方面面，信用建设深度融入经济社会发展过程中。由行业主管部门联合金融、旅游、交通、保险、食品等行业骨干企业，推进"信易贷""信易租""信易行""信易游""信易批""信用+食品名城"等守信激励项目，让信用良好的市场主体在融资信贷、创业租赁、交通出行、行政审批等领域获得便利和优惠。

2. 贸易便利化

一是改革事项实施情况偏低。漯河市缺乏海关特殊监管区域、口岸等开放载体，委内加工监管、仓储货物按状态分类监管、大宗商品现货保税交易等多项改革事项未实施。仅国际贸易"单一窗口"建设、出口退税无纸化等措施落地见效。

二是创新推广工作能力较强。贸易便利化领域的自贸试验区制度创新成果在漯河均以移植推广的方式实现复制推广。漯河市应积极申报海关特殊监管区，推广无纸化通关等便利化措施、提高通关效率。

三是复制推广实施成效显著。漯河市积极促进发展新型贸易业态，通过国际贸易"单一窗口"建设，全市海关注册登记企业100%实现国际贸易"单一窗口"办理业务，备案、报关、报检等业务全程无纸化。实行出口退税无纸化备案，实现管理类别为一类、二类的出口企业全部实行无纸化退（免）税申报，对个人所得税手续费退税、小微企业所得税年度汇算清缴多缴退税等业务形成了"两无一免"的退税模式，进一步提高了退付工作效率。

3. 放管服效

一是改革事项完成率偏低。漯河市在各级行政服务中心建设"企业开办专区"，打造"企业开办一网通平台"，实现政府部门信息共享、同步推送。在推行"全通版"食品药品许可证、工程建设项目审批制度改革试点、市场主体名称登记便利化改革等方面取得一定成效。但微信办照、"企业专属网页"政务服务新模式、创新涉外商事诉讼、仲裁与调解"一站式"纠纷解决机制等多项改革事项未实施。

二是创新推广能力不足。放管服效领域的自贸试验区制度创新成果在漯河大多以移植推广的形式落地，说明漯河市在该领域创新意识不足，需要贯穿企业全生命周期进一步深化改革，持续为企业投资发展营造良好的氛围。

三是改革事项实施成效显著。漯河市在行政审批制度改革、优化服务方面取得了较为显著的效果。例如，打造不动产登记改革"漯河模式"，实现跨12个部门信息共享，业务时限均压缩至24小时内办结，被自然资源部确定为全国10个不动产登记共享相关部门信息工作试点市之一，是全省唯一入选城市。例如，在全省率先开展个体工商户简易注销的基础上，开通企业注销"一网通"网上服务专区，实现了营业执照、社会保险、商务、海关、税务等各类涉企注销业务一网通办。

4. 事中事后监管

一是改革事项实施情况良好。漯河市积极推进事中事后监管复制推广工作，信息共享和综合执法制度、信用信息公示制度等改革事项取得显著成效，建成以"一网三库一平台N应用"为架构的市县一体化信用平台，建立漯河市企业信用信息归集共享工作联席会议制度，荣获"特色性平台网站"奖。

二是创新推广水平不高。事中事后监管领域的19项自由贸易试验区制度创新成果在漯河市均以移植推广的形式落地。这表明漯河市在推进行政审批制度改革和商事制度改革的基础上，需要进一步创新和加强事中事后监管，进一步优化营商环境、激发经营主体发展活力。

三是复制推广实施成效显著。漯河市积极复制推广社会力量参与市场监督制度、包容免罚清单模式等改革事项，引导经营主体文明诚信经营，组建6个企业法律服务团，实施法律服务管家派驻非公有制企业服务制度，为多家企业提供免费"法律体检"，帮助企业提升风险防范、依法管理水平，漯河市被命名为全省首批法治政府建设示范市。

5. 人力资源与人才流动便利化

一是改革事项实施情况一般。漯河市外籍高层次人才少，外国学生创业少，导致人才流动便利措施难以落地。漯河市应完善人才配套政策，强化人才服务保障，确保各类人才"引得来、留得下、用得上"，努力引进和培养更多高质量发展需要的优秀人才。

二是创新推广水平低。人力资源与人才流动便利化领域的自贸试验区制度创新成果在漯河市均以移植推广的形式落地。该领域的改革事项在漯河涉及业务数量普遍较少，这也反映出了漯河外向型经济不够发达、人才资源不够集聚的客观现实。

三是复制推广实施成效一般。漯河市实施的人力资源与人才流动便利化领域改革事项实施成效整体来看一般，长期签证或居留许可申请、境外高校外国学生实习等尚未开展业务。

6. 投资自由化便利化

一是复制推广实施情况良好。通过对投资自由化便利化自由贸易试验区制度创新的复制推广，漯河市不断优化企业税收环境，实施办税便利化改革，税务行政许可事项全部实现在电子税务局全程网上办结，将税费优惠"不来即享"与管理事项清理深度融合。实施知识产权快速协同保护机制,已在市县乡建立了79个知识产权维权援助工作站点,打通知识产权保护"最后一公里"。

二是创新推广能力一般。漯河市认真落实复制推广工作要求,多是移植推广改革事项。但仍应结合实际,探索投资管理体制改革"四个一"创新成果,推行"一表申请、一口受理、并联审查、一章审批",取得了明显成效。

三是复制推广实施成效显著。漯河市对企业税收环境、投资方式、审批、网上办理业务等改革事项积极推广,优化了营商环境、简化了企业办事流程。例如,实施证照"一口受理、并联审查"审批服务模式、网上办理跨区域涉税事项等取得显著成效。又如,培育多元化知识产权金融服务市场,推出"政府+企业+中介+银行"的合作模式,打出入企实地调研、宣讲质押政策、沟通金融部门、组织银企对接等"组合拳",为中小微企业发展解决融资难题,被国家知识产权局确定为首批国家知识产权投融资试点城市。

八、新乡市

(一)新乡市复制推广概况

新乡市已复制推广工作实施率在全省排第8位。新乡市复制推广实施完成整体情况较好。如表5-18所示,278项改革事项中,新乡市已复制推广143项,正在推进1项,可实施未推广10项,不具备条件未推广118项,其他6项,完成率为51.8%,实施率整体水平中等,在全省居于第二梯队。

从表5-19可见,已复制推广的143项改革,130项为移植推广,13项为创新推广,实施成效上显著为93项,占已复制推广项数的65%;实施成效一般为19项,占已复制推广项数的13.3%;实施成效不确定为31项,占已复制推广项数的21.7%。

表 5-18　　新乡市 278 项制度创新成果复制推广情况

改革事项	已复制推广（占比）	正在推进（占比）	可实施未推广（占比）	不具备条件未推广（占比）	总计（占比）
金融创新	25	0	0	9	34
	73.5%	0	0	26.5%	100.0%
贸易便利化	23	1	1	53	78
	29.5%	1.3%	1.3%	67.9%	100.0%
放管服效	20	0	2	13	35
	57.1%	0	5.7%	37.1%	100.0%
事中事后监管	20	0	1	15	36
	55.6%	0	2.8%	41.7%	100.0%
人力资源与人才流动便利化	13	0	0	5	18
	72.2%	0	0	27.8%	100.0%
投资自由化便利化	42	0	6	23	77
	54.5%	0	7.8%	29.9%	100.0%
总计（占比）	143	1	10	118	278
	51.4%	0.4%	3.6%	42.4%	100.0%

注："其他"包含台账中未整理、台账中未自评等。

表 5-19　　新乡市创新推广和实施成效

改革事项	移植推广	创新推广	不确定	一般	显著	已复制推广
金融创新	24	1	7	10	8	25
贸易便利化	21	2	2	0	21	23
放管服效	20	0	1	2	17	20
事中事后监管	20	0	3	2	15	20
人力资源与人才流动便利化	13	0	13	0	0	13
投资自由化便利化	42	0	5	5	32	42
总计	140	3	31	19	93	143

注：只对"已复制推广"项目评价创新度和实施成效。

新乡市内部金融创新领域的实施完成情况最优。金融创新领域包含 34 项改革事项。新乡市已复制推广 25 项，占比为 73.5%，不具备条件未推广 9 项，占比为 26.5%，完成率 100%，实施率 73.5%，实施率在全省十八地市中列第 6 位，而且在六大改革领域中实施率最高，能够提高新乡市金融创新服务体系惠民便企。

新乡市内部贸易便利化领域的实施完成情况相对落后。贸易便利化领域包含 78 项改革事项。新乡市已复制推广 23 项，占比为 29.5%，正在推进 1 项，占比为 1.3%，不具备条件未推广 53 项，占比为 67.9%，可实施未推广 1 项，占比为 1.3%，完成率 92%，实施率 30.8%，实施率在全省十八地市中列第 7 位，但是贸易便利化领域复制推广实施率明显低于新乡市其他领域的实施率。这与其地理位置限制及暂不具备复制条件有一定相关性，但新乡市仍需要进一步推动服务业开放政策及国际化创新发展。

（二）新乡市复制推广工作的现状特点

1. 金融创新

从复制推广状态来看，金融创新领域复制推广实施情况良好。金融创新领域包含 34 项改革事项。新乡市已复制推广 25 项，占比为 73.5%，不具备条件未推广 9 项，占比为 26.5%，完成率 100%，实施率 73.5%，实施率在全省十八地市中列第 6 位，而且在新乡市内部六大改革领域中实施率最高，能够提高新乡市金融创新服务体系惠民便企。

从创新度来看，金融创新领域改革事项的创新推广水平低。在已复制推广改革事项中，24 项属于移植推广，1 项属于创新推广，移植推广比例为 96%。

从实施成效来看，金融创新领域复制推广实施成效较为一般。已复制推广事项中 8 项为显著，10 项为一般，7 项为不确定，显著率为 32%。

2. 贸易便利化

从复制推广状态来看，贸易便利化领域改革事项实施率偏低。贸易便利化领域包含 78 项改革事项。新乡市已复制推广 23 项，占比为 29.5%，正在推进 1 项，占比为 1.3%，不具备条件未推广 53 项，占比为 67.9%，可实施未推广 1 项，占比为 1.3%，完成率 92%，实施率 30.8%，实施率在全省十八地市中列第7位，但是贸易便利化领域复制推广实施率明显低于新乡市其他领域的实施率。

从创新度来看，贸易便利化领域改革事项的创新推广水平低。在已复制推广改革事项中，21项属于移植推广，2项属于创新推广，移植推广比例为91.3%。

从实施成效来看，贸易便利化领域复制推广实施成效较为显著。其中21项为显著，2项为不确定，显著率为91.3%。

3. 放管服效

从复制推广状态来看，放管服效领域复制推广实施情况良好。放管服效领域共包含35项改革事项。新乡市已复制推广20项，占比为57.1%，可实施为实施2项，占比为5.7%，不具备条件未推广13项，占比为37.1%，完成率90.9%，实施率57.1%，实施率在全省十八地市中列第5位。

从创新度来看，放管服效领域改革事项的创新推广水平低。在已复制推广改革事项中，20项均属于移植推广。

从实施成效来看，放管服效领域复制推广实施成效显著。已复制推广事项中17项为显著，2项为一般，1项为不确定，显著率为85%。

4. 事中事后监管

从复制推广状态来看，事中事后监管领域复制推广实施情况良好。事中事后监管领域共包含36项改革事项。其中，新乡市已复制推广20项，占比55.6%，可实施未推广1项，占比为2.8%，不具备条件未推广15项，占比为41.7%，完成率95.2%，实施率55.6%，实施率在全省十八地市中列第4位。

从创新度来看，事中事后监管领域改革事项的创新推广水平较低。已复制推广的20项改革事项均为移植推广。

从实施成效来看，事中事后监管领域复制推广实施成效较为显著。已复制推广事项中15项为显著，2项为一般，3项为不确定，显著率为75%，意味着新乡市相关部门重视已复制推广事中事后监管改革事项的实施成效。

5. 人力资源与人才流动便利化

从复制推广状态来看,人力资源与人才流动便利化领域复制推广实施情况良好。人力资源与人才流动便利化领域包含 18 项改革事项。目前,新乡市已复制推广 13 项,占比为 72.2%,不具备条件未推广 5 项,占比为 27.8%,完成率 100%,实施率 72.2%,实施率在全省十八地市中列第 6 位。

从创新度来看,人力资源与人才流动便利化领域改革事项创新推广水平较低。已复制推广的 13 项改革事项均属于移植推广。

从实施成效来看,人力资源与人才流动便利化领域复制推广实施成效不确定。已复制推广事项中 13 项实施成效均为不确定。

6. 投资自由化便利化

从复制推广状态来看,投资自由化便利化领域复制推广实施情况良好。投资自由化便利化领域包含 77 项改革事项。目前,新乡市已复制推广 42 项,占比为 54.5%,可实施未推广 6 项,占比为 7.8%,不具备条件未推广 23 项,占比为 29.9%,其他 6 项,占比为 7.8%,完成率 87.5%,实施率 54.5%,实施率在全省十八地市中列第 11 位。

从创新度来看,投资自由化便利化领域的改革事项没有进行创新推广。在已复制推广改革事项中,42 项均属于移植推广。

从实施成效来看,投资自由化便利化领域复制推广实施成效较为显著。已复制推广事项中 32 项为显著,5 项为一般,5 项为不确定,显著率高达 76.2%,意味着新乡市相关部门重视已复制推广投资自由化便利化改革事项的实施成效。

(三)新乡市各领域复制推广状况分析

1. 金融创新

一是改革事项实施情况良好。新乡市不断完善金融政策体系,增强金融服务能力,稳步推进了金融开放创新,在简化跨境贸易结算业务办理流程等方面取得了一定的成绩,同时拓展了债务融资工具,解决企业"融资难""融资贵"等问题，积极打造智能化地方金融风险监测防控平台，加强了风险管控。

二是创新推广能力较强。虽然金融创新领域的自由贸易试验区制度创新成果有着较高的复制推广门槛，但新乡市还是实现了"多元化农业保险助推现代农业发展"的创新推广，并且还实现了"简化跨境贸易和直接投资人民币结算业务办理流程""跨境双向人民币资金池业务""经常项下跨境人民币集中收付业务""个人跨境贸易人民币结算业务""区内机构从境外借入人民币资金""科技信贷政策导向效果评估机制""个人其他经常项下人民币结算业务""银行办理大宗商品衍生品柜台交易涉及的结售汇业务"等改革事项带有创新推广成分的复制推广。这表明新乡面对金融创新领域的自由贸易试验区制度创新成果复制推广工作具有较高创新意识与能力。

三是改革事项实施成效一般。新乡市建立"新乡市智慧金融服务平台"，面向银行等金融机构提供"一站式"线上信贷服务。辖内15家商业银行及18家保险公司全部实现入驻，上线"税易贷""政采贷""科技贷""小微快贷"等金融产品101个，满足中小微企业、个体工商户多样化信用融资需求，"信易贷"平台端累计授信2578笔，授信金额64.45亿元。但是，目前新乡市实施的金融创新领域改革事项实施成效整体一般，新乡市各级有关部门要重视改革事项的实施成效，在今后的推广中不仅要重视改革事项的落地，还要考核实施成效。

2. 贸易便利化

一是改革事项实施情况偏低。新乡市作为内陆城市相对东部沿海开放前沿地区复制推广制度建设相对滞后、制度创新相对较弱。且新乡市不属于自贸区，对于涉及机场、港口、综保区、边境等区域不具备复制推广条件。新乡市需要更加重视推动贸易便利化，积极落实复制推广情况，加强跨国机制合作，打造更为便利的国际通关、物流与设施联通等制度安排与软环境。

二是创新推广能力较强。贸易便利化领域的21项制度创新成果虽然是以移植推广的形式在新乡落地，但新乡还是做到了对于"关检'一站式'查验平台+监管互认"和"企业协调员制度"这两项改革事项的创新推广。这说明新乡市能够充分挖掘现有开放平台政策潜力，积极推动贸易便利化领域自贸试验区创新成果在新乡的创新推广。未来新乡需要进一步加强跨部门沟通协作、争取更多开放平台，加强对于自贸试验区制度创新成果的创新推广力度，不断优化当地的贸易与物流通关环境。

三是复制推广实施成效显著。截至2021年7月，新乡市无纸化试点企业申报户数共445户，占全部申报户数的88.65%，无纸化试点企业申报核准出口退（免）税9.74亿元，占全部出口退（免）税的94.45%。新乡市加大体制改革探索力度，加快对试点成熟经验的复制推广，同时充分发挥各类开放平台对新乡地区改革开放的引领和支撑作用，让更大范围、更多企业享受到改革和创新的红利。积极促进发展新型贸易业态，开展国际贸易"单一窗口"平台，简化通关作业随附单证、简化统一进出境备案清单，实现了现结售汇、出口退税、税费支付等金融功能上线融合，完善了通关便利化监管制度，推进了通关合作与通关一体化机制，显著提升了贸易便利化程度。

3. 放管服效

一是改革事项实施情况良好。新乡市积极推动放管服效改革的复制推广，优化政务服务、便利企业生产经营和群众办事创业指明了方向、提供了遵循。另外，新乡市提升了企业申办政务服务事项便利度，缩短了业务办理时间。从不具备条件未推广情况来看，新乡需要持续深化"放管服效"改革，着力在改革创新、提质增效上下真功、求突破，推进审批服务便利化。

二是创新推广能力有待进一步提升。虽然放管服效领域的自贸试验区制度创新成果在新乡市均以移植推广的形式落地，但新乡仍然对"'生态眼'助力长江大保护"实现了带有创新推广成分的复制推广。这表明新乡面对放管服效领域的复制推广任务，具有一定的创新推广意识。未来新乡需要在优化政府服务体系、加强数字政府建设等方面多做努力，为更多放管服效领域改革事项的创新推广营造更加积极的改革氛围与改革平台。

三是复制推广实施成效显著。新乡市在行政审批制度改革、优化服务方面取得了较为显著的效果。主要做法有：(1) 精简报审材料，减轻企业负担；(2) 推行联合审图，提高审图效率；(3) 实行并联审批，压缩办理时限；(4) 开展联合验收、减少企业跑趟；(5) 创新分阶段办理，优化营商环境；(6) 实行容缺办理，落实告知承诺。例如，2019年以来，新乡供电公司牵头的优化营商环境"获得电力"指标办电时间、成本、环节方面连续两年全省领先，获得"新乡市优化营商环境先进单位"荣誉称号。

4. 事中事后监管

一是复制推广实施情况良好。新乡市积极推进事中事后监管复制推广工作，完善事中事后监管体系，推进政府职能转变，科学配置监管资源，持续加强监管能力建设，压紧压实行业责任、属地责任，加强了社会信用体系建设，提升了市场监管能力。

二是创新推广水平低。事中事后监管领域的自由贸易试验区制度创新成果在新乡市均以移植推广的形式落地。这表明新乡市需要在该领域加强对具有当地特色创新推广的机制路径探索。

三是复制推广实施成效显著。新乡市通过复制推广实现了多元化监管措施，实施企业送达信息共享机制，并建立市场综合监管大数据平台，积极对执法机构进行改革，有效地避免了权责交叉、多头执法的问题，显著地提高了综合监管能力，但在金融风险监管、企业诚信管理方面仍需要加强。

5. 人力资源与人才流动便利化

一是复制推广实施情况良好。新乡市积极推动境外职业资格认可、简化外籍人才创办企业登记材料、优化外籍人才引进流程，优化了营商环境，提高了人才流动便利度。

二是创新推广水平低。人力资源与人才流动便利化领域的自贸试验区制度创新成果均以移植推广的形式在新乡落地，虽然相关业务量较少，但也表明新乡对该领域复制推广工作的创新意识不足。未来新乡需要锚定人才兴市的战略理念，加强对人力资源与人才流动便利化领域改革事项的创新推广，不断优化新乡的人才发展与成长环境。

三是复制推广实施成效大多存在不确定性。人力资源与人才流动便利化领域改革事项在新乡的复制推广实施成效以不确定状态居多。为提高人力资源与人才流动便利化，助力当地优化营商环境，吸引境内外高水平专业人员到新乡创新创业，新乡市需要进一步提升复制推广的工作质量，支持促进人力资源服务领域合作交流，不断优化完善人才服务保障，搭建人才事业发展平台，着力构建人才强市。

6. 投资自由化便利化

一是改革事项实施情况良好。新乡市不断优化企业税收环境，实施办税便利化改革，税务行政许可事项全部实现在电子税务局全程网上办结，将税费优惠"不来即享"与管理事项清理深度融合。提升了投资审批效能，实现了36项公证事项让当事人"最多跑一次"，建立完善了办证绿色通道。

二是创新推广意识较强。虽然投资自由化便利化领域的自由贸易试验区制度创新成果在新乡市均以移植推广的形式落地，但是对"外商投资项目备案管理制度""允许设立股份制外资投资性公司"等两项改革事项实现了带有创新推广性质的复制推广。未来新乡市应进一步学习了其他省区市先进的创新推广经验，尽早将自身的创新意识转化为优化新乡投资环境创新实效。

三是复制推广实施成效显著。新乡市在该领域的复制推广工作为优化当地企业税务环境，投资环境，审批、网上办理业务等方面的政务环境发挥了重要作用，简化了各市场主体的办事流程、取得了显著成效。例如，在市民中心设立商事窗口，实行单一窗口"一站式"办结。

九、开封市

（一）开封市复制推广概况

开封市已复制推广工作完成率在全省排第4位。开封市复制推广实施完成整体情况比较优秀。如表5-20所示，278项改革事项中，开封市已复制推广 153 项，正在推进 1 项，可实施未推广 11 项，不具备条件未推广 113 项，实施率为 55.4%，实施率整体水平中上，在全省居于第二梯队。

表 5-20　开封市 278 项制度创新成果复制推广情况

改革事项	已复制推广（占比）	正在推进（占比）	可实施未推广（占比）	不具备条件未推广（占比）	总计（占比）
金融创新	25	0	0	9	34
	73.5%	0	0	26.5%	100.0%
贸易便利化	23	0	0	55	78
	29.5%	0	0	70.5%	100.0%
放管服效	25	1	0	9	35
	71.4%	2.9%	0	25.7%	100.0%
事中事后监管	19	0	2	15	36
	52.8%	0	5.6%	41.7%	100.0%
人力资源与人才流动便利化	12	0	1	5	18
	66.7%	0	5.6%	27.8%	100.0%
投资自由化便利化	49	0	8	20	77
	63.6%	0	10.4%	26.0%	100.0%
总计（占比）	153	1	11	113	278
	55.0%	0.4%	4.0%	40.6%	100.0%

注："其他"包含台账中未整理、台账中未自评等。

从表 5-21 可见，已复制推广的 153 项改革，144 项为移植推广，9 项为创新推广，实施成效上显著为 104 项，占已复制推广项数的 68.0%；实施成效一般为 21 项，占已复制推广项数的 13.7%；实施成效不确定为 28 项，占已复制推广项数的 18.3%。

表 5-21　开封市创新推广和实施成效

改革事项	移植推广	创新推广	不确定	一般	显著	已复制推广
金融创新	24	1	6	14	5	25
贸易便利化	22	1	2		21	23
放管服效	24	1	3	1	21	25
事中事后监管	19	0		1	18	19

续表

改革事项	移植推广	创新推广	不确定	一般	显著	已复制推广
人力资源与人才流动便利化	12	0	8		4	12
投资自由化便利化	49	0	9	5	35	49
总计	150	3	28	21	104	153

注：只对"已复制推广"项目评价创新度和实施成效。

开封市内部金融创新领域的实施完成情况最优。金融创新领域包含34项改革事项。开封市已复制推广25项，占比为73.5%，不具备条件未推广9项，占比为26.5%，完成率100%，实施率73.5%，实施率在全省十八地市中列第7位，而且在开封市内部六大改革领域中实施率最高，能够提高开封市金融创新服务体系惠民便企。

开封市内部贸易便利化领域的实施完成情况相对落后。贸易便利化领域包含78项改革事项。开封市已复制推广23项，占比为29.5%，不具备条件未推广55项，占比为70.5%，贸易便利化领域复制推广的实施率明显低于开封市内部其他领域复制推广的实施率，这与其地理位置限制及暂不具备复制条件有一定相关性，但开封市仍需要进一步推动服务业开放政策及国际化创新发展。

（二）开封市复制推广工作的现状特点

1. 金融创新

从复制推广状态来看，金融创新领域复制推广实施情况良好。金融创新领域包含34项改革事项。开封市已复制推广25项，占比为73.5%，不具备条件未推广9项，占比为26.5%，完成率100%，实施率73.5%，实施率在全省十八地市中列第7位，而且在开封市内部六大改革领域中实施率最高。

从创新度来看，金融创新领域改革事项的创新推广水平低。在已复制推广改革事项中，24项属于移植推广，1项属于创新推广，移植推广比例为96%。

从实施成效来看，金融创新领域复制推广实施成效较为一般。已复制推广事项中5项为显著，14项为一般，6项为不确定，显著率为20%。

2. 贸易便利化

从复制推广状态来看，贸易便利化领域改革事项实施率偏低。贸易便利化领域包含78项改革事项。开封市已复制推广23项，占比为29.5%，不具备条件未推广55项，占比为70.5%，完成率100%，实施率29.5%，实施率在全省十八地市中列第8位，但是贸易便利化领域复制推广实施率明显低于开封市内部其他领域的实施率。

从创新度来看，贸易便利化领域改革事项的创新推广水平低。在已复制推广改革事项中，22项属于移植推广，1项属于创新推广，移植推广比例为95.7%。

从实施成效来看，贸易便利化领域复制推广实施成效较为显著。其中21项为显著，2项为不确定，显著率为91.3%。

3. 放管服效

从复制推广状态来看，放管服效领域复制推广实施情况良好。放管服效领域共包含35项改革事项。目前，开封市已复制推广25项，占比为71.4%，不具备条件未推广9项，占比为25.7%，正在推进1项，占比为2.9%，完成率96.2%，实施率74.3%，实施率在全省十八地市中列第2位。

从创新度来看，放管服效领域改革事项的创新推广水平低。在已复制推广改革事项中，24项属于移植推广，1项属于创新推广，移植推广比例为96%。

从实施成效来看，放管服效领域复制推广实施成效显著。已复制推广事项中21项为显著，1项为一般，3项为不确定，显著率为84%。

4. 事中事后监管

从复制推广状态来看，事中事后监管领域复制推广实施情况良好。事中事后监管领域共包含36项改革事项。其中，开封市已复制推广19项，占比为52.8%，可实施未推广2项，占比为5.6%，不具备条件未推广15项，占比为41.7%，完成率90.5%，实施率52.8%，实施率在全省十八地市中列第6位。

从创新度来看,事中事后监管领域改革事项创新推广水平较低。在已复制推广改革事项中,19项均属于移植推广。

从实施成效来看,事中事后监管领域复制推广实施成效较为显著。已复制推广事项中18项为显著,1项为一般,显著率为94.7%,意味着开封市相关部门重视已复制推广事中事后监管改革事项的实施成效。

5. 人力资源与人才流动便利化

从复制推广状态来看,人力资源与人才流动便利化领域复制推广实施情况良好。人力资源与人才流动便利化领域包含18项改革事项。开封市已复制推广12项,占比为66.7%,可实施未推广1项,占比为5.6%,不具备条件未推广5项,占比为27.8%,完成率92.3%,实施率66.7%,实施率在全省十八地市中列第12位。

从创新度来看,人力资源与人才流动便利化领域改革事项的创新推广水平较低。已复制推广的12项改革事项均属于移植推广。

从实施成效来看,人力资源与人才流动便利化领域复制推广实施成效一般。已复制推广事项中4项为显著,8项为不确定,显著率为33.3%。

6. 投资自由化便利化

从复制推广状态来看,投资自由化便利化领域复制推广实施情况良好。投资自由化便利化领域包含77项改革事项。目前,开封市已复制推广49项,占比为63.6%,可实施未推广8项,占比为10.4%,不具备条件未推广20项,占比为26%,完成率86%,实施率63.6%,实施率在全省十八地市中列第5位。

从创新度来看,投资自由化便利化领域的改革事项没有进行创新推广。在已复制推广改革事项中,49项均属于移植推广,移植推广比例100%。

从实施成效来看,投资自由化便利化领域复制推广实施成效较为显著。已复制推广事项中35项为显著,5项为一般,9项为不确定。显著率高达71.4%,意味着开封市相关部门重视已复制推广投资自由化便利化改革事项的实施成效。

(三) 开封市各领域复制推广状况分析

1. 金融创新

一是改革事项实施情况良好。开封市积极推进个人跨境贸易人民币结算业务、知识价值信用融资新模式、多元化农业保险助推现代农业发展等,在简化跨境贸易结算业务办理流程等方面取得了一定的成绩,同时拓展了债务融资工具,解决企业"融资难""融资贵"等问题,加强金融风险监测,对各类企业风险信息进行研判,形成预警信息,消除风险隐患。

二是创新推广能力较强。虽然,大多数金融创新领域的自贸试验区制度创新成果在开封市以移植推广的形式落地,但仍实现了"多元化农业保险助推现代农业发展"的创新推广,进一步简化跨境贸易和直接投资人民币结算业务办理流程、"自贸通"综合金融服务、租赁资产证券化业务创新、知识价值信用融资新模式等改革事项带有创新推广成分的复制推广。这表明即使面对复制推广门槛较高的金融创新领域自贸试验区制度创新任务,开封市依旧表现出了较强创新推广意识与能力。

三是复制推广实施成效一般。目前,开封市金融供给主体较为单一,外债资金意愿结汇、融资租赁公司收取外币租金等改革事项因无市场主体未取得显著成效。这说明开封涉外金融不够活跃,需要进一步完善金融机构体系、服务体系、产品体系等,营造良好的金融环境。

2. 贸易便利化

一是复制推广实施情况偏低。开封市综合保税区封关运行时间较短,重点发展保税仓储、保税物流、保税研发、跨境电商等业务。海关特殊监管区域间保税货物流转监管模式、仓储货物按状态分类监管、出境加工监管等改革事项尚未取得明显进展。

二是创新推广水平有待提升。22 项贸易便利化领域的自贸试验区制度创新成果在开封市虽然以移植推广的形式落地,但开封市充分发挥自贸试验区开封片区建设优势,依托河南自贸区国际艺术品保税仓开展保税展示交易，取得积极成效。

三是复制推广实施成效显著。开封市深化全程无纸化改革，参与建立自贸试验区郑州、开封、洛阳片区协调联动机制，提高海关特殊监管区域互联互通水平及通关效率。开封市成立中国河南自贸区国际艺术品保税仓，是中国第五个、中原地区第一个艺术品保税仓。保税仓同西永综保区泓艺九洲公司合作，开展保税展品交流活动，参观人数超万人。加快国际贸易"单一窗口"建设，组织召开申报培训会，讲解申报要求、填报指南等，持续提升通关便利化水平。

3. 放管服效

一是复制推广实施情况良好。自贸试验区开封片区首创建设项目水电气暖现场一次联办模式、一码集成等，在全国范围复制推广。开封市推动"证照分离"改革试点、集成化行政执法监督体系、涉税执法容缺容错机制等改革事项，以企业和市场需求为导向，不断提升政务服务水平，营造了良好的营商环境。

二是创新推广水平有待提升。在开封市有24项放管服效领域的自贸试验区制度创新以移植推广的方式落地。这表明开封在放管服效领域仍需要大胆探索，在文化旅游、艺术品交易、中医药等特色领域推出更多可复制推广的经验做法。

三是复制推广实施成效显著。例如，创新涉外商事诉讼、仲裁与调解"一站式"纠纷解决机制，推动在开封仲裁委员会下设国际商事仲裁院、国际商事调解中心，引入涉外仲裁员，全面提升仲裁服务水平。创新不动产登记工作模式，线下全面实行"一窗受理、并行办理、一小时领证"工作模式，率先在全省与金融机构实现不动产抵押登记业务"不见面办理"，只跑一次银行、提供一次资料、进行一次面签，每年减少企业和群众2万多人次"往返跑"。

4. 事中事后监管

一是复制推广实施情况良好。开封市建立事中事后综合监管信息系统和指挥中心平台，积极推进事中事后监管复制推广工作，完善事中事后监管体系,"竣工测验合一"改革试点、信息共享和综合执法制度、商事主体信用修复制度等实施情况较好。

二是创新推广能力有待提升。18项改革创新事项均以移植推广的形式落地,但开封创新推广了"融资租赁公司风险防控大数据平台",自贸试验区开封片区"事中事后综合监管信息系统和指挥中心平台"通过整合监督抽检、投诉举报、媒体舆情、人员分析等信息,研判预警信息,节省行政执法资源。

三是复制推广实施成效显著。例如,开封市建立企业年度报告公示和经营异常名录制度,通过电话咨询、专门指导等多种方式,实现自主年报率为95%以上。推广市场综合监管大数据平台,开封市通过"事中事后综合监管信息系统和指挥中心平台",录入20多个执法部门近300名执法人员信息,建立"执法人员库",开展跨部门联合执法,与河南省政务服务共享平台、河南省发改委信用中心、自贸试验区开封片区官网等对接,获取全省近28万家企业信息,实现平台之间信息共享。

5. 人力资源与人才流动便利化

一是改革事项实施情况良好。开封市对在汴工作的外国人全面排查,筛查出符合工作年限的外国人,通过建立微信群,走访涉外单位、涉外高校的方式,宣传出入境便利政策,提供上门服务,现场解答咨询,积极落实外籍华人在华永久居留申请、受聘外国人工作类居留许可等改革事项。

二是创新推广水平低。人力资源与人才流动便利化领域的自贸试验区制度创新成果在开封市均以移植推广的形式落地。开封应充分发挥河南大学所形成省内高层次人才优势,加强创新外籍人才管理模式,不断提升开封的人才吸引力、不断优化开封的人才发展环境。

三是复制推广实施成效一般。开封市实施的人力资源与人才流动便利化领域改革事项实施成效整体来看一般,外籍人才及家属办理在华永久居留业务仅为个位数,境外高校外国学生实习、创新创业等业务均未办理。开封市应支持促进人力资源服务领域合作交流,吸引境内外高水平专业人员到开封市创新创业,进一步完善人才服务保障。

6. 投资自由化便利化

一是复制推广实施情况良好。开封市不断优化企业开办流程,营造良好企业税收环境,投资管理体制改革"四个一"、涉税事项网上审批备案、公证"最多跑一次"等改革事项均已落地。

二是创新推广水平低。在开封落地的49项投资自由化便利化领域的自贸试验区制度创新成果均通过移植推广的方式。开封应大胆探索,依托自贸试验区开封片区先行先试优势,在推广投资自由化便利化领域改革事项的基础上,形成一套较为成熟的创新推广机制。

三是复制推广实施成效显著。例如,开封市开展了工程建设项目审批制度改革,全面推广备案类企业投资项目承诺制,一般性项目实现"拿地即可开工"。建立知识产权快速协同保护机制,开封市科技局牵头推进知识产权综合管理改革试点,研究建设自贸试验区知识产权维权中心项目,相关工作机制以及服务体系建立已基本完成。

十、南阳市

(一)南阳市复制推广概况

南阳市已复制推广工作实施率在全省排第7名。南阳市复制推广实施完成整体情况有待提升。如表5-22所示,278项改革事项中,南阳市已复制推广143项,正在推进2项,可实施未推广11项,不具备条件未推广121项,其他1项,实施率为52.2%,实施率整体水平中等,在全省居于第二梯队。

从表5-23可知,已复制推广的143项改革,141项为移植推广,2项为创新推广,实施成效上显著为96项,占已复制推广项数的67.1%;实施成效一般为16项,占已复制推广项数的11.2%;实施成效不确定为31项,占已复制推广项数的21.7%。

表 5-22　　　　南阳市 278 项制度创新成果复制推广情况

改革事项	已复制推广（占比）	正在推进（占比）	可实施未推广（占比）	不具备条件未推广（占比）	其他（占比）	总计（占比）
金融创新	20	0	0	14	0	34
	58.8%	0	0	41.2%	0	100.0%
贸易便利化	32	2	1	43	0	78
	41.0%	2.6%	1.3%	55.1%	0	100.0%
放管服效	16	0	3	16	0	35
	45.7%	0	8.6%	45.7%	0	100.0%
事中事后监管	19	0	0	17	0	36
	52.8%	0	0	47.2%	0	100.0%
人力资源与人才流动便利化	13	0	0	5	0	18
	72.2%	0	0	27.8%	0	100.0%
投资自由化便利化	43	0	7	26	1	77
	55.8%	0	9.1%	33.8%	1.3%	100.0%
总计（占比）	143	2	11	121	1	278
	51.4%	0.7%	4.0%	43.5%	0.4%	100.0%

注："其他"包含台账中未整理、台账中未自评等。

表 5-23　　　　南阳市创新推广和实施成效

改革事项	移植推广	创新推广	不确定	一般	显著	已复制推广
金融创新	20	0	1	7	12	20
贸易便利化	30	2	6	4	22	32
放管服效	16	0	1	0	15	16
事中事后监管	19	0	2	0	17	19
人力资源与人才流动便利化	13	0	12	0	1	13
投资自由化便利化	43	0	9	5	29	43
总计	141	2	31	16	96	143

注：只对"已复制推广"项目评价创新度和实施成效。

南阳市内部人力资源与人才流动便利化领域的实施完成情况最优。人力资源与人才流动便利化领域包含 18 项改革事项。南阳市已复制推广 13 项，占比为 72.2%，不具备条件未推广 5 项，占比为 27.8%，完成率

100%，实施率72.2%，实施率在全省十八地市中列第7位，在南阳市内部六大改革领域中实施率最高，能够为加快先进制造业高质量发展提供人才保障。

南阳市内部贸易便利化领域的实施完成情况相对落后。贸易便利化领域包含78项改革事项。南阳市已复制推广32项，占比为41%，正在推进2项，占比为2.6%，可实施未推广1项，占比为1.3%，不具备条件未推广43项，占比为55.1%，完成率91.4%，实施率43.6%，实施率在全省十八地市中列第5位，贸易便利化领域复制推广实施率明显低于南阳市其他领域的实施率。这与其地理位置限制及暂不具备复制条件有一定相关性，但南阳市仍需要进一步推动服务业开放政策及国际化创新发展。

（二）南阳市复制推广工作的现状特点

1. 金融创新

从复制推广状态来看，金融创新领域复制推广实施情况良好。金融创新领域包含34项改革事项。南阳市已复制推广20项，占比为58.8%，不具备条件未推广14项，占比为41.2%，完成率100%，实施率58.8%，实施率在全省十八地市中列第12位。

从创新度来看，金融创新领域改革事项的创新推广水平低。在已复制推广改革事项中，20项均属于移植推广。

从实施成效来看，金融创新领域复制推广实施成效较为显著。已复制推广事项中12项为显著，7项为一般，1项为不确定，显著率为60%。

2. 贸易便利化

从复制推广状态来看，贸易便利化领域复制推广实施情况偏低。贸易便利化领域包含78项改革事项。南阳市已复制推广32项，占比为41%，正在推进2项，占比为1.3%，可实施未推广1项，占比为2.6%，不具备条件未推广43项，占比为55.1%，完成率91.4%，实施率43.6%，实施率在全省十八地市中列第5位，贸易便利化领域复制推广实施率明显低于南阳市其他领域的实施率，说明全省在贸易便利化领域复制推广实施情况欠佳。

从创新度来看，贸易便利化领域改革事项的创新推广有待提高。在已复制推广改革事项中，30项属于移植推广，2项属于创新推广，移植推广比例为93.75%。

从实施成效来看，贸易便利化领域复制推广实施成效较为显著。其中22项为显著，4项为一般，6项为不确定，显著率为68.8%。

3. 放管服效

从复制推广状态来看，放管服效领域复制推广实施情况偏低。放管服效领域共包含35项改革事项。目前，南阳市已复制推广16项，占比为45.7%，不具备条件未推广16项，占比为45.7%，可实施未推广3项，占比为8.6%，完成率84.2%，实施率45.7%，实施率在全省十八地市中列第9位。

从创新度来看，放管服效领域改革事项的创新推广水平低。已复制推广的16项改革事项均属于移植推广。

从实施成效来看，放管服效领域复制推广实施成效较为显著。已复制推广事项中15项为显著，1项为不确定，显著率为93.8%，意味着南阳市相关部门重视已复制推广放管服效改革事项的实施成效。

4. 事中事后监管

从复制推广状态来看，事中事后监管领域复制推广实施情况良好。事中事后监管领域共包含36项改革事项。其中，南阳市已复制推广19项，占比为52.8%，不具备条件未推广17项，占比为47.2%，完成率100%，实施率52.8%，实施率在全省十八地市中列第7位。

从创新度来看，事中事后监管领域改革事项的创新推广水平较低。已复制推广的19项改革事项均属于移植推广。

从实施成效来看，事中事后监管领域复制推广实施成效较为显著。已复制推广事项中17项为显著，2项为不确定，显著率为89.5%，意味着南阳市相关部门重视已复制推广事中事后监管改革事项的实施成效。

5. 人力资源与人才流动便利化

从复制推广状态来看，人力资源与人才流动便利化领域复制推广实施情况良好。人力资源与人才流动便利化领域包含18项改革事项。南阳市已复制推广13项,占比为72.2%,不具备条件未推广5项,占比为27.8%,完成率100%,实施率72.2%,实施率在全省十八地市中列第7位,在南阳市内部六大改革领域中实施率最高。

从创新度来看,人力资源与人才流动便利化领域改革事项的创新推广水平较低。已复制推广的13项改革事项均属于移植推广。

从实施成效来看,人力资源与人才流动便利化领域复制推广实施成效不确定。其中1项为显著,12项为不确定,不确定率为92.3%。南阳市各级有关部门要重视改革事项的实施成效,在今后的推广中不仅要重视改革事项的落地,还要考核实施成效。

6. 投资自由化便利化

从复制推广状态来看,投资自由化便利化领域复制推广实施情况良好。投资自由化便利化领域包含77项改革事项。目前,南阳市已复制推广43项,占比为55.8%,可实施未推广7项,占比为9.1%,不具备条件未推广26项,占比为33.8%,其他1项,占比为1.3%,完成率86%,实施率55.8%,实施率在全省十八地市中列第10位。

从创新度来看,投资自由化便利化领域改革事项的创新推广水平较低。已复制推广的43项改革事项均属于移植推广。

从实施成效来看,投资自由化便利化领域复制推广实施成效较为显著。已复制推广事项中29项为显著,5项一般,9项为不确定。显著率高达67.4%,意味着许昌市相关部门重视已复制推广投资自由化便利化改革事项的实施成效。

(三) 南阳市各领域复制推广状况分析

1. 金融创新

一是改革事项实施情况良好。南阳市不断完善金融政策体系,深入开展"信易贷"支持中小微企业融资、个人跨境贸易人民币结算业务、开展个人其他经常项目人民币跨境结算业务等业务进展顺利,通过发展绿色金融助推产业结构转型升级,取得了一定成效。

二是创新推广水平有待进一步提升。金融创新领域的自由贸易试验区制度创新成果在南阳市均以移植推广的方式落地,这也表明南阳应加大科技金融、绿色金融等创新力度,完善金融创新体制,更好发挥金融服务实体经济作用。

三是复制推广实施成效显著。南阳市深入开展"信易贷"支持中小微企业融资,推进"信易贷"工作,建立了守信企业白名单推荐机制,定期向金融机构推荐有贷款需求的优质企业,授信金额、获贷金额居全国前列。便利企业境外募集人民币资金汇入境内使用,指导企业向境外金融机构或者关联企业贷款,牧原已获得境外融资超6亿元。另外,个人其他经常项目人民币跨境结算、外债资金意愿结汇等取得明显成效。

2. 贸易便利化

一是复制推广实施情况欠佳。南阳市虽有卧龙综合保税区,但保税物流、大宗商品现货保税交易等业务发展不理想,保税展示交易、进口货物预检验、第三方检验结果采信等无政策限制但无市场主体应用。

二是创新推广能力较强。南阳市积极落实贸易便利化措施,多以移植推广的方式复制推广改革事项,南阳海关联合卧龙综保区管委会制订详细监管方案,确保"境内外维修海关监管制度"顺利进行。南阳市应持续发挥综保区特有政策功能,做好服务保障,助力外贸企业降低成本、开拓市场,推进省市外贸扩量提质。

三是复制推广实施成效显著。在复制推广的实践中,实行出口退税无纸化,加大政策宣传,指导进出口企业通过"单一窗口"全程实现无纸化申报,覆盖率达100%。南阳市积极向企业宣传AEO认证政策制度,对有意向申报的企业开展前期培育,目前南阳AEO高级认证企业4家。

3. 放管服效

一是复制推广实施情况有待进一步提升。南阳市积极推动放管服效领域改革事项的复制推广,优化用电环境、工程建设项目审批制度改革试点等已实施,但是一码集成服务、涉税执法容缺容错机制、创新涉外商事诉讼、仲裁与调解"一站式"纠纷解决机制等尚未取得明显成效。南阳市应进一步提高政务服务水平，推进审批服务便利化，打造高效便捷政务环境。

二是创新推广水平低。16项放管服效领域自贸试验区的制度创新成果在南阳市均以移植推广的形式落地。南阳市应聚焦企业群众难题，借鉴外省好的经验做法，探索放管服效领域的有效改革措施，提升市场化营商环境水平。

三是复制推广实施成效显著。例如，推行"企业专属网页"，在南阳市政务服务平台上开辟企业专属空间，并设立法人服务空间。加强与银保监部门和银行业金融机构的合作，利用"银税互动"协作机制创新信贷产品，满足民营企业、小微企业信贷需求。推行不动产抵押权变更登记，南阳市不动产登记服务中心全权委托各银行业金融机构办理不动产受理工作，实现抵押贷款和抵押登记"一站式"办理。

4. 事中事后监管

一是复制推广实施情况良好。南阳市建立信用信息平台，实现全市公共信用信息的跨部门共享和互联互通，以信用风险分类为依托的市场监管制度、商事主体信用修复制度、多领域实施包容免罚清单模式等取得明显成效，事中事后监管体系不断完善。

二是创新推广水平低。事中事后监管领域自贸试验区的制度创新成果在南阳市均以移植推广的形式落地。这表明南阳市对该领域的创新推广工作应创造条件，推动市场综合监管大数据平台、融资租赁公司风险防控大数据平台等改革事项落地。

三是复制推广实施成效显著。南阳市实施的事中事后监管领域改革事项效果大多数较为显著，南阳市采取多元化监管措施，实施企业送达信息共享机制，出台黑名单企业信用修复实施办法，制订"两轻一免"清单，建立信息共享和综合执法制度，有效地避免了权责交叉、多头执法的问题，显著地提高了综合监管能力。

5. 人力资源与人才流动便利化

一是复制推广实施情况有待提升。南阳市落实人才便利措施，简化外籍人才创办企业登记材料、优化外籍人才引进流程等，积极提高人才流动便利。

二是创新推广水平较低。人力资源与人才流动便利化领域的自贸试验区制度创新成果在南阳市均以移植推广的形式落地。南阳作为河南人口大市，需要更加积极主动创造条件、争取条件，推进人才政策取得实效。

三是复制推广实施成效较差。南阳市外籍华人申请在华永久居留、外籍高层次人才签证或居留许可、外国优秀留学生创业居留等业务均未发生。这表明南阳市外向型经济发展不够活跃，对外籍人才吸引力度不大，国际化水平不高。南阳市需要不断优化营商环境、大力招商引资，培育、丰富相关市场主体，吸引境内外高水平专业人员到南阳兴业创业。

6. 投资自由化便利化

一是复制推广实施情况良好。南阳市利用自贸试验区制度创新成果的复制推广，投资管理体制改革"四个一"、涉税事项网上服务体验、公证"最多跑一次"等改革均落地实施。整体上，优化了企业税务环境，提升了投资审批效能。

二是创新推广水平低。投资自由化便利化领域的自贸试验区制度创新成果在南阳市均以移植推广的形式落地。这表明南阳市需要向其他先进地区学习，不断提升自身的复制推广创新意识与创新能力。

三是复制推广实施成效显著。例如，推行不动产登记业务便民模式，实行"一证一码"，扫描不动产权二维码可查询证书附图，以及房屋限制信息，个人用户可使用微信公众号、网上便民服务大厅等，实现名下不动产登记信息查询、办理进度查询、费用缴纳等。优化涉税事项办理程序，压缩办理时限，已实现非正常户解除等事项办理流程限办改即办。

十一、许昌市

（一）许昌市复制推广概况

许昌市已复制推广工作实施率在全省排第3名。许昌市复制推广实施完成整体情况优秀。如表5-24所示，278项改革事项中，许昌市已复制推广169项，正在推进1项，可实施未推广6项，不具备条件未推广102项，实施率为61.2%，实施率整体水平较高，在全省居于第二梯队。

表5-24　　　　许昌市278项制度创新成果复制推广情况

改革事项	已复制推广（占比）	正在推进（占比）	可实施未推广（占比）	不具备条件未推广（占比）	总计（占比）
金融创新	26	0	0	8	34
	76.5%	0	0	23.5%	100.0%
贸易便利化	35	0	0	43	78
	44.9%	0	0	55.1%	100.0%
放管服效	23	0	1	11	35
	65.7%	0	2.9%	31.4%	100.0%
事中事后监管	21	1	1	13	36
	58.3%	2.8%	2.8%	36.1%	100.0%
人力资源与人才流动便利化	12	0	0	6	18
	66.7%	0	0	33.3%	100.0%
投资自由化便利化	52	0	4	21	77
	67.5%	0	5.2%	27.3%	100.0%
总计（占比）	169	1	6	102	278
	60.8%	0.4%	2.2%	36.7%	100.0%

注："其他"包含台账中未整理、台账中未自评等。

从表5-25可见，已复制推广的169项改革，167项为移植推广，2项为创新推广，实施成效上显著为127项，占已复制推广项数的75.1%；实施成效一般为28项，占已复制推广项数的16.6%；实施成效不确定为14项，占已复制推广项数的8.3%。

表5-25　　　　许昌市创新推广和实施成效

改革事项	移植推广	创新推广	不确定	一般	显著	已复制推广
金融创新	26	0	5	10	11	26
贸易便利化	35	0	1	1	33	35
放管服效	23	0	2		21	23

续表

改革事项	移植推广	创新推广	不确定	一般	显著	已复制推广
事中事后监管	21	0	2		19	21
人力资源与人才流动便利化	12	0		12		12
投资自由化便利化	52	0	4	5	43	52
总计	169	0	14	28	127	169

注：只对"已复制推广"项目评价创新度和实施成效。

许昌市内部金融创新领域的实施完成情况最优。金融创新领域包含34项改革事项。许昌市已复制推广26项，占比为76.5%，不具备条件未推广8项，占比为23.5%，完成率100%，实施率76.5%，实施率在全省十八地市中列第4位，在许昌市内部六大改革领域中实施率最高，能够提高许昌市金融创新服务体系惠民便企。并且，如图5-5所示，在全省十八地市金融创新领域已复制推广个数排名第4位。

许昌市内部贸易便利化领域的实施完成情况相对落后。贸易便利化领域包含78项改革事项。许昌市已复制推广35项，占比为44.9%，不具备条件未推广43项，占比为55.1%，完成率100%，实施率44.9%，实施率在全省十八地市中列第3位，贸易便利化领域复制推广的实施率明显低于许昌市内部其他领域复制推广的实施率，这与其地理位置限制及暂不具备复制条件有一定相关性，许昌市仍需要进一步推动服务业开放政策及国际化创新发展。但是，如图5-5所示，在全省十八地市贸易便利化领域的已复制推广个数排名第3位。由此可见全省在贸易便利化领域的复制推广处于滞后状态。

（二）许昌市复制推广工作的现状特点

1. 金融创新

从复制推广状态来看，金融创新领域复制推广实施情况良好。金融创新领域包含34项改革事项。许昌市已复制推广26项，占比为76.5%，不具备条件未推广8项，占比为23.5%，完成率100%，实施率76.5%，实施率在全省十八地市中列第4位，在许昌市内部六大改革领域中实施率最高。如图 5-5 所示，在全省十八地市金融创新领域已复制推广个数排第 4 位。

从创新度来看，金融创新领域改革事项的创新推广水平较低。在已复制推广改革事项中，26 项均属于移植推广。

从实施成效来看，金融创新领域复制推广实施成效较为一般。已复制推广事项中 11 项为显著，10 项为一般，5 项为不确定，显著率为 42.3%。

2. 贸易便利化

从复制推广状态来看，贸易便利化领域复制推广实施情况偏低。贸易便利化领域包含 78 项改革事项。许昌市已复制推广 35 项，占比为 44.9%，不具备条件未推广 43 项，占比为 55.1%，完成率 100%，实施率 44.9%，实施率在全省十八地市中列第 3 位，贸易便利化领域复制推广的实施率明显低于许昌市内部其他领域复制推广的实施率。如图 5-5 所示，在全省十八地市贸易便利化领域的已复制推广个数排第 3 位。由此可见全省在贸易便利化领域的复制推广处于滞后状态。

从创新度来看，贸易便利化领域改革事项的创新推广有待提高。已复制推广的 35 项改革事项均属于移植推广。

从实施成效来看，贸易便利化领域复制推广实施成效较为显著。其中 33 项为显著，1 项为一般，1 项为不确定，显著率为 94.3%。

3. 放管服效

从复制推广状态来看，放管服效领域复制推广实施情况偏低。放管服效领域共包含 35 项改革事项。目前，许昌市已复制推广 23 项，占比为 65.7%，不具备条件未推广 11 项，占比为 31.4%，可实施未推广 1 项，占比为 2.9%，完成率 95.8%，实施率 61.1%，实施率在全省十八地市中列第 4 位。

从创新度来看，放管服效领域改革事项的创新推广有待提高。已复制推广的 23 项改革事项均属于移植推广。

从实施成效来看，放管服效领域复制推广实施成效较为显著。已复制推广事项中 21 项为显著，2 项为不确定，显著率为 91.3%，意味着许昌市相关部门重视已复制推广放管服效改革事项的实施成效。

4. 事中事后监管

从复制推广状态来看,事中事后监管领域复制推广实施情况一般。事中事后监管领域共包含36项改革事项。其中,许昌市已复制推广21项,占比为58.3%,正在推进1项,占比为2.8%,可实施未推广1项,占比为2.8%,不具备条件未推广13项,占比为36.1%,完成率91.3%,实施率61.1%,实施率在全省十八地市中列第3位。如图5-5所示,在全省十八地市中许昌市事后监管领域的已复制推广个数排第3位。由此可见全省在事中事后监管领域的复制推广处于滞后状态。

从创新度来看,事中事后监管领域改革事项的创新推广水平较低。已复制推广的21项改革事项均属于移植推广。

从实施成效来看,事中事后监管领域复制推广实施成效较为显著。已复制推广事项中19项为显著,2项为不确定,显著率为90.5%,意味着许昌市相关部门重视已复制推广事中事后监管改革事项的实施成效。

5. 人力资源与人才流动便利化

从复制推广状态来看,人力资源与人才流动便利化领域复制推广实施情况良好。人力资源与人才流动便利化领域包含18项改革事项。许昌市已复制推广12项,占比为66.7%,不具备条件未推广6项,占比为33.3%,完成率100%,实施率66.7%,实施率在全省十八地市中列第13位。

从创新度来看,人力资源与人才流动便利化领域改革事项的创新推广水平较低。已复制推广的12项改革事项均属于移植推广。

从实施成效来看,人力资源与人才流动便利化领域复制推广实施成效一般。已复制推广的12项改革事项均为一般,显著率为0,意味着许昌市各级有关部门要重视改革事项的实施成效,在今后的推广中不仅要重视改革事项的落地,还要考核实施成效。

6. 投资自由化便利化

从复制推广状态来看,投资自由化便利化领域复制推广实施情况良好。

投资自由化便利化领域包含77项改革事项。目前，许昌市已复制推广52项，占比为67.5%，可实施未推广4项，占比为5.2%，不具备条件未推广21项，占比为27.3%，完成率92.9%，实施率67.5%，实施率在全省十八地市中列第3位，而且在许昌市内部六大改革领域中投资自由化便利化复制推广完成率排第2位。如图5-5所示，在全省十八地市中许昌市投资自由便利化领域的已复制推广个数排第3位。

从创新度来看，投资自由化便利化领域改革事项的创新推广水平较低。在已复制推广改革事项中，52项均属于移植推广。

从实施成效来看，投资自由化便利化领域复制推广实施成效较为显著。已复制推广事项中43项为显著，5项为一般，4项为不确定。显著率高达82.7%，意味着许昌市相关部门重视已复制推广投资自由化便利化改革事项的实施成效。

（三）许昌市各领域复制推广状况分析

1. 金融创新

一是复制推广实施情况良好。复制推广工作的开展加速推动了许昌市金融市场对民营企业和外资有序开放，跨境电子商务人民币结算业务持续增长，个人办理经常项下人民币跨境结算业务有序开展，在金融创新改革事项上取得了一定成效。

二是创新度推广意识较强。虽然金融创新领域的自贸试验区制度创新成果在许昌市均以移植推广的形式落地，但面对创新推广门槛较高的金融创新领域改革事项，许昌将生产设备、原材料、半成品、产品等四类动产抵押登记工作转至中国人民银行征信中心动产融资统一公示系统办理，实现了"分布式共享模式实现'银政互通'"创新推广。

三是复制推广实施成效一般。在深入开展"信易贷"支持中小微企业融资、人民币结算业务、外债资金意愿结汇等改革事项实施成效显著，有效降低了办理业务的时间成本，规避汇率风险，创新金融服务。但是绿色债务融资工具创新、跨境双向人民币资金池业务等改革事项未取得明显成效。这说明许昌市需要根据当地情况积极发展绿色金融，培育多元化知识产权金融服务市场，推动金融服务经济发展。

2. 贸易便利化

一是复制推广实施情况欠佳。2021年许昌保税物流中心（B型）封关运作，初步具备贸易便利化领域创新举措实施载体。但整体上，许昌贸易便利化领域创新成果落地情况不佳。一次备案多次使用、委内加工监管、跨部门一次性联合检查等多项改革事项没有业务尚未落地实施。

二是创新推广水平较低。贸易便利化领域的自贸试验区制度创新成果在许昌市均以移植推广的形式落地。这表明许昌市需要进一步提升创新推广意识，充分挖掘现有开放平台的创新推广潜力、加强跨部门沟通协作，争取口岸等更多开放载体平台。

三是复制推广实施成效显著。许昌市严格监管智能化卡口验放，为企业提供安全便利的服务。建设国际贸易"单一窗口"平台，出口退税无纸化、生产型出口企业出口退税服务前置、集中汇总纳税等取得显著成效，显著提升了贸易便利化程度。

3. 放管服效

一是复制推广实施情况一般。许昌市相继出台了《许昌市工程建设项目并联审批实施办法》和《关于做好工程建设项目审批制度改革指标工作的通知》，推动工程建设项目审批制度改革。但是，整体上实施率一般，"事转企"背景下国有企业"三级跳"发展新模式、"企业专属网页"政务服务新模式等多项改革事项尚未实施。

二是创新推广水平低。放管服效领域的自贸试验区制度创新成果在许昌市均以移植推广的形式落地。这表明许昌在该领域的创新推广意识仍需要进一步提升。许昌应不断健全政务服务体系、提升改革能力，为放管服效领域改革事项的创新推广凝聚更多的社会共识。

三是复制推广实施成效显著。许昌市在行政审批制度改革、优化服务等方面取得了较为显著的效果。例如，创新不动产登记工作模式，优化不动产窗口设置和办理流程，将房产交易、不动产登记、税务等部门窗口整合,实现线下"一窗受理""一站式"服务。组织召开税银合作推进会,开展"银税互动"产品展示活动,定期将信用等级和贷款成果进行反馈,实时掌握最新合作成果。

4. 事中事后监管

一是复制推广实施情况欠佳。许昌在事中事后监管领域的制度创新成果完成率58.3%。海关特殊监管区域"四自一简"监管创新、"竣工测验合一"改革试点、保税租赁海关监管新模式等多项改革事项尚未实施。

二是创新推广水平低。事中事后监管领域的自贸试验区制度创新成果在许昌皆以移植推广的形式落地,说明许昌市需要积极创造条件,创新推进事中事后监管事项落地。

三是复制推广实施成效显著。许昌市全面推进信用承诺落地实施,在"信用许昌"网站对企业信用承诺主动"亮信",共归集信用承诺信息100多万条,健全市场主体信用记录,建立信用强制查询流程。探索开展信用等级评定和分级分类监管,在食品药品、交通运输、环境保护、税务等45个领域开展了企业信用等级评定和信用分级分类监管工作,对评定优良等级企业,采取减少监管频次、设置"绿色通道"、政府采购优先;对评定等级较差的企业,加大监管频次。在评优评先、招标投标、政府采购等领域开展守信联合激励和失信联合奖惩,累计反馈联合奖惩案例万余个,显著地提高了许昌综合市场监管能力。

5. 人力资源与人才流动便利化

一是复制推广实施情况良好。许昌市加大政策宣传推广力度,开通绿色通道,优化外籍人才引进流程,优化了当地人才发展环境,全力提高人才流动便利度。

二是创新推广水平低。人力资源与人才流动便利化领域改革事项在许昌市均以移植推广的形式落地,许昌市应根据本地产业发展的人才需求,不断优化人才成长环境、强化人力资源储备。

三是复制推广实施成效一般。虽然许昌市建立沟通协作机制,提供人才"一对一"服务,但是外籍人才申请居留等多项业务发生量较少,整体上实施效果一般。许昌市应持续提高人才服务能力，吸引重点产业领域的国际化人才，为高端人才全链条高品质服务。

6. 投资自由化便利化

一是复制推广实施情况良好。许昌市实施税收便利化措施，建立重点产业专利导航工作机制，简化住所（经营场所）登记手续等，进一步提升企业开办水平，打造企业开办"线上一网通办、线下一窗受理"工作模式，压缩企业开办时间，为企业投资经营提供了良好的环境。

二是具有一定创新推广意识。虽然投资自由化便利化改革事项在许昌市均以移植推广的形式落地，但许昌市仍然实现了对于某些改革事项带有创新推广成分的复制推广。未来许昌市应加强学习其他省区市的先进创新推广经验，进一步提升自身的创新推广能力。

三是复制推广实施成效显著。例如，制定《许昌市知识产权质押融资入园惠企行动方案》，推动知识产权质押融资深入园区、企业和金融机构基层网点，出台《许昌市知识产权质押融资奖补实施办法（试行）》，有效降低中小企业知识产权质押融资成本，助推质押融资金额稳步提升。持续推进专利导航工作，以襄城县太阳能装备产业和许昌市智能电器产业两个省级专利导航实验区为重点，开展重点产业专利导航和重点企业微导航，加大知识产权保护，提升产业竞争力。

十二、济源市

（一）济源市复制推广概况

济源市已复制推广工作实施率在全省排第12位。济源市复制推广实施完成整体情况有待提升。如表5-26所示，278项改革事项中，济源市已复制推广111项，正在推进2项，可实施未推广17项，不具备条件未推广146项，实施率为40.6%，完成率约为40%，处于全省十八地市中已复制推广率的中等偏下程度。

表 5-26　　　　　济源市 278 项制度创新成果复制推广情况

改革事项	已复制推广（占比）	正在推进（占比）	可实施未推广（占比）	不具备条件未推广（占比）	其他（占比）	总计（占比）
金融创新	19	0	1	14	0	34
	55.9%	0	2.9%	41.2%	0	100.0%
贸易便利化	9	0	1	68	0	78
	11.5%	0	1.3%	87.2%	0	100.0%
放管服效	14	0	6	15	0	35
	40.0%	0	17.1%	42.9%	0	100.0%
事中事后监管	18	1	1	14	2	36
	50.0%	2.8%	2.8%	38.9%	5.6%	100.0%
人力资源与人才流动便利化	13	0	0	5	0	18
	72.2%	0	0	27.8%	0	100.0%
投资自由化便利化	38	1	8	30	0	77
	49.4%	1.3%	10.4%	39.0%	0	100.0%
总计（占比）	111	2	17	146	2	278
	39.9%	0.7%	6.1%	52.5%	0.7%	100.0%

注："其他"包含台账中未整理、台账中未自评等。

从表 5-27 可知，已复制推广的 111 项改革，109 项为移植推广，2 项为创新推广，实施成效上显著为 69 项，占已复制推广项数的 62.2%；实施成效一般为 28 项，占已复制推广项数的 25.2%；实施成效不确定为 14 项，占已复制推广项数的 12.6%。

表 5-27　　　　　济源市创新推广和实施成效

改革事项	移植推广	创新推广	不确定	一般	显著	已复制推广
金融创新	18	1	3	12	4	19
贸易便利化	9	0	1		8	9
放管服效	14	0			14	14
事中事后监管	18	0	4	2	12	18
人力资源与人才流动便利化	13	0	1	11	1	13
投资自由化便利化	38	0	5	3	30	38
总计	110	1	14	28	69	111

注：只对"已复制推广"项目评价创新度和实施成效。

济源市内部人力资源与人才流动便利化领域的实施完成情况最优。人力资源与人才流动便利化领域共包含18项改革事项。济源市已复制推广13项，占比为72.2%，不具备条件未推广5项，占比为27.8%，在六大改革领域中完成率最高。

济源市内部贸易便利化领域的实施完成情况相对落后。贸易便利化领域包含78项改革事项。济源市已复制推广9项，占比为11.5%，不具备条件未推广68项，占比为87.2%，可实施为推广1项，占比为1.3%，贸易便利化领域复制推广实施率明显低于该市其他领域的实施率。如图5-5所示，在全省十八地市中济源市贸易便利化领域的已复制推广个数排名倒数第一。

（二）济源市复制推广工作的现状特点

1. 金融创新

从复制推广状态来看，金融创新领域复制推广实施情况良好。金融创新领域包含34项改革事项。目前，济源市中已复制推广19项，占比为55.9%，可实施未推广1项，占比为2.9%，不具备条件未推广14项，占比为41.2%，完成率95%，实施率55.9%，实施率在全省十八地市中列第14位。

从创新度来看，金融创新领域改革事项的创新推广水平较低。在已复制推广改革事项中，18项属于移植，1项属于创新推广，移植推广比例为94.7%。

从实施成效来看，金融创新领域复制推广实施成效一般。已复制推广事项中4项为显著，12项为一般，3项为不确定，显著率为21.1%。

2. 贸易便利化

从复制推广状态来看，贸易便利化领域复制推广实施情况偏低。贸易便利化领域包含78项改革事项。济源市已复制推广9项，占比为11.5%，不具备条件未推广68项，占比为87.2%，可实施为推广1项，占比为1.3%，完成率90%，实施率11.5%，实施率在全省十八地市中列第18位。

贸易便利化领域复制推广实施率明显低于该市其他领域的实施率。如图 5-5 所示，在全省十八地市中济源市贸易便利化领域的已复制推广规模排名倒数第一。

从创新度来看，贸易便利化领域改革事项的创新推广水平较低。在已复制推广改革事项中，9 项均属于移植。

从实施成效来看，贸易便利化领域复制推广实施成效较为显著。已复制推广事项中 8 项为显著，1 项为不确定，显著率高达 88.9%。

3. 放管服效

从复制推广状态来看，放管服效领域复制推广实施情况偏低。放管服效领域共包含 35 项改革事项。目前，济源市已复制推广 14 项，占比为 40%，不具备条件未推广 15 项，占比为 42.9%，可实施未推广 6 项，占比为 17.1%，完成率 70%，实施率 40%，实施率在全省十八地市中列第 14 位。

从创新度来看，放管服效领域改革事项的创新推广水平较低。在已复制推广改革事项中，14 项均属于移植推广。

从实施成效来看，放管服效领域复制推广实施成效非常显著。从实施成效来看，已复制推广事项中 14 项都是显著，意味着济源市相关部门重视已复制推广放管服效改革事项的实施成效。

4. 事中事后监管

从复制推广状态来看，事中事后监管领域复制推广实施情况良好。事中事后监管领域共包含 36 项改革事项。其中，济源市已复制推广 18 项，占比为 50%，正在推进 1 项，占比为 2.8%，可实施未推广 1 项，占比为 2.8%，不具备条件未推广 14 项，占比为 38.9%，其他 2 项，占比为 5.6%，完成率 90%，实施率 52.8%，实施率在全省十八地市中列第 8 位，在全省十八地市中济源市事后监管领域的已复制推广规模排名第 9 位，如图 5-5 所示。

从创新度来看，事中事后监管领域复制推广没有进行创新推广。在已复制推广改革事项中，18 项均属于移植推广。

从实施成效来看，事中事后监管领域复制推广实施成效较为显著。从实施成效来看，已复制推广事项中12项为显著，2项为一般，4项为不确定，显著率高达66.7%。

5. 人力资源与人才流动便利化

从复制推广状态来看，人力资源与人才流动便利化领域复制推广实施情况良好。人力资源与人才流动便利化领域共包含18项改革事项。济源市已复制推广13项，占比为72.2%，不具备条件未推广5项，占比为27.8%，完成率100%，实施率72.2%，实施率在全省十八地市中列第8位。但济源复制推广六大改革领域中完成率与实施率最高。

从创新度来看，人力资源与人才流动便利化领域复制推广没有进行创新推广。已复制推广的13项改革事项均属于移植推广。

从实施成效来看，人力资源与人才流动便利化领域复制推广实施成效一般。已复制推广事项中1项为显著，11项为一般，1项为不确定，显著率仅为7.7%，意味着济源市各级有关部门要重视改革事项的实施成效，在今后的推广中不仅要重视改革事项的落地，还要考核实施成效。

6. 投资自由化便利化

从复制推广状态来看，投资自由化便利化领域复制推广实施情况一般。投资自由化便利化领域包含77项改革事项。目前，济源市已复制推广38项，占比为49.4%，正在推进1项，占比为1.3%，可实施未推广8项，占比为10.4%，不具备条件未推广30项，占比为39%，完成率80.9%，实施率50.6%，实施率在全省十八地市中列第14位。如图5－5所示，在全省十八地市中济源市投资自由便利化领域的已复制推广个数排第15位。在六大改革领域中投资自由化便利化改革事项完成率排第4位。

从创新度来看，投资自由化便利化领域改革事项的创新推广水平较低。在已复制推广改革事项中，38项均属于移植推广。

从实施成效来看，投资自由化便利化领域复制推广实施成效较为显著。已复制推广事项中30项为显著，3项一般，5项为不确定。显著率高达

78.9%，意味着济源市相关部门重视已复制推广投资自由化便利化改革事项的实施成效。

（三）济源市各领域复制推广状况分析

1. 金融创新

一是复制推广实施情况良好。济源市积极推进跨境双向人民币资金池业务，推动直接投资项下外汇登记及变更登记下放银行办理，改进跨国公司总部外汇资金集中运营管理，进一步减少企业运营成本，取得一定成效。济源市应继续加大力度推进绿色债务融资工具创新、科技信贷政策导向效果评估机制等落地实施，更好发挥金融创新对经济的发展作用。

二是创新推广能力有待提升。虽然贸易便利化领域的自贸试验区制度创新成果大多在济源市以移植推广的形式落地，但济源市仍然实现了对"多元化农业保险助推现代农业发展"的创新推广。这表明济源在复制推广金融创新领域改革事项的工作中具有创新精神，要进一步争取创新平台与创新政策的支持，不断提升自身创新推广能力。

三是复制推广实施成效有待加强。虽然创新多元化农业保险助推现代农业发展，出台《济源示范区农业保险高质量发展实施细则》，发展烟叶、核桃产量、生猪保险+期货、生猪价格指数等特色险种，部分农险机构与河南扬翔农牧、瑞星农牧等，建立"一对一"的专项保险保障服务，助力农业产业化发展。但是，外债资金意愿结汇、取消境外融资租赁债权审批、取消境外融资租赁债权审批等因无市场主体，业务进展缓慢，金融领域改革事项整体成效一般。

2. 贸易便利化

一是复制推广实施情况欠佳。由于济源市开放载体平台基础薄弱，缺少综合保税区、口岸等，导致很多自贸试验区制度创新成果在济源市不具备复制推广条件。济源市要高度重视，发挥外贸优势，争取更多开放平台，为贸易便利化领域改革事项的复制推广营造更加积极的软硬环境。

二是创新推广水平低。金融创新领域的自贸试验区制度创新成果在济源市均以移植推广的形式落地。这表明面对该领域创新推广目标的实现，济源市尚未探索出较为成熟的机制路径。

三是复制推广实施成效显著。济源市在复制推广的实践中促进新型贸易业态的积极发展，简化通关作业随附单证、智能化卡口验放，实现了出口退税无纸化申报，完善了通关便利化监管制度，显著提升了贸易便利化程度。

3. 放管服效

一是复制推广实施情况有待提升。济源市推动"证照分离"改革试点、一码集成服务、试行"两无一免"简化退税流程等改革事项的实施，缩短企业群众办事时间，优化了政务服务水平。但是，从复制推广的整体实施情况来看，知识产权类型化案件快审机制、"企业专属网页"政务服务新模式等多项改革事项尚未落地实施，应着力在改革创新上加大力度，提供更多技术支持，提升审批服务效能，更好激发市场活力。

二是创新推广水平低。放管服效领域的自贸试验区制度创新成果在济源市均以移植推广的形式落地，济源市应结合企业群众实际需求，以问题为导向，提升创新服务意识，加快改革落地见效。

三是复制推广实施成效显著。济源市通过放管服效领域的复制推广工作开展，企业和群众的获得感与满意度有了新提升。例如，优化用电环境，调整电网运行方式，最大限度地满足企业电力供应。建立涉税执法容缺容错机制，印发《国家税务总局济源市税务局税收执法容错纠错实施办法（试行）》，详细规定了容错纠错的原则、条件与范围，采取列举的方式将15种执法人员无主观故意，且不违反法律、法规、规章，执法过错情节不严重的过错行为纳入容错纠错范围，激发干部干事创业的热情。

4. 事中事后监管

一是复制推广实施情况良好。济源市积极推进事中事后监管领域的复制推广工作，企业送达信息共享机制、推进信用信息应用、加强社会诚信管理、以信用风险分类为依托的市场监管制度等改革事项进展顺利，事中事后监管体系不断完善，社会信用体系建设取得显著成效。

二是创新推广水平低。事中事后监管领域的自贸试验区制度创新成果在济源市均以移植推广的形式落地，济源市应学习借鉴其他先进地区创新推广经验，创新推出事中事后监管领域的改革举措，提升监管能力。

三是复制推广实施成效显著。事中事后监管领域改革事项的复制推广在济源大多取得了显著成效。例如，推进"竣工测验合一"改革试点，济源市住建局联合发改委、公安局、自然资源规划局等9个部门出具联合验收实施细则，把规划核实、工程竣工验收、人防竣工验收、消防验收、水电气暖、环卫、绿化等事项纳入联合验收，明确工作职责、申报条件和办理流程，统一申报，限时办理，集中反馈。建成济源公共信用信息平台，已归集多部门信用信息3000万条，并在行政管理等领域应用。

5. 人力资源与人才流动便利化

一是复制推广实施情况良好。济源市大力宣传出入境便利政策，认真做好简化外籍人才创办企业登记材料、优化外籍人才引进流程等工作。

二是创新推广水平低。人力资源与人才流动便利化领域改革事项在济源市均以移植推广的形式落地。这表明济源市应加强人才政策研究，探索出较为成熟的创新推广机制路线。

三是复制推广实施成效一般。济源市办理外籍高层次人才、外国留学生创业居留许可申请等业务量较少，人才领域的改革事项没有取得明显成效。济源市应加大力度引进重点发展领域、行业的外籍人才和创新创业团队成员，以及知名高校毕业的外国学生创业，进一步发挥人才对经济发展的驱动作用。

6. 投资自由化便利化

一是复制推广实施情况良好。济源市通过复制推广工作提升了投资审批效能，外商投资项目备案管理制度、税控发票领用网上申请、简化住所（经营场所）登记手续等多项改革事项落地实施，企业开办、注销流程不断优化，提高投资便利化水平。

二是创新推广能力有提升。虽然投资自由化便利化领域的改革事项在济源市均以移植推广的形式落地，但济源及时公布"税收政策"，提高纳税人的社会知晓度,吸引要素资源集聚。

三是复制推广实施成效显著。济源市通过复制推广工作优化了营商环境、简化了企业办事流程。例如,税务系统已经通过电子税务局和支付宝等实现近200个涉税事项网上办理。在商事登记大厅开设"企业开办专区",市场监管、公安、税务等部门联合办公,实现企业开办"一口受理""最多跑一次"。推动不动产登记业务便民模式,可通过手机支付宝、豫事办、济源市不动产登记中心微信公众号,进行名下不动产登记信息查询、办理进度查询、费用缴纳等,方便企业和群众办事。

十三、平顶山市

(一)平顶山市复制推广概况

平顶山市已复制推广工作实施率在全省排第6位。平顶山市复制推广实施完成整体情况有待提升。如表5-28所示,278项改革事项中,平顶山市已复制推广136项,正在推进10项,可实施未推广14项,不具备条件未推广113项,其他5项,实施率为52.5%,处于全省十八地市中实施率的中上等程度。

表5-28　平顶山市278项制度创新成果复制推广情况

改革事项	已复制推广（占比）	可实施未推广（占比）	不具备条件未推广（占比）	其他（占比）	总计（占比）
金融创新	23	0	11	0	34
	67.6%	0	32.4%	0	100.0%
贸易便利化	18	0	48	12	78
	23.1%	0	61.5%	15.4%	100.0%
放管服效	14	4	16	1	35
	40.0%	11.4%	45.7%	2.9%	100.0%
事中事后监管	17	2	16	1	36
	47.2%	5.6%	44.4%	2.8%	100.0%

续表

改革事项	已复制推广（占比）	可实施未推广（占比）	不具备条件未推广（占比）	其他（占比）	总计（占比）
人力资源与人才流动便利化	13	1	4	0	18
	72.2%	5.6%	22.2%	0	100.0%
投资自由化便利化	51	7	18	1	77
	66.2%	9.1%	23.4%	1.3%	100.0%
总计（占比）	136	14	113	15	278
	48.9%	5.0%	40.6%	5.4%	100.0%

注："其他"包含台账中未整理、台账中未自评等。

从表5-29可知，已复制推广的136项改革，134项为移植推广，2项为创新推广，实施成效上显著为78项，占已复制推广项数的57.4%；实施成效一般为24项，占已复制推广项数的17.6%；实施成效不确定为34项，占已复制推广项数的25%。

表5-29　　　　　　　　　平顶山市创新推广和实施成效

改革事项	移植推广	创新推广	不确定	一般	显著	已复制推广
金融创新	23	0	10	8	5	23
贸易便利化	18	0	4		14	18
放管服效	14	0	1		13	14
事中事后监管	17	0	3		14	17
人力资源与人才流动便利化	13	0	2	10	1	13
投资自由化便利化	51	0	14	6	31	51
总计	136	0	34	24	78	136

注：只对"已复制推广"项目评价创新度和实施成效。

平顶山市内部人力资源与人才流动便利化领域的实施完成情况最优。人力资源与人才流动便利化领域共包含18项改革事项。平顶山市已复制推广13项，占比为72.2%，不具备条件未推广4项，占比为22.2%，可实施未推广1项，占比为5.6%，完成率92.9%，实施率72.2%，实施率在全省十八地市中列第9位，该领域实施率在平顶山内部六大改革领域中实施率最高。

平顶山市内部贸易便利化领域的实施完成情况相对落后。贸易便利化领域包含78项改革事项。平顶山市已复制推广18项，占比为23.1%，不具备条件未推广48项，占比为61.5%，其他2项，占比为2.6%，完成率100%，实施率23.1%，实施率在全省十八地市中列第12位，贸易便利化领域复制推广实施率明显低于该市其他领域复制推广的实施率。如图5-5所示，在全省十八地市中平顶山市贸易便利化领域的已复制推广个数与焦作市并列第11位。

(二) 平顶山市复制推广工作的现状特点

1. 金融创新

从复制推广状态来看，金融创新领域复制推广实施情况良好。金融创新领域包含34项改革事项。目前，平顶山市中已复制推广23项，占比为67.6%，不具备条件未推广11项，占比为32.4%，完成率100%，实施率67.6%，实施率在全省十八地市中列第8位。

从创新度来看，金融创新领域改革事项的创新推广水平较低。在已复制推广改革事项中，23项均属于移植推广。

从实施成效来看，金融创新领域复制推广实施成效一般。已复制推广事项中5项为显著，8项为一般，10项为不确定，显著率为21.7%。

2. 贸易便利化

从复制推广状态来看，贸易便利化领域复制推广实施情况偏低。贸易便利化领域包含78项改革事项。平顶山市已复制推广18项，占比为23.1%，不具备条件未推广48项，占比为61.5%，其他2项，占比为2.6%，完成率100%，实施率23.1%，实施率在全省十八地市中列第12位，贸易便利化领域复制推广实施率明显低于该市其他领域复制推广的实施率。如图5-5所示，在全省十八地市中平顶山市贸易便利化领域的已复制推广个数与焦作市并列第11位。

从创新度来看，贸易便利化领域复制推广没有进行创新推广。已复制推广的18项改革事项均属于移植推广。

从实施成效来看，贸易便利化领域复制推广实施成效较为显著。其中 14 项为显著，4 项为不确定，显著率为 77.8%。

3. 放管服效

从复制推广状态来看，放管服效领域改革事项实施比例偏低。放管服效领域共包含 35 项改革事项。目前，平顶山市已复制推广 14 项，占比为 40%，不具备条件未推广 16 项，占比为 45.7%，可实施未推广 4 项，占比为 11.4%，其他 1 项，占比为 2.9%，完成率 77.8%，实施率 40%，实施率在全省十八地市中列第 15 位。

从创新度来看，放管服效领域复制推广没有进行创新推广。已复制推广的 14 项改革事项均属于移植推广。

从实施成效来看，放管服效领域复制推广实施成效较为显著。已复制推广事项中 13 项为显著，1 项为不确定，显著率为 92.9%，意味着许昌市相关部门重视已复制推广放管服效改革事项的实施成效。

4. 事中事后监管

从复制推广状态来看，事中事后监管领域复制推广实施情况偏低。事中事后监管领域共包含 36 项改革事项。其中，平顶山市已复制推广 17 项，占比为 47.2%，可实施未推广 2 项，占比为 5.6%，不具备条件未推广 16 项，占比为 44.4%，其他 1 项，占比为 2.8%，完成率 89.5%，实施率 47.2%，实施率在全省十八地市中列第 12 位。如图 5-5 所示，在全省十八地市中平顶山市事后监管领域的已复制推广个数与焦作市并列第 10 位。

从创新度来看，事中事后监管领域没有创新推广的改革事项，已复制推广的 17 项改革事项均属于移植推广。

从实施成效来看，事中事后监管领域复制推广实施成效较为显著。已复制推广事项中 14 项为显著，3 项为不确定，显著率为 82.4%，意味着平顶山市相关部门重视已复制推广事中事后监管改革事项的实施成效。

5. 人力资源与人才流动便利化

从复制推广状态来看，人力资源与人才流动便利化领域复制推广实施情况良好。人力资源与人才流动便利化领域共包含 18 项改革事项。平顶山市已复制推广13项，占比为72.2%，不具备条件未推广4项，占比为22.2%，可实施未推广1项，占比为5.6%，完成率92.9%，实施率72.2%，实施率在全省十八地市中列第9位，该领域实施率在平顶山内部六大改革领域中实施率最高。

从创新度来看，人力资源与人才流动便利化领域改革事项的创新推广水平较低。已复制推广的13项改革事项均属于移植推广。

从实施成效来看，人力资源与人才流动便利化领域复制推广实施成效一般。已复制推广事项中1项为显著，10项为一般，2项为不确定。这意味着平顶山市各级各有关部门要重视改革事项的实施成效，在今后的推广中不仅要重视改革事项的落地，还要考核实施成效。

6. 投资自由化便利化

从复制推广状态来看，投资自由化便利化领域复制推广实施情况良好。投资自由化便利化领域包含77项改革事项。目前，平顶山市已复制推广51项，占比为66.2%，可实施未推广7项，占比为9.1%，不具备条件未推广18项，占比为23.4%，其他1项，占比为1.3%，完成率87.9%，实施率66.2%，实施率在全省十八地市中列第4位。如图5-5所示，在全省十八地市中平顶山市投资自由便利化领域的制度创新成果复制推广的数量规模排第4名。在平顶山内部六大改革领域中投资自由化便利化复制推广实施率排第3名。

从创新度来看，投资自由化便利化领域复制推广没有进行创新推广。在已复制推广的51项改革事项均属于移植推广。

从实施成效来看，投资自由化便利化领域复制推广实施成效较为显著。已复制推广事项中31项为显著，6项为一般，14项为不确定。显著率高达60.8%，意味着平顶山市相关部门重视已复制推广投资自由化便利化改革事项的实施成效。

（三）平顶山市各领域复制推广状况分析

1. 金融创新

一是复制推广实施情况良好。平顶山市深入开展"信易贷"支持中小微企业融资，组织召开了"信易贷"企业白名单推荐工作等会议，为列入白名单企业发放信用贷款。多元化农业保险助推现代农业发展、跨境双向人民币资金池业务等业务进展顺利。平顶山市应进一步深化金融领域创新，推动知识产权证券化、分布式共享模式实现"银政互通"等落地。

二是创新推广意识较强。虽然金融创新领域的自贸试验区制度创新成果在平顶山市大多以移植推广的形式落地，但面对该领域较高创新推广门槛，平顶山仍然实现了"科技信贷政策导向效果评估机制""多元化农业保险助推现代农业发展"带有创新推广成分的复制推广。

三是复制推广实施成效一般。平顶山市为天瑞集团开办了跨境人民币双向资金池，推进多元化农业保险助推现代农业发展，持续助力辖内农业保险高质量发展。但是，允许使用电子单证集中收付汇和轧差结算、外债资金意愿结汇、跨境电子商务人民币结算业务等多项改革事项无相关业务发生，整体上实施成效一般。

2. 贸易便利化

一是复制推广实施情况欠佳。平顶山市外向型经济发展水平一般，缺乏综合保税区、口岸等开放平台，导致多项贸易便利化领域的制度创新成果难以落地。平顶山应加紧推进平顶山保税物流中心（B型）建设，为进出口企业提供便利化、"一站式"通关综合服务。

二是创新推广水平低。贸易便利化领域的自贸试验区制度创新成果在平顶山市均以移植推广的形式落地。平顶山市的复制推广工作既缺乏开放平台的支撑又缺乏创新意识推动，应进一步加强沟通协作、提升创新意识，不断优化通关环境。

三是复制推广实施成效显著。平顶山市通过复制推广工作，促进了新型贸易业态的健康发展，推进国际贸易"单一窗口"平台建设，简化通关作业随附单证，企业需要提交的单证材料减少70%以上。建立企业协调员制度，实行先放行、后改单作业模式等，整体上已实施的改革事项效果明显。

3. 放管服效

一是复制推广实施情况欠佳。平顶山市积极推动放管服效领域制度创新成果的复制推广，工程建设项目审批制度改革、供电服务新模式等改革事项实施情况良好，但是集成化行政执法监督体系、一码集成服务、微信办照等多项改革事项进展缓慢，整体上在全省处于低水平。

二是创新推广水平低。放管服效领域的改革事项在平顶山市皆以移植推广的形式落地。平顶山市应不断提升政务服务效率，降低企业群众办事成本，使营商环境不断优化、创业创新活力大大增强。

三是复制推广实施成效显著。平顶山市推行涉税执法容缺容错机制，在税务注销程序中采取"承诺制"容缺办理，营造良好的税收服务环境。创新不动产登记工作模式，税务、房管、不动产三部门高度协作，业务协同，数据共享，端口前移，实现了不动产登记"就近办、随时办、一窗办"。推行多领域实施包容免罚清单模式，制定行政处罚裁量标准。整体上，通过放管服效改革优化了营商环境，企业和群众满意度有所提升。

4. 事中事后监管

一是复制推广实施情况欠佳。平顶山市建设公共信用信息平台，出台了相关信用数据管理、信用体系建设等制度，推进信用信息应用加强社会诚信管理。但保税租赁海关监管新模式、海关特殊监管区域"四自一简"监管创新、进境粮食检疫全流程监管等多项改革事项由于缺乏海关特殊监管区、口岸等未落地，整体上实施情况欠佳。

二是创新推广水平低。事中事后监管领域的自贸试验区制度创新成果在平顶山市均以移植推广的形式落地。平顶山市应建设市场综合监管大数据平台，加快构建以信用风险分类为依托的市场监管制度，进一步提升事中事后监管水平。

三是复制推广实施成效显著。例如，实施多领域实施包容免罚清单模式，市法治政府建设领导小组办公室印发了《关于规范行政处罚裁量权工作的通知》，对制定主体、制定原则、制定程序、制定规则、适用要求、检查追责等进行明确，制定行政处罚裁量标准，市交通运输局率先推行"首违免罚、轻微不罚"制度。平顶山市应梳理编制并发布了信用信息规范标准，按照统一社会信用代码的标准梳理了市直单位和公共服务部门的权责清单、公共服务事项，归集数据覆盖40个部门22大类7.15亿条。

5. 人力资源与人才流动便利化

一是复制推广实施情况良好。平顶山市积极落实国家移民管理局相关便利政策措施，出台《平顶山市公安局出入境十三项便利化措施》，鼓励、支持、便利外籍人才、外国优秀青年和外籍华人来华在华创新创业、投资兴业、学习工作，积极开展宣介活动，提高人才流动便利度。

二是创新推广水平低。人力资源与人才流动便利化领域自贸试验区制度创新成果均以移植推广的形式在平顶山市落地。平顶山市应进一步提升服务人才能力，提升外籍人才吸引力。

三是复制推广实施成效有待提升。平顶山市虽然积极吸引外籍人才，但是从为境内工作的外籍华人、外国留学生办理居留许可情况来看，实施成效并不理想，仍有很大提升空间。平顶山市应围绕重点高等院校、科研院所和知名企业，吸引外籍高层次管理人才和专业技术人才，提高人才对经济发展的支撑作用。

6. 投资自由化便利化

一是复制推广实施情况良好。平顶山市推行企业设立实行"单一窗口"、外商投资项目备案管理制度、自然人"一人式"税收档案、网上办理跨区域涉税事项等改革事项落地见效，投资贸易便利化水平得到提升。

二是创新推广水平低。投资自由化便利化领域的自贸试验区制度创新成果均以移植推广的形式在平顶山落地。平顶山市应加强创新经验的学习研究，结合本地实际情况提升创新能力，推动更多改革事项落地实施。

三是复制推广实施成效显著。例如，建立电力工程审批绿色通道，将电力工程纳入工程建设项目审批制度改革，实现全流程在线审批。推行不动产登记业务便民模式，平顶山市学习借鉴北京、上海等城市的先进经验，在市行政服务中心设立登记窗口的基础上,压缩不动产登记办事流程,实现一个窗口受理出证,一个小时办结,进一步增强群众的获得感。

十四、濮阳市

(一)濮阳市复制推广概况

濮阳市已复制推广工作实施率在全省排第 17 名。濮阳市复制推广实施完成整体情况比较一般。如表 5-30 所示,278 项改革事项中,濮阳市已复制推广 101 项,正在推进 1 项,可实施未推广 34 项,不具备条件未推广 142 项,实施率为 36.7%,在全省十八地市中实施率处于偏下程度,在全省居于第三梯队。

表 5-30　濮阳市 278 项制度创新成果复制推广情况

改革事项	已复制推广（占比）	正在推进（占比）	可实施未推广（占比）	不具备条件未推广（占比）	总计（占比）
金融创新	22	0	1	11	34
	64.7%	0	2.9%	32.4%	100.0%
贸易便利化	11	1	2	64	78
	14.1%	1.3%	2.6%	82.1%	100.0%
放管服效	15	0	5	15	35
	42.9%	0	14.3%	42.9%	100.0%
事中事后监管	15	0	3	18	36
	41.7%	0	8.3%	50.0%	100.0%
人力资源与人才流动便利化	1	0	12	5	18
	5.6%	0	66.7%	27.8%	100.0%
投资自由化便利化	37	0	11	29	77
	48.1%	0	14.3%	37.7%	100.0%
总计（占比）	101	1	34	142	278
	36.3%	0.4%	12.2%	51.1%	100.0%

注:"其他"包含台账中未整理、台账中未自评等。

从表5-31可知，已复制推广的101项改革，94项为移植推广，7项为创新推广，实施成效上显著为68项，占已复制推广项数的67.3%；实施成效一般为18项，占已复制推广项数的17.8%；实施成效不确定为15项，占已复制推广项数的14.9%。

表5-31　　　　　　　濮阳市创新推广和实施成效

改革事项	移植推广	创新推广	不确定	一般	显著	已复制推广
金融创新	22	0	5	13	4	22
贸易便利化	9	2	1	0	10	11
放管服效	15	0		1	14	15
事中事后监管	15	0	3	0	12	15
人力资源与人才流动便利化	1	0	1	0	0	1
投资自由化便利化	37	0	5	4	28	37
总计	99	2	15	18	68	101

注：只对"已复制推广"项目评价创新度和实施成效。

濮阳市内部金融创新领域的实施完成情况最优。金融创新领域共包含34项改革事项，濮阳市已复制推广22项，占比为64.7%，不具备条件未推广11项，占比为32.4%，可实施为推广1项，占比为2.9%，完成率95.7%，实施率64.7%，实施率在全省十八地市中列第11位，在濮阳市内部六大改革领域中实施率最高，但该领域存在实施率较高、实施显著率较低的特点。

濮阳市内部人力资源与人才流动便利化领域的实施完成情况相对落后。人力资源与人才流动便利化领域包含18项改革事项。该地市中已复制推广1项，占比为5.6%，不具备条件未推广5项，占比为27.8%，可实施为推广12项，占比为66.7%，完成率7.7%，实施率5.6%，实施率在全省十八地市中位列末尾，在濮阳市内部六大改革领域中实施率最低，该地市需要加快提供人才保障的制度和服务。

(二) 濮阳市复制推广工作的现状特点

1. 金融创新

从复制推广状态来看，金融创新领域复制推广实施情况良好。金融创新领域共包含34项改革事项。濮阳市已复制推广22项，占比为64.7%，不具备条件未推广11项，占比为32.4%，可实施为推广1项，占比为2.9%，完成率95.7%，实施率64.7%，实施率在全省十八地市中列第11位，在濮阳市内部六大改革领域中实施率最高。

从创新度来看，金融创新领域改革事项的创新推广水平较低。在已复制推广改革事项中22项均属于移植推广。

从实施成效来看，金融创新领域复制推广实施成效一般。已复制推广事项中4项为显著，13项为一般，5项为不确定，显著率为18.2%。

2. 贸易便利化

从复制推广状态来看，贸易便利化领域复制推广实施情况偏低。贸易便利化领域包含78项改革事项。濮阳市已复制推广11项，占比为14.1%，正在推进1项，占比为1.3%，不具备条件未推广64项，占比为82.1%，可实施未推广2项，占比为2.6%，完成率78.6%，实施率15.4%，实施率在全省十八地市中列第17位，贸易便利化领域复制推广的实施率相对来说比较偏低。如图5-5所示，在全省十八地市中濮阳市贸易便利化领域的已复制推广个数排名也是第17位。

从创新度来看，贸易便利化领域改革事项的创新推广有待提高。在已复制推广改革事项中，9项属于移植推广，2项属于创新推广，移植推广比例为81.8%。

从实施成效来看，贸易便利化领域复制推广实施成效较为显著。其中10项为显著，1项为不确定，显著率高达90.9%。

3. 放管服效

从复制推广状态来看，放管服效领域复制推广实施情况偏低。管服效领域共包含35项改革事项。目前，濮阳市已复制推广15项，占比为42.9%，不具备条件未推广15项，占比为42.9%，可实施未推广5项，占比为14.3%，完成率75%，实施率42.9%，实施率在全省十八地市中列第12位。

从创新度来看，放管服效领域复制推广没有进行创新推广。已复制推广的15项改革事项均属于移植推广。

从实施成效来看,放管服效领域复制推广实施成效较为显著。已复制推广事项中14项为显著,1项为一般,显著率为93.3%,意味着濮阳市相关部门重视已复制推广放管服效改革事项的实施成效。

4. 事中事后监管

从复制推广状态来看,事中事后监管领域复制推广实施情况偏低。事中事后监管领域共包含36项改革事项。其中,濮阳市已复制推广15项,占比为41.7%,可实施未推广3项,占比为8.3%,不具备条件未推广18项,占比为50%,完成率83.3%,实施率41.7%,实施率在全省十八地市中列第13位。如图5-5所示,在全省十八地市中濮阳市事后监管领域的已复制推广个数也是列第13位。

从创新度来看,事中事后监管领域改革事项的创新推广水平较低。在已复制推广改革事项中,15项均属于移植推广。

从实施成效来看,事中事后监管领域复制推广实施成效较为显著。已复制推广事项中12项为显著,3项为不确定,显著率为80%,意味着濮阳市相关部门重视已复制推广事中事后监管改革事项的实施成效。

5. 人力资源与人才流动便利化

从复制推广状态来看,人力资源与人才流动便利化领域复制推广实施情况比较差。人力资源与人才流动便利化领域包含18项改革事项。该地市中已复制推广1项,占比为5.6%,不具备条件未推广5项,占比为27.8%,可实施为推广12项,占比为66.7%,完成率7.7%,实施率5.6%,实施率在全省十八地市中位列末尾,在濮阳市内部六大改革领域中实施率最低。

从创新度来看,人力资源与人才流动便利化领域复制推广没有进行创新推广。已复制推广的1项改革事项均属于移植推广。

从实施成效来看,人力资源与人才流动便利化领域复制推广实施成效无法判断。已复制推广事项中1项为不确定,濮阳市相关部门需要重视人力资源与人才流动便利化改革事项的实施以及提高实施成效。

6. 投资自由化便利化

从复制推广状态来看,投资自由化便利化领域复制推广实施情况良好。

投资自由化便利化领域包含77项改革事项。目前,濮阳市已复制推广37项,占比为48.1%,可实施未推广11项,占比为14.3%,不具备条件未推广29项,占比为37.7%,完成率77.1%,实施率48.1%,实施率在全省十八地市中列第16位。如图5-5所示,在全省十八地市中濮阳市投资自由便利化领域的已复制推广个数排名也是第16位。在濮阳市内部六大改革领域中投资自由化便利化复制推广实施率排第2位。

从创新度来看,投资自由化便利化领域复制推广没有进行创新推广。在已复制推广改革事项中,37项均属于移植推广。

从实施成效来看,投资自由化便利化领域复制推广实施成效较为显著。已复制推广事项中28项为显著,4项一般,5项为不确定。显著率高达75.7%,意味着濮阳市相关部门重视已复制推广投资自由化便利化改革事项的实施成效。

(三)濮阳市各领域复制推广状况分析

1. 金融创新

一是复制推广实施情况良好。濮阳市深入开展"信易贷"支持中小微企业融资,落实在银行办理直接投资项下外汇登记及变更登记,按照规定执行个人其他经常项下人民币结算业务,整体上增强了金融服务能力,稳步推进了金融开放创新。

二是创新推广能力有待提升。虽然金融创新领域改革事项在濮阳市均以移植推广的形式落地,但濮阳市创新推广"多元化农业保险助推现代农业发展",市农业农村局与太平洋财产保险等机构签订战略合作协议,多次组织召开保险公司助农活动会议,构建保障充分、覆盖广泛、服务精准、持续发展的农业保险保障体系,助力农业增效、农民增收。

三是改革事项实施成效一般。濮阳市在深入开展"信易贷"支持中小微企业融资、分布式共享模式实现"银政互通"改革事项的实施成效上取得了显著的成果。但是跨境电子商务人民币结算业务、跨境双向人民币资金池业务、经常项下跨境人民币集中收付业务等多项业务由于缺乏市场主体没有发生,整体上实施成效一般。

2. 贸易便利化

一是改革事项实施情况偏低。濮阳市外贸进出口发展虽有增长,但是在全省处于中等水平,且缺乏海关特殊监管区、口岸等开放平台,导致简化通关作业随附单证、入境大宗工业品联动检验检疫新模式等多项改革事项无法落地。

二是创新推广水平低。濮阳市实施的贸易便利化领域改革事项大多数为移植推广,但仍积极建立企业协调员制度,为辖区高级认证企业配备了企业协调员,对丰利石化、濮异保税仓库重点企业配备了海关联络员,针对企业在进出口环节遇到的问题实施"首问负责制",主动协调相关部门予以解决。

三是改革事项实施成效显著。濮阳市虽然贸易便利化领域复制推广的情况不好,但是对于已复制推广事项的实施成效整体来看值得肯定。例如,濮阳海关不断优化通关流程,依托"互联网+海关"和"国际贸易单一窗口",引导企业人员使用"提前申报"通关模式,通过微信群、电话等方式实行预约通关和申报告知便利措施,保证企业申报后"秒处理"。推行先放行、后改单作业模式、出口退税无纸化改革等,完善了通关便利化监管制度。

3. 放管服效

一是改革事项实施情况偏低。濮阳市落实"证照分离"改革试点、市场主体名称登记便利化改革等,进展顺利。但是推行不动产抵押权变更登记、"企业专属网页"政务服务新模式、一码集成服务等多项改革进展缓慢,整体上实施情况偏低。

二是创新推广水平低。濮阳市实施的放管服效领域改革事项均为移植推广,濮阳市应加强部门协同,针对多部门联合的改革创新事项,明确牵头部门,借鉴先进地区的经验,推进综合性改革落地见效。

三是改革事项实施成效显著。例如,推进工程建设项目审批制度改革,市住建局出台建设工程竣工联合验收实施细则,牵头组织自然资源规划局、城管局、人防办等部门开展联合验收，企业群众满意度大幅提高。深化银税互动合作机制，税务部门与银行创新推出纳税信用与银行信用相结合的"税易贷""云税贷""云税直连"等产品，为诚信纳税的中小企业发放信用贷款。

4. 事中事后监管

一是改革事项实施情况偏低。濮阳市事中事后监管复制推广工作低于50%，"竣工测验合一"改革试点、推进信用信息应用加强社会诚信管理等多项改革事项部门主动落实意识不强，导致进展缓慢。

二是创新推广水平低。濮阳市实施的事中事后监管领域改革事项均为移植推广。濮阳市各级有关部门要高度重视，落实属地责任主体责任，形成具有当地特色的制度创新。

三是改革事项实施成效显著。濮阳市已实施的事中事后监管领域改革事项效果大多数为显著，例如，建设使用公共信用信息平台，引入第三方中介机构对辖区龙丰纸业有限公司开展保税核查，整体上通关改革创新推动政府服务和监管水平有所提升。

5. 人力资源与人才流动便利化

一是改革事项实施情况较差。濮阳市关于人力资源与人才流动便利化的18项改革事项仅1项进行复制推广，间接反映濮阳市关于人才引进意识淡薄，只有大力引进高层次创新创业人才，不断优化完善人才服务保障，搭建人才事业发展平台，方能助力濮阳经济发展。濮阳市需要进一步对改革事项进行学习然后根据当地特点进行复制推广。

二是创新推广水平低。仅有的1项改革为移植推广，濮阳市应加大人才政策宣传推广力度，提升人才服务能力与水平。

三是改革事项实施成效亟待提升。航空维修产业职称评审、申请在华永久居留等人才便利化改革业务均未发生。濮阳市应围绕重点领域、行业，有针对性地吸引外籍人才创新创业，提高人才领域开放水平。

6. 投资自由化便利化

一是改革事项实施情况良好。濮阳市不断优化了企业税收环境，电子发票网上应用、涉税事项网上区域通办等进展顺利，落实企业设立实行"单一窗口"、企业简易注销等改革，整体上提升了投资审批效能。

二是创新推广水平低。濮阳市实施的投资自由化便利化改革事项37项均为移植推广。濮阳市应学习先进经验，提升创新意识，力争形成具有当地特色的制度创新事项。

三是改革事项实施成效显著。例如，濮阳市创新企业标准备案管理制度，全市企业标准通过企业标准信息公共服务平台自行公开。取消生产许可证委托加工备案，将此政策宣传到每个食品生产企业，节约了企业时间和成本。落实公证"最多跑一次"，采取首问负责制与一次性告知制度，压缩办证时限，广受企业群众欢迎。

十五、安阳市

（一）安阳市复制推广概况

安阳市已复制推广工作实施率在全省排第13名。安阳市复制推广实施完成整体情况一般。如表5-32所示，278项改革事项中，安阳市已复制推广103项，正在推进7项，可实施未推广24项，不具备条件未推广144项，实施率为39.6%，在全省十八地市中实施率处于偏下程度，在全省居于第三梯队。

表5-32　　　安阳市278项制度创新成果复制推广情况

改革事项	已复制推广（占比）	正在推进（占比）	可实施未推广（占比）	不具备条件未推广（占比）	总计（占比）
金融创新	10	1	1	22	34
	29.4%	2.9%	2.9%	64.7%	100.0%
贸易便利化	21	1	0	56	78
	26.9%	1.3%	0	71.8%	100.0%
放管服效	11	2	4	18	35
	31.4%	5.7%	11.4%	51.4%	100.0%

续表

改革事项	已复制推广（占比）	正在推进（占比）	可实施未推广（占比）	不具备条件未推广（占比）	总计（占比）
事中事后监管	16	2	3	15	36
	44.4%	5.6%	8.3%	41.7%	100.0%
人力资源与人才流动便利化	4	1	9	4	18
	22.2%	5.6%	50.0%	22.2%	100.0%
投资自由化便利化	41	0	7	29	77
	53.2%	0	9.1%	37.7%	100.0%
总计（占比）	103	7	24	144	278
	37.1%	2.5%	8.6%	51.8%	100.0%

注："其他"包含台账中未整理、台账中未自评等。

从表5-33可知，已复制推广的103项改革，103项全部为移植推广。实施成效显著为74项，占已复制推广项数的71.8%；实施成效一般为8项，占已复制推广项数的7.8%；实施成效不确定为21项，占已复制推广项数的20.4%。

表5-33　　　　安阳市创新推广和实施成效

改革事项	移植推广	创新推广	不确定	一般	显著	已复制推广
金融创新	10	0	1	3	6	10
贸易便利化	21	0	7	1	13	21
放管服效	11	0	1	0	10	11
事中事后监管	16	0	4	1	11	16
人力资源与人才流动便利化	4	0	2		2	4
投资自由化便利化	41	0	6	3	32	41
总计	103	0	21	8	74	103

注：只对"已复制推广"项目评价创新度和实施成效。

安阳市内部投资自由化便利化领域的实施完成情况最优。投资自由化便利化领域包含77项改革事项。目前，安阳市已复制推广41项，占比为53.2%，完成率85.4%，实施率53.2%，实施率在全省十八地市中列第13位，在安阳市内部六大改革领域中实施率最高，可实施未推广7项，占比为9.1%，不具备条件未推广29项，占比为37.7%。如图5-5所示，在全省十八地市中安阳市投资自由便利化领域的已复制推广个数排第12位。由此可以判断安阳市各个领域已复制推广的完成率整体偏低。

安阳市内部人力资源与人才流动便利化领域的实施完成情况相对落后。人力资源与人才流动便利化领域包含18项改革事项，该地市中已复制推广4项，占比为22.2%，不具备条件未推广4项，占比为22.2%，可实施为推广9项，占比为50%，完成率28.6%，实施率27.8%，实施率在全省十八地市中列第15位，在安阳市内部六大改革领域中实施率最低，该市需要加快提供人才保障的制度和服务。另外，如图5-5所示，在全省十八地市中安阳市人力资源与人才流动便利化领域的已复制推广个数与三门峡市排名并列第15位。

（二）安阳市复制推广工作的现状特点

1. 金融创新

从复制推广状态来看，金融创新领域复制推广实施情况偏低。金融创新领域共包含34项改革事项。安阳市已复制推广10项，占比为29.4%，正在推进1项，占比为2.9%，不具备条件未推广22项，占比为64.7%，可实施为推广1项，占比为2.9%，完成率83.3%，实施率32.4%，实施率在全省十八地市中位列末尾。如图5-5所示，在全省十八地市中安阳市金融创新领域已复制推广个数排名也是末尾。在濮阳市内部六大改革领域中金融创新复制推广实施率排第4位。

从创新度来看，金融创新领域复制推广没有进行创新推广。已复制推广的10项改革事项均属于移植推广。

从实施成效来看，金融创新领域复制推广实施成效较为显著。已复制推广事项中6项为显著，3项为一般，1项为不确定，显著率为60%。

2. 贸易便利化

从复制推广状态来看，贸易便利化领域复制推广实施情况偏低。贸易便利化领域包含78项改革事项。安阳市已复制推广21项，占比为26.9%，正在推进 1 项,占比为 1.3%,不具备条件未推广 56 项,占比为 71.8%,完成率 95.5%,实施率 28.2%,实施率在全省十八地市中列第 10 位,贸易便利化领域复制推广实施率相对来说比较偏低。如图 5-5 所示,在全省十八地市中安阳市贸易便利化领域的已复制推广个数排第 10 位。

从创新度来看,贸易便利化领域复制推广没有进行创新推广。已复制推广的 21 项改革事项均属于移植推广。

从实施成效来看,贸易便利化领域复制推广实施成效较为显著。其中 13 项为显著,1 项为一般,7 项为不确定,显著率为 61.9%。

3. 放管服效

从复制推广状态来看,放管服效领域复制推广实施情况偏低。放管服效领域共包含 35 项改革事项。目前,安阳市已复制推广 11 项,占比为 31.4%,正在推进 2 项,占比为 5.7%,不具备条件未推广 18 项,占比为 51.4%,可实施未推广 4 项,占比为 11.4%,完成率 64.7%,实施率 37.1%,实施率在全省十八地市中列第 16 位。

从创新度来看,放管服效领域改革事项的创新推广有待提高。已复制推广的 11 项改革事项均属于移植推广。

从实施成效来看,放管服效领域复制推广实施成效较为显著。已复制推广事项中 10 项为显著,1 项为不确定,显著率为 90.9%,意味着安阳市相关部门重视已复制推广放管服效改革事项的实施成效。

4. 事中事后监管

从复制推广状态来看,事中事后监管领域复制推广实施情况偏低。事中事后监管领域共包含 36 项改革事项。其中,安阳市已复制推广 16 项,占比为 44.4%,正在推进 2 项,占比为 5.6%,可实施未推广 3 项,占比为 8.3%,不具备条件未推广 15 项,占比为 41.7%,完成率 76.2%,实施率 50%,实施率在全省十八地市中列第 9 位。如图 5-5 所示,在全省十八地市中安阳市事后监管领域的已复制推广数量规模排第 12 位。

从创新度来看,事中事后监管领域复制推广没有进行创新推广。已复制推广的 16 项改革事项均属于移植推广。

从实施成效来看，事中事后监管领域复制推广实施成效较为显著。已复制推广事项中11项为显著，1项为一般，4项不确定，显著率为68.8%，意味着安阳市相关部门重视已复制推广事中事后监管改革事项的实施成效。

5. 人力资源与人才流动便利化

从复制推广状态来看，人力资源与人才流动便利化领域复制推广实施情况偏低。人力资源与人才流动便利化领域包含18项改革事项。该市中已复制推广4项，占比为22.2%，不具备条件未推广4项，占比为22.2%，可实施为推广9项，占比为50%，完成率28.6%，实施率27.8%，实施率在全省十八地市中列第15位，在安阳市内部六大改革领域中实施率最低，该市需要加快提供人才保障的制度和服务。另外，如图5-5所示，在全省十八地市中安阳市人力资源与人才流动便利化领域的已复制推广个数与三门峡市排名并列第15位。

从创新度来看，人力资源与人才流动便利化领域改革事项的创新推广水平较低。已复制推广的4项改革事项均属于移植推广。

从实施成效来看，人力资源与人才流动便利化领域复制推广实施成效较为显著。已复制推广事项2项为显著，2项为不确定，显著率为50%。

6. 投资自由化便利化

从复制推广状态来看，投资自由化便利化领域复制推广实施情况良好。投资自由化便利化领域包含77项改革事项。目前，安阳市已复制推广41项，占比为53.2%，可实施未推广7项，占比为9.1%，不具备条件未推广29项，占比为37.7%，完成率85.4%，实施率53.2%，实施率在全省十八地市中列第13位，在安阳市内部六大改革领域中实施率最高。如图5-5所示，在全省十八地市中安阳市投资自由便利化领域的已复制推广个数排名第12位。由此可以判断安阳市各个领域已复制推广的完成率整体偏低。

从创新度来看，投资自由化便利化领域改革事项的创新推广水平较低。已复制推广的41项改革事项均属于移植推广。

从实施成效来看，投资自由化便利化领域复制推广实施成效较为显著。已复制推广事项中32项为显著，3项一般，6项为不确定。显著率高达

78%，意味着安阳市相关部门重视已复制推广投资自由化便利化改革事项的实施成效。

（三）安阳市各领域复制推广状况分析

1. 金融创新

一是复制推广实施情况欠佳。安阳市金融创新领域存在多项改革事项上没有完成的状况，例如，知识产权证券化、智能化地方金融风险监测防控平台、绿色债务融资工具创新、跨境电子商务人民币结算业务、跨境双向人民币资金池业务等，其主要原因是没有市场主体发生业务。

二是创新推广水平低。安阳市实施的金融创新领域改革事项均为移植推广，安阳市应结合本地情况，创新金融支持模式，加快科技金融、绿色金融体制机制创新，更好发挥金融服务实体经济作用。

三是复制推广实施成效显著。从已复制推广事项来看，安阳市不断完善金融政策体系，增强金融服务能力，稳步推进了金融开放创新，深入开展"信易贷"支持中小微企业融资，建立"线上+线下"、立体化银企常态化对接机制，全面推广河南省中小企业融资综合信用服务平台、河南省金融服务共享平台、安阳市信易贷平台等信用融资平台，共有4家企业通过信易贷平台成功授信贷款8210万元，切实为中小微企业纾困解忧，让企业感受到了"守信有益、信用有价"。

2. 贸易便利化

一是改革事项实施情况偏低。安阳市缺乏海关特殊监管区、口岸等开放载体，导致大宗商品现货保税交易、先出区、后报关等多项改革事项不具备条件。二手车出口业务新模式、"融资租赁+汽车出口"业务创新等由于不是试点地区无法实施。整体上其实施率偏低。

二是创新推广水平低。安阳市实施的贸易便利化领域改革事项均为移植推广，改革创新缺乏开放平台的引领和支撑，应积极发展外向型经济，争取开放平台落地。

三是改革事项实施成效显著。安阳市虽然贸易便利化领域复制推广的情况不好，但是从已复制推广事项的实施成效整体来看值得肯定。例如，出口退税无纸化改革事项在三类以上出口企业推行，无纸化申报率达到97%。原产地签证管理改革创新为企业免去了重复录入信息、上传资料的麻烦，简化了办事程序，节省了办事成本，提高了办事效率，2022年，安阳海关为安阳市出口企业签发各类原产地证书共2806份，签证金额约14.2亿元。另外，安阳市通过上门辅导、政策宣讲会等形式，积极帮扶指导辖区内企业申请AEO认证，有高级认证企业4家。

3. 放管服效

一是改革事项实施情况偏低。创新涉外商事诉讼、仲裁与调解"一站式"纠纷解决机制、"企业专属网页"政务服务新模式、涉税执法容缺容错机制等多项改革事项未实施。安阳市应持续深化"放管服效"改革，加快"证照分离"改革，深化投资审批制度改革，培育和激发市场活力。

二是创新推广水平低。安阳市实施的放管服效领域改革事项均为移植推广，应认真学习先进地区的经验做法，直面市场主体需求，改进宏观政策与公共服务，营造良好的营商环境。

三是改革事项实施成效显著。例如，推进税银征信互动化，成立银税合作工作领导小组，建立联席会议制度，与建行等8家金融机构签订了合作框架协议，受惠企业范围由纳税信用A级和B级企业扩大至M级企业。试行"两无一免"简化退税流程，实现电子退库业务的全联网、全覆盖，不再要求纳税人提供纸质资料。

4. 事中事后监管

一是改革事项实施情况偏低。安阳市事中事后监管领域复制推广工作低于50%，"委托公证+政府询价+异地处置"财产执行云处置模式、企业送达信息共享机制、多领域实施包容免罚清单模式等多项改革事项没有实施。

二是创新推广水平低。安阳市实施的事中事后监管领域改革事项均为移植推广，应增强主动创新意识，提高事中事后监管信息化水平。

三是改革事项实施成效显著。安阳市实施的事中事后监管领域改革事项效果大多数为显著，例如，公共信用信息"三清单"（数据清单、行为清单、应用清单）编制改革事项已归集各类信用信息4.3亿条，审批告知承诺制、市场主体自我信用承诺及第三方信用评价三项信用信息公示改革事项已归集各类承诺信息17万份。这说明安阳市加强了各系统间的审批、监管、执法、信用信息数据互联互通、业务实时联动，提升了政府服务和监管水平。

5. 人力资源与人才流动便利化

一是改革事项实施情况偏低。安阳市关于人力资源与人才流动便利化的17项改革事项只有2项进行复制推广。外籍高层次人才、境外高校外国学生居留申请业务量偏少，间接反映安阳市引进境外人才意识淡薄，应不断完善人才服务保障，搭建人才发展平台。

二是创新推广水平低。安阳市实施的人力资源与人才流动便利化领域改革事项均为移植推广，且整体上业务数量普遍较少。安阳市应根据当地金融、教育、科技服务、航空等急需专业领域，开展境外职业资格认可，提高与港澳台、国外人才交流活动和企业展销活动的参与度。

三是改革事项实施成效显著。安阳市实施的人力资源与人才流动便利化领域改革事项实施成效均为显著，例如，为中国农科院安阳棉花研究所三名外籍人员办理工作类居留许可手续，安阳林州临镇镇成立外国人管理服务站（临淇派出所）等，服务人才能力有所提升。

6. 投资自由化便利化

一是改革事项实施情况良好。投资管理体制改革"四个一"、网上办理跨区域涉税事项、企业名称自主申报制度等改革事项进展情况良好，企业税收环境得到改善，投资便利化水平提升。

二是创新推广水平低。安阳市实施的投资自由化便利化改革事项均为移植推广，应认真学习改革创新经验，提升创新意识，探索形成具有当地特色的制度创新成果。

三是改革事项实施成效显著。例如，培育多元化知识产权金融服务市场，出台了《关于加快推进安阳市知识产权质押融资工作的实施意见》《安阳市专利权质押融资管理办法》等，对专利权质押融资工作流程进行了明确规范,初步建立工作协作机制,向金融机构提供有融资需求的企业名单,降低中小企业融资成本。重点产业专利导航工作机制,安阳市高新区精品钢深加工产业成功申报省级导航试验区,加快创新资源的优化配置,充分发挥专利导航对知识产权运用的指导促进作用,服务地方重点产业发展。

十六、三门峡市

(一)三门峡市复制推广概况

三门峡市复制推广工作完成率在全省排名第 18 位。三门峡市复制推广实施完成整体情况亟待提升。如表 5-34 所示,278 项改革事项中,三门峡市已复制推广 100 项,正在推进 1 项,可实施未推广 30 项,不具备条件未推广 147 项,完成率为 36.3%,在全省十八地市中实施率最低。

表 5-34　三门峡市 278 项制度创新成果复制推广情况

改革事项	已复制推广 (占比)	正在推进 (占比)	可实施未推广 (占比)	不具备条件未推广 (占比)	总计 (占比)
金融创新	13	0	0	21	34
	38.2%	0	0	61.8%	100.0%
贸易便利化	17	0	2	59	78
	21.8%	0	2.6%	75.6%	100.0%
放管服效	15	1	5	14	35
	42.9%	2.9%	14.3%	40.0%	100.0%
事中事后监管	14	0	5	17	36
	38.9%	0	13.9%	47.2%	100.0%
人力资源与人才 流动便利化	4	0	9	5	18
	22.2%	0	50.0%	27.8%	100.0%
投资自由化便利化	37	0	9	31	77
	48.1%	0	11.7%	40.3%	100.0%
总计(占比)	100	1	30	147	278
	36.0%	0.4%	10.8%	52.9%	100.0%

注:"其他"包含台账中未整理、台账中未自评等。

从表 5-35 可知,已复制推广的 100 项改革,93 项为移植推广,7 项为创新推广,实施成效上显著为 76 项,占已复制推广项数的 76%;实施成效一般为 11 项,占已复制推广项数的 11%;实施成效不确定为 13 项,占已复制推广项数的 13%。

表 5-35　　　　　　　　　三门峡市创新推广和实施成效

改革事项	移植推广	创新推广	不确定	一般	显著	已复制推广
金融创新	13	0	3	7	3	13
贸易便利化	16	1	1	0	16	17
放管服效	15	0	3	0	12	15
事中事后监管	14	0	4	0	10	14
人力资源与人才流动便利化	4	0	1	0	3	4
投资自由化便利化	37	0	1	4	32	37
总计	99	1	13	11	76	100

注:只对"已复制推广"项目评价创新度和实施成效。

三门峡市内部投资自由化便利化领域的实施完成情况最优。投资自由化便利化领域包含 77 项改革事项。目前,三门峡市已复制推广 37 项,占比为 48.1%,可实施未推广 9 项,占比为 11.7%,不具备条件未推广 31 项,占比为 40.3%,完成率 80.4%,实施率 48.1%,在 6 大领域改革事项中完成率最高,三门峡市在推进服务贸易自由便利这块取得了一定的成绩,实施率在全省十八地市中列第 17 位。如图 5-5 所示,在全省十八地市中三门峡市投资自由便利化领域的已复制推广个数排名第 17 位。在三门峡市内部六大改革领域中投资自由化便利化复制推广实施率排第 1 位。因此可以判断三门峡市各个领域已复制推广的完成率整体偏低。

三门峡市内部贸易便利化领域的实施完成情况相对落后。贸易便利化领域包含 78 项改革事项。三门峡市已复制推广 17 项,占比为 21.8%,可实施未推广 2 项,占比为 2.6%,不具备条件未推广 59 项,占比为 75.6%,完成率 89.5%,实施率 21.8%,实施率在全省十八地市中列第 13 位,贸易便利化领域复制推广的实施率明显低于该市其他领域复制推广的实施率,这与地理位置限制及暂不具备复制条件有一定相关性,三门峡市仍需要进一步推动服务业开放政策及国际化创新发展。

(二) 三门峡市复制推广工作的现状特点

1. 金融创新

从复制推广状态来看,金融创新领域改革事项实施率偏低。金融创新领域共包含 34 项改革事项。三门峡市已复制推广 13 项,占比为 38.2%,不具备条件未推广 21 项,占比为 61.8%,完成率 100%,实施率 38.2%,实施率在全省十八地市中列第 15 位。如图 5-5 所示,在全省十八地市中三门峡市金融创新领域的已复制推广个数排第 15 位。在三门峡内部六大改革领域中金融创新复制推广实施率排第 4 位。

从创新度来看,金融创新领域改革事项的创新推广水平较低。在已复制推广改革事项中,13 项均属于移植推广。

从实施成效来看,金融创新领域复制推广实施成效显著率偏低。已复制推广事项中 3 项为显著,7 项为一般,3 项为不确定,显著率为 23%。

2. 贸易便利化

从复制推广状态来看,贸易便利化领域复制推广实施情况偏低。贸易便利化领域包含 78 项改革事项。三门峡市已复制推广 17 项,占比为 21.8%,可实施未推广 2 项,占比为 2.6%,不具备条件未推广 59 项,占比为 75.6%,完成率 89.5%,实施率 21.8%,实施率在全省十八地市中列第 13 位,贸易便利化领域复制推广的实施率明显低于该市其他领域复制推广的实施率。

从创新度来看,贸易便利化领域改革事项的创新推广有待提高。在已复制推广改革事项中,16 项属于移植推广,1 项属于创新推广,移植推广比例为 94.1%。

从实施成效来看,贸易便利化领域复制推广实施成效较为显著。其中 16 项为显著,1 项为不确定,显著率 94.1%。

3. 放管服效

从复制推广状态来看,放管服效领域复制推广实施情况偏低。放管服效领域共包含35项改革事项。目前，三门峡市已复制推广15项，占比为42.9%，正在推进1项，占比为2.9%，不具备条件未推广14项，占比为40%，可实施未推广5项，占比为14.3%，完成率71.4%，实施率45.7%，实施率在全省十八地市中列第10位。

从创新度来看，放管服效领域改革事项的创新推广水平低。在已复制推广改革事项中，15项均属于移植推广。

从实施成效来看，放管服效领域复制推广实施成效较为显著。已复制推广事项中12项为显著，3项为不确定，显著率为80%，意味着三门峡市相关部门重视已复制推广放管服效改革事项的实施成效。

4. 事中事后监管

从复制推广状态来看，事中事后监管领域改革事项实施率偏低。事中事后监管领域共包含36项改革事项。其中，三门峡市已复制推广14项，占比为38.9%，可实施未推广5项，占比为13.9%，不具备条件未推广17项，占比为47.2%，完成率73.7%，实施率38.9%，实施率在全省十八地市中列第15位。如图5-5所示，在全省十八地市中三门峡市事后监管领域的已复制推广数量规模排第15位。

从创新度来看，事中事后监管领域改革事项的创新推广水平较低。已复制推广的14项改革事项均属于移植推广。

从实施成效来看，事中事后监管领域复制推广实施成效较为显著。已复制推广事项中10项为显著，4项为不确定，显著率为71.4%，意味着三门峡市相关部门重视已复制推广事中事后监管改革事项的实施成效。

5. 人力资源与人才流动便利化

从复制推广状态来看，人力资源与人才流动便利化领域改革事项完成率偏低。人力资源与人才流动便利化领域包含18项改革事项。该市已复制推广4项，占比为22.2%，不具备条件未推广5项，占比为27.8%，可实施为推广9项，占比为50%，完成率30.8%，实施率22.2%，实施率在全省十八地市中列第16位，在三门峡内部六大改革领域中实施率排第5位，该市需要加快提供人才保障的制度和服务。另外，如图5-5所示，在全省十八地市中三门峡市人力资源与人才流动便利化领域的已复制推广个数与安阳市排名并列第15位。

从创新度来看，人力资源与人才流动便利化领域改革事项的创新推广水平较低。已复制推广的4项改革事项均属于移植推广。

从实施成效来看，人力资源与人才流动便利化领域复制推广实施成效显著。已复制推广的3项改革事项为显著，1项为不确定，显著率为75%。

6. 投资自由化便利化

从复制推广状态来看，投资自由化便利化领域复制推广实施情况有待提高。投资自由化便利化领域包含77项改革事项。目前，三门峡市已复制推广37项，占比为48.1%，在6大领域改革事项中完成率最高，三门峡市在推进服务贸易自由便利这块取得了一定的成绩，可实施未推广9项，占比为11.7%，不具备条件未推广31项，占比为40.3%，完成率80.4%，实施率48.1%，实施率在全省十八地市中列第17位。如图5-5所示，在全省十八地市中三门峡市投资自由便利化领域的已复制推广个数排第17位。在三门峡市内部六大改革领域中投资自由化便利化复制推广实施率排第1位。因此可以判断三门峡市各个领域已复制推广的完成率整体偏低。

从创新度来看，投资自由化便利化领域改革事项的创新推广水平较低。在已复制推广改革事项中，37项均属于移植推广。

从实施成效来看，投资自由化便利化领域复制推广实施成效较为显著。已复制推广事项中32项为显著，4项为一般，1项为不确定。显著率高达86.5%，意味着三门峡市相关部门重视已复制推广投资自由化便利化改革事项的实施成效。

（三）三门峡市各领域复制推广状况分析

1. 金融创新

一是改革事项实施情况偏低。个人跨境贸易人民币结算业务、便利企业境外募集人民币资金汇入境内使用、智能化地方金融风险监测防控平台等没有业务发生未落地实施。知识价值信用融资新模式由于知识价值信用评价体系不健全导致实施困难。

二是创新推广水平低。三门峡市实施的金融创新领域改革事项均为移植推广，应加大金融领域改革创新宣传力度，创造条件推动各项改革举措落地实施。

三是改革事项实施成效一般。三门峡市建立普惠金融服务平台，深入开展"信易贷"支持中小微企业融资，吸引万余家企业注册，为区内机构从境外借入人民币资金，累计人民币外债超 8 亿元。但是外债资金意愿结汇、融资租赁公司收取外币租金等无市场主体导致成效一般。

2. 贸易便利化

一是改革事项实施情况偏低。三门峡市缺乏海关特殊监管区、口岸等开放平台，导致批次进出、集中申报、仓储企业联网监管、保税展示交易等多项改革无法实施。

二是创新推广水平低。三门峡市实施的贸易便利化领域改革事项大多数为移植推广，其中只有京津冀区域检验检疫一体化新模式（实现晋陕豫一体化）这项为创新推广，三门峡发挥区位优势，积极融入晋陕豫一体化，加快构建共建、共享、共治的跨区域、跨行业、跨业务的数据共享体系和信息服务体系。

三是改革事项实施成效显著。三门峡市落实出口退税无纸化，业务占出口退（免）税总申报户数的 97%。推广国际贸易"单一窗口"业务，市口岸办、海关、市商务局等单位精诚协作，为企业集中进行现场指导和注册。推进原产地签证管理改革创新，商务部门负责备案、采集和推送信息，海关、贸促机构接收导入备案信息的业务流程。整体上，贸易便利化水平有所提升。

3. 放管服效

一是改革事项实施情况偏低。三门峡市"企业专属网页"政务服务新模式、集成化行政执法监督体系、一码集成服务等改革事项进展缓慢，"事转企"背景下国有企业"三级跳"发展新模式、"四链融合"促进洛阳老工业基地转型升级等具备条件尚未落地见效。

二是创新推广水平低。三门峡市实施的放管服效领域改革事项均为移植推广，应以企业和群众需求为导向，通过放管服效改革助力现代黄金、新能源和装备制造等重点产业发展。

三是改革事项实施成效显著。例如，优化用电环境，持续开展增量配电业务改革试点建设，持续扩大电力直接交易规模，进一步降低企业用电成本。以标准化助推现代农业发展新模式，延伸粮食产业链、提升价值链、打造供应链，推进"三链同构"，实施家庭农场和农业产业园培育计划、农民合作社规范提升行动，加快培育新型农业经营主体。实施涉税执法容缺容错机制，梳理制作3个涉税缴费事项"容缺办理"清单，企业和群众的获得感与满意度有了新提升。

4. 事中事后监管

一是改革事项实施情况偏低。三门峡市事中事后监管领域复制推广工作低于40%，存在很多可以复制推广的改革事项没有完成。例如，审批告知承诺制、市场主体自我信用承诺及第三方信用评价三项信用信息公示、社会力量参与市场监督制度、企业送达信息共享机制等改革事项。

二是创新推广水平低。三门峡市实施的事中事后监管领域改革事项均为移植推广，应结合实际情况，研究重点领域事中事后监管创新措施，力争形成具有当地特色的制度创新成果。

三是改革事项实施成效显著。三门峡市实施的事中事后监管领域改革事项效果大多数为显著。例如，以信用为核心的跨部门协同监管平台改革事项，将奖惩系统嵌入市网上政务服务平台、市公共资源交易平台，对纳入联合奖惩名单的企业自动比对进行奖惩，累计查询16万余次，集中实现企业信用分类监管、信用风险预警、执法过程信息共享等多项功能，实现政府对市场行为主体的高效、精准监管。编制《三门峡市公共信用信息目录》，覆盖30多个部门和行业领域，累计归集数据超3亿条。

5. 人力资源与人才流动便利化

一是改革事项实施情况偏低。三门峡市关于人力资源与人才流动便利化的17项改革事项只有3项进行复制推广。由于外籍人才较少，整体上人才流动率低，整体上实施率也偏低。

二是创新推广水平低。三门峡市实施的人力资源与人才流动便利化领域改革事项均为移植推广，应加快推进"名校英才来峡计划"，实施"拔尖人才领航工程""名师名医名家培养工程"等，加大外籍人才吸引力度。

三是改革事项实施成效显著。三门峡市实施的人力资源与人才流动便利化领域改革事项实施成效均为显著。例如，2020年7月，为三门峡职业技术学院老师 ZHAOLI（加拿大籍）办理绿卡申请。另外，三门峡市出入境管理部门已为8名外籍工作人员办理了工作类居留许可，受到外籍人士的一致好评。三门峡市海关及渑池县出入境受理大厅建立移民事务服务中心，为三门峡常住外国人提供各种生活便利服务，助力当地优化营商环境，吸引境内外高水平专业人员到三门峡创新创业。

6. 投资自由化便利化

一是改革事项实施情况良好。三门峡市大力宣传推介创新政策，网上办理跨区域涉税事项、企业简易注销、不动产登记业务便民模式等改革事项落地见效。

二是创新推广水平低。三门峡市实施的投资自由化便利化改革事项均为移植推广，应进一步提升创新意识，加强学习研究，形成差异化制度创新成果。

三是改革事项实施成效显著。例如，推进公证"最多跑一次"改革，实行一次性告知制度，实施"互联网+公证"服务，建立健全信息共享机制，优化文书送达方式，做好公证公益服务。落实境外投资企业管理制度，通过网站、工作群等宣传《境外投资管理办法》要求，企业严格按照商务部对外投资管理办法进行网上申报，实现了无纸化申报和2日之内全部办结。

十七、郑州市

（一）郑州市复制推广概况

郑州市复制推广实施完成整体情况优异。如表5-36所示，在国家层面推出的278项制度创新成果中，郑州市已复制推广207项，正在推进7

项，可实施未推广 6 项，不具备条件未推广 58 项，实施率为 77%，居全省首位。完成率[①]为 94.1%，位列前三。

表 5-36　　郑州市 278 项制度创新成果复制推广情况

改革事项	已复制推广 （占比）	正在推进 （占比）	可实施未推广 （占比）	不具备条件未推广 （占比）	总计 （占比）
金融创新	31	1	0	2	34
	91.2%	2.9%	0	5.9%	100.0%
贸易便利化	61	3	2	12	78
	78.2%	3.8%	2.6%	15.4%	100.0%
放管服效	26	0	0	9	35
	74.3%	0	0	25.7%	100.0%
事中事后监管	22	1	2	11	36
	61.1%	2.8%	5.6%	30.6%	100.0%
人力资源与人才流动便利化	14	1	0	3	18
	77.8%	5.6%	0	16.7%	100.0%
投资自由化便利化	53	1	2	21	77
	68.8%	1.3%	2.6%	27.3%	100.0%
总计（占比）	207	7	6	58	278
	74.5%	2.5%	2.2%	20.9%	100.0%

注："其他"包含台账中未整理、台账中未自评等。

从表 5-37 可知，在已复制推广的 207 项制度创新成果中，204 项为移植推广，3 项为创新推广，实施成效显著 168 项，占已复制推广项数的 81.2%；实施成效一般为 21 项，占已复制推广项数的 10.1%；实施成效不确定为 18 项，占已复制推广项数的 8.7%。

表 5-37　　郑州市创新推广和实施成效

改革事项	移植推广	创新推广	不确定	一般	显著	已复制推广
金融创新	31	0	1	12	18	31
贸易便利化	59	2	10	4	47	61

---

① 完成率 = 已复制推广/（已复制推广 + 正在推进 + 可实施未推广）。

续表

改革事项	移植推广	创新推广	不确定	一般	显著	已复制推广
放管服效	25	1			26	26
事中事后监管	22	0		1	21	22
人力资源与人才流动便利化	14	0	1		13	14
投资自由化便利化	53	0	6	4	43	53
总计	204	3	18	21	169	208

注：只对"已复制推广"项目评价创新度和实施成效。

郑州市内部金融创新领域的实施情况最优。金融创新领域共包含34项改革事项。郑州市已复制推广31项，占比为91.2%，正在推进1项，占比为2.9%，不具备条件未推广2项，占比为5.9%。实施率为94.1%，完成率为96.9%。实施率为六大改革领域中郑州实施率之首，且成效显著。

郑州市内部事中事后监管领域的实施情况相对落后。事中事后监管领域自贸试验区制度创新成果共计36项。郑州市已复制推广22项，占比为61.1%，正在推进1项，占比为2.8%，不具备条件未推广11项，占比为30.6%，可实施未推广2项，占比为5.6%，实施率为63.9%。如图5-5所示，在全省十八地市中郑州市事中事后监管领域的已复制推广数量规模列第2位。而在六大制度创新领域中，事中事后监管领域的改革事项在郑州市内的完成率排名最低，为88.0%。因此可以判断郑州市各个领域已复制推广的完成率相对全省来说整体处于较高水平。

(二) 郑州市复制推广工作的现状特点

1. 金融创新

从复制推广状态来看，金融创新领域复制推广的实施与完成情况优异。该领域共包含34项改革事项。郑州市已复制推广31项，占比为91.2%，正在推进1项，占比为2.9%，不具备条件未推广2项，占比为5.9%。实施率为94.1%，完成率为96.9%，在六大改革领域中实施率为郑州市之首。

从创新度来看，金融创新领域改革事项的创新推广水平低。在已复制推广改革事项中31项全部属于移植推广。

从实施成效来看，金融创新领域复制推广的实施成效较为显著。已复制推广的改革事项中 18 项为成效显著，12 项为一般，1 项为不确定，显著率为 58.1%。

2. 贸易便利化

从复制推广状态来看，贸易便利化领域的复制推广实施与实施情况良好。该领域共计 78 项制度创新成果。郑州市已复制推广 61 项，占比为 78.2%；正在推进 3 项，占比为 3.8%，可实施未推广 2 项，占比为 2.6%，不具备条件未推广 12 项，占比为 15.4%。实施率为 82.1%，完成率为 92.4%。在全省十八地市中郑州市贸易便利化领域的已复制推广数量规模列第 1 位。

从创新度来看，贸易便利化领域改革事项的创新推广水平有待提升。在已复制推广改革事项中，59 项属于移植推广，2 项属于创新推广，移植推广比例为 96.7%。

从实施成效来看，贸易便利化领域的复制推广成效较为显著。其中 47 项为显著，4 项为一般，10 项为不确定，显著率为 77%。

3. 放管服效

从复制推广状态来看，放管服效领域复制推广实施情况良好、实施情况优异。放管服效领域共包含 35 项改革事项。目前，郑州市已复制推广 26 项，占比为 74.3%，不具备条件未推广 9 项，占比为 25.7%，实施率为 74.3%，完成率为 100%。在全省十八地市中郑州市放管服效领域的已复制推广数量规模列第 2 位。

从创新度来看，放管服效领域改革事项的创新推广水平有待提升。在该领域已复制推广改革事项中，25 项为移植推广，1 项为创新推广。

从实施成效来看，放管服效领域改革事项的复制推广实施成效显著。该领域已复制推广的 26 项制度创新成果的实施成效均为显著，显著率 100%。这表明郑州市相关部门十分重视放管服效领域改革事项的落地落实，该领域的自贸试验区制度创新成果在郑州实现了高质量的复制推广。

4. 事中事后监管

从复制推广状态来看，事中事后监管领域的复制推广实施情况良好、实施情况相对欠佳。事中事后监管领域共计制度创新成果36项。郑州市已复制推广22项，占比为61.1%，正在推进1项，占比为2.8%，不具备条件未推广11项，占比为30.6%，可实施未推广2项，占比为5.6%，在全省十八地市中郑州市事中事后监管领域复制推广的规模数量列第2位。实施率为63.9%，完成率为88.0%。而在六大自贸试验区制度创新领域中，事中事后监管领域的改革事项在郑州市内的实施率与完成率却均为最低。因此可以判断郑州市各个领域已复制推广的完成率相对全省来说整体处于较高水平。

从创新度来看，事中事后监管领域改革事项的创新推广水平较低。已复制推广的22项改革事项均属于移植推广。

从实施成效来看，事中事后监管领域复制推广实施成效较为显著。已复制推广事项中21项为显著，1项为一般，显著率为95.5%。这表明郑州市相关部门比较重视事中事后监管领域制度创新成果的复制推广工作质量，但未来仍需要继续跟进该领域制度创新成果的落地成效提升工作，不断提升郑州市的市场监管能力与水平。

5. 人力资源与人才流动便利化

从复制推广状态来看，人力资源与人才流动便利化领域复制推广实施情况良好。人力资源与人才流动便利化领域的制度创新成果共计18项。郑州市已复制推广14项，占比为77.8%，正在推进1项，占比为5.6%，不具备条件未推广3项，占比为16.7%。实施率为83.3%，表现突出。在郑州市内六大领域的复制推广工作实施情况比较中，人力资源与人才流动便利化领域的复制推广完成率为93.3%，列第3位。在全省十八地市中郑州市人力资源与人才流动便利化领域的已复制推广数量规模列第1位。

从创新度来看，人力资源与人才流动便利化领域改革事项的创新推广水平低。已复制推广的14项改革事项均属于移植推广。

从实施成效来看，人力资源与人才流动便利化领域复制推广成效较为显著。已复制推广的13项改革事项为显著，1项为不确定，显著率为92.9%。

6. 投资自由化便利化

从复制推广状态来看，投资自由化便利化领域复制推广实施情况与实施情况良好。投资自由化便利化领域的制度创新成果共计77项。郑州市已复制推广53项，占比为68.8%，正在推进1项，占比为1.3%，可实施未推广2项，占比为2.6%，不具备条件未推广21项，占比为27.3%，实施率为70.1%，完成率为94.6%。虽然，投资自由化便利化领域的复制推广的实施与完成情况，在郑州市六大领域复制推广工作情况的比较中均较为靠后。但是，在全省十八地市中郑州市投资自由便利化领域的已复制推广数量规模列第2位。

从创新度来看，投资自由化便利化领域的创新推广水平低。在已复制推广改革事项中全部属于移植推广。

从实施成效来看，投资自由化便利化领域的复制推广实施成效有待提升。在郑州市已复制推广的该领域制度创新成果中，43项为显著，4项为一般，6项为不确定，显著率为81.1%。这表明面对投资自由化便利化领域的制度创新推广任务，郑州市需要更加注重复制推广的工作质量、提升落地改革事项实施成效。

（三）郑州市各领域复制推广状况分析

1. 金融创新

一是复制推广总体实施情况优异。在自贸试验区持续开展更高水平贸易投资便利化试点业务，银行在"展业三原则"的基础上，凭优质企业提交的《跨境人民币结算收/付款说明》或收付款指令，直接为优质企业办理货物贸易、服务贸易跨境人民币结算（转口贸易、退款除外），以及资本项目人民币收入（包括外商直接投资资本金、跨境融资及境外上市募集资金调回等）在境内的依法合规使用。区内机构从境外借入人民币资金增长快速，外债资金意愿结汇、融资租赁公司收取外币租金、外商投资企业外汇资本金意愿结汇等进展顺利。

二是具有一定的创新推广工作能力。郑州市已复制推广的31项金融创新领域制度创新成果，有16项实现了带有创新推广成分。这表明郑州市具有较强的创新工作意识，金融创新走在前列。

三是复制推广实施成效显著。郑州市不断完善金融发展政策支持体系，为郑州市金融服务能力的不断增长提供了制度性保障。截至2022年末，自贸试验区银行为名单内优质企业累计办理跨境人民币结算便利化试点业务684笔，金额合计91.2亿元。郑州银行发布绿色金融债券，募集资金投放于节能环保产业、清洁生产产业、产业、生态环境产业及基础设施绿色升级等绿色产业。推进租赁资产证券化业务创新，成立专业律师法律服务团，为租赁资产证券化提供优质高效法律服务，中原航空融资租赁股份有限公司成功发行资产支持票据。

2. 贸易便利化

一是复制推广总体实施情况优异。在贸易便利化领域，郑州制度创新成果复制推广率居全省第1位。郑州海关较早成立，为推动郑州特殊监管区域的高质量发展、提升外贸便利化水平起到重要作用。郑州新郑综合保税区和郑州经开综合保税区的设立与快速发展，为郑州推动贸易便利化领域自由贸易试验区制度创新成果的复制推广奠定了重要的平台基础。

二是创新推广能力较强。虽然贸易便利化领域的自由贸易试验区制度创新成果大多以移植推广的方式在郑州落地，仍实现了"跨境电商监管新模式"的创新推广，并实现了对"加工贸易工单式核销""简化统一进出境备案清单""跨境电商零售进口正面监管模式""平行进口汽车政府监管服务新模式"等改革事项带有创新推广成分的复制推广。这表明郑州市在贸易便利化领域具有较强的创新推广意识与能力。

三是复制推广实施成效显著。例如，境内外维修海关监管制度、融资租赁海关监管制度等业务在新郑综合保税区落地。落实仓储货物按状态分类监管，海关特殊监管区域物流辅助管理平台相关功能模块已上线，新郑综合保税区内企业开展服装仓储分类监管进口业务，允许国内非保税货物以非报关方式入区，实现区内与国内仓库"两仓合一"，降低企业管理及运营成本。实行第三方检验结果采信，郑州整车进口口岸的机动车均以采信的方式进口,已有2家社会机动车检测机构纳入采信工作试点。整体上,郑州市提高通关监管服务水平,积极落实各项便利化措施,显著改善了贸易便利化水平。

3. 放管服效

一是复制推广总体实施情况优异。郑州市在放管服效领域的自由贸易试验区制度创新成果的复制推广实施率为74.3%,居全省第1位,完成率为100%,表现优异。郑州市积极推动放管服效领域制度创新成果的复制推广,建立属地化办电模式,实施城区网格化服务模式,构建供电部、供电所和客户经理的三级网格化服务体系,进一步优化用电环境。"证照分离"改革试点、开展省域"多规合一"改革试点、微信办照等改革事项的落地实施,提升了企业申办政务服务事项便利度,缩短了业务办理时间。

二是创新推广能力有待进一步提升。放管服效领域的制度创新成果在郑州大多以移植推广的方式实现复制推广,应进一步发挥示范作用,加大改革力度,争取"一件事"改革、"一业一证"改革等实现新突破。

三是复制推广实施成效显著。自贸试验区郑州片区率先探索一码集成服务,在全国范围复制推广。创新涉外商事诉讼、仲裁与调解"一站式"纠纷解决机制,出台国际商事纠纷多元化解决中心诉调对接工作机制的实施意见,建立律师调解组织和诉调对接工作机制,采取多元化解"一站式"纠纷解决机制。建立涉税执法容缺容错机制,税务机关在办理税务注销时,对无在查、无欠税(含滞纳金)及罚款、已缴销发票及税控专用设备,但存在未办结涉税事项,且符合一定情形的纳税人,采取"承诺制"容缺办理。

4. 事中事后监管

一是复制推广实施情况良好。事中事后监管领域的自贸试验区制度创新成果在郑州市的复制推广实施率居全省第2位,完成率为88.0%。海关特殊监管区域"四自一简"监管创新、海关企业进出口信用信息公示制度等海关领域的监管事项均已落地。以信用风险分类为依托的市场监管制度、市场综合监管大数据平台等取得显著成效。

二是创新推广能力不足。事中事后监管领域的制度创新成果均以移植推广的方式在郑州落地。郑州市应创新监管方式，加强对企业的事中事后监管和信用监管，不断优化监管环境、提升监管能力。

三是复制推广实施成效显著。事中事后监管领域的自贸试验区制度创新成果在郑州市的复制推广实施成效十分显著。例如，建立"以信用为核心的跨部门协同监管平台"，全市共归集各类涉企信息50多万条，归集数量全省第一。河南省在全国率先实现电子口岸企业入网全程无纸化。实施商事主体信用修复制度，发布市场监管行政处罚信用修复工作通知，申请移出异常名录信用修复记录率近30%。整体上，郑州市推进市场监管、投资审批、通关服务等领域事中事后监管工作，加快构建以信用为核心的监管体系。

5. 人力资源与人才流动便利化

一是复制推广总体实施情况优异。人力资源与人才流动便利化领域自贸试验区制度创新成果在郑州的复制推广实施率为83.3%，表现突出。郑州市公安局出入境管理部门建立了多层次、常态化的涉外培训、宣讲机制，并组织民警深入企业、高校宣传出入境便利政策，积极引导符合政策条件的外籍人员，尽早享受政策的红利。

二是创新度推广能力不足。人力资源与人才流动便利化领域的制度创新成果，在郑州市均以移植推广的形式落地，应推动人口优势真正转化为人力资源与人才优势，加大对外籍人才的吸引力，提高人才国际化水平。

三是复制推广实施成效显著。人力资源与人才流动便利化领域的自贸试验区制度创新成果在郑州市的复制推广实施成效均为显著。例如，郑州已办理外籍人员申请在华永久居留13人，其中1人为中国工程院院士，5人为国家级人才。自贸试验区郑州片区综合服务中心设立境外人员业务综合受理窗口，实现人像采集、咨询、受理、缴费、发证一窗式办理的模式，签发自贸试验区外国人签证超5000人，助力郑州打造人才高地。

6. 投资自由化便利化

一是复制推广总体实施情况良好。郑州市推进网上自主办税、纳税信用管理的网上信用评级、税控发票领用网上申请等税务领域改革事项落地见效，推进公证"最多跑一次"，建立重点产业专利导航工作机制，整体上投资便利化水平明显提升。

二是创新推广能力不足。投资自由化便利化领域制度创新成果的复制推广在郑州市均以移植推广的形式落地，只有"对外贸易经营者备案和原产地企业备案'两证合一'"实现具有一定创新推广成分的复制推广。郑州市应发挥自贸试验区先行先试优势，大胆试、自主改，形成更多创新成果在全省全国复制推广。

三是复制推广实施成效显著。郑州市通过投资自由化便利化领域涉税服务、投资方式、审批管理等方面制度创新成果的复制推广，大大优化了郑州市投资环境、简化了企业办事流程。例如，推进合作制公证机构试点，郑州市大豫公证处、郑州市华夏公证处两家合作制公证处成立运营。开展了工程建设项目审批制度改革，全面推广备案类企业投资项目承诺制，一般性项目实现"拿地即可开工"。推动商事登记"1+X"改革，推出"一站式"统一联办、"套餐式"自主选办、随时办三种模式，营业执照与相关许可事项统一联办。

十八、商丘市

（一）商丘市复制推广概况

商丘市复制推广工作完成率在全省排第10位。商丘市复制推广实施完成整体情况有待提升。如表5-38所示，278项改革事项中，商丘市已复制推广136项，正在推进1项，可实施未推广17项，不具备条件未推广124项，实施率为49.3%，商丘市已复制推广实施率整体水平一般，在全省居于第二梯队。

从表5-39可知，已复制推广的136项改革，132项为移植推广，4项为创新推广，实施成效显著为82项，占已复制推广项数的60.3%；实施成效一般为18项，占已复制推广项数的13.2%；实施成效不确定为36项，占已复制推广项数的26.5%。

表 5-38　商丘市 278 项制度创新成果复制推广情况

改革事项	已复制推广（占比）	正在推进（占比）	可实施未推广（占比）	不具备条件未推广（占比）	总计（占比）
金融创新	26	0	0	8	34
	76.5%	0	0	23.5%	100.0%
贸易便利化	22	1	0	55	78
	28.2%	1.3%	0	70.5%	100.0%
放管服效	17	0	4	14	35
	48.6%	0	11.4%	40.0%	100.0%
事中事后监管	18	0	2	16	36
	50.0%	0	5.6%	44.4%	100.0%
人力资源与人才流动便利化	14	0	0	4	18
	77.8%	0	0	22.2%	100.0%
投资自由化便利化	39	0	11	27	77
	50.6%	0	14.3%	35.1%	100.0%
总计（占比）	136	1	17	124	278
	48.9%	0.4%	6.1%	44.6%	100.0%

注："其他"包含台账中未整理、台账中未自评等。

表 5-39　商丘市创新推广和实施成效

改革事项	移植推广	创新推广	不确定	一般	显著	已复制推广
金融创新	26	0	6	9	11	26
贸易便利化	22	0	3	2	17	22
放管服效	17	0	5		12	17
事中事后监管	18	0		1	17	18
人力资源与人才流动便利化	14	0	10	2	2	14
投资自由化便利化	39	0	12	4	23	39
总计	136	0	36	18	82	136

注：只对"已复制推广"项目评价创新度和实施成效。

商丘市内部人力资源与人才流动便利化领域的实施完成情况最优。人力资源与人才流动便利化领域共包含18项改革事项。商丘市已复制推广14

项，占比为77.8%，不具备条件未推广4项，占比为22.2%，完成率100%，实施率77.8%，实施率在全省十八地市中列第4位。如图5-5所示，在全省十八地市中商丘市人力资源与人才流动便利化领域的已复制推广个数排第4位。在商丘市内部六大改革领域中实施率最高，能够为加快先进制造业高质量发展提供人才保障。

商丘市内部贸易便利化领域实施完成情况相对落后。贸易便利化领域包含78项改革事项。商丘市已复制推广22项，占比为28.2%，正在推进1项，占比为1.3%，不具备条件未推广55项，占比为70.5%，完成率95.7%，实施率29.5%，实施率在全省十八地市中列第9位，贸易便利化领域复制推广的实施率明显低于该市其他领域复制推广的实施率。另外，如图5-5所示，在全省十八地市中商丘市贸易便利化领域的已复制推广个数排第9位。

（二）商丘市复制推广工作的现状特点

1. 金融创新

从复制推广状态来看，金融创新领域复制推广实施情况良好。金融创新领域共包含34项改革事项。商丘市已复制推广26项，占比为76.5%，不具备条件未推广8项，占比为23.5%，完成率100%，实施率76.5%，实施率在全省十八地市中列第5位。如图5-5所示，在全省十八地市中商丘市金融创新领域的已复制推广个数排第5位。在商丘市内部六大改革领域中金融创新改革事项实施率排第2位。

从创新度来看，金融创新领域改革事项的创新推广水平较低。在已复制推广改革事项中，26项全部属于移植推广。

从实施成效来看，金融创新领域复制推广实施成效较为显著。已复制推广事项中11项为显著，9项为一般，6项为不确定，显著率为42.3%。

2. 贸易便利化

从复制推广状态来看，贸易便利化领域复制推广实施情况偏低。贸易便利化领域包含78项改革事项。商丘市已复制推广22项，占比为28.2%，正在推进1项，占比为1.3%，不具备条件未推广55项，占比为70.5%，完成率95.7%，实施率29.5%，实施率在全省十八地市中列第9位，贸易便利化领域复制推广的实施率明显低于该市其他领域复制推广的实施率。另外，如图5-5所示，在全省十八地市中商丘市贸易便利化领域的已复制推广个数排第9位。

从创新度来看，贸易便利化领域改革事项的创新推广有待提高。已复制推广的22项改革事项均属于移植推广。

从实施成效来看，贸易便利化领域复制推广实施成效较为显著。其中17项为显著，2项为一般，3项为不确定，显著率为77.3%。

3. 放管服效

从复制推广状态来看，放管服效领域复制推广实施情况偏低。放管服效领域共包含35项改革事项。目前，商丘市已复制推广17项，占比为48.6%，不具备条件未推广14项，占比为40%，可实施为推广4项，占比为11.4%，完成率81%，实施率48.6%，实施率在全省十八地市中列第8位。另外，如图5-5所示，在全省十八地市中商丘市放管服效领域的已复制推广个数排第7位。

从创新度来看，放管服效领域改革事项的创新推广有待提高。已复制推广的17项改革事项均属于移植推广。

从实施成效来看，放管服效领域复制推广实施成效较为显著。已复制推广事项中12项为显著，5项为不确定，显著率为70.6%，意味着商丘市相关部门重视已复制推广放管服效改革事项的实施成效。

4. 事中事后监管

从复制推广状态来看，事中事后监管领域复制推广实施情况一般。事中事后监管领域包含36项改革事项。商丘市已复制推广18项，占比为50%，不具备条件未推广16项，占比为44.4%，可实施未推广2项，占比为5.6%，完成率90%，实施率50%，实施率在全省十八地市中列第10位，在商丘市内部六大改革领域中事中事后监管领域复制推广实施率排第4位。如图5-5所示，在全省十八地市商丘市事中事后监管领域的已复制推广个数排第9位。

从创新度来看,事中事后监管领域改革事项的创新推广水平较低。已复制推广的18项改革事项均属于移植推广。

从实施成效来看,事中事后监管领域复制推广实施成效较为显著。已复制推广事项中17项为显著,1项为一般,显著率为94.4%,意味着商丘市相关部门重视已复制推广事中事后监管改革事项的实施成效。

5. 人力资源与人才流动便利化

从复制推广状态来看,人力资源与人才流动便利化领域复制推广实施情况良好。人力资源与人才流动便利化领域共包含18项改革事项。商丘市已复制推广14项,占比为77.8%,不具备条件未推广4项,占比为22.2%,完成率100%,实施率77.8%,实施率在全省十八地市中列第4位。另外,如图5-5所示,在全省十八地市中商丘市人力资源与人才流动便利化领域的已复制推广个数排第4位。

从创新度来看,人力资源与人才流动便利化领域改革事项的创新推广水平较低。已复制推广的14项改革事项均属于复制推广。

从实施成效来看,人力资源与人才流动便利化领域复制推广实施成效不确定。其中2项为显著,2项为一般,10项为不确定,不确定率为71.4%,显著率为14.3%。商丘市各级各有关部门要重视改革事项的实施成效,在今后的推广中不仅要重视改革事项的落地,还要考核实施成效。

6. 投资自由化便利化

从复制推广状态来看,投资自由化便利化领域复制推广实施情况良好。投资自由化便利化领域包含77项改革事项。目前,商丘市已复制推广39项,占比为50.6%,可实施未推广27项,占比为35.1%,不具备条件未推广11项,占比为14.3%,完成率78%,实施率50.6%,实施率在全省十八地市中列第15位,在六大改革领域中投资自由化便利化改革事项完成率列第3位。如图5-5所示,在全省十八地市中商丘市投资自由便利化领域的已复制推广个数排第14位。

从创新度来看，投资自由化便利化领域改革事项的创新推广水平较低。在已复制推广改革事项中，39项均属于移植推广。

从实施成效来看，投资自由化便利化领域复制推广实施成效较为显著。已复制推广事项中23项为显著，4项为一般，12项为不确定。显著率高达60%，意味着商丘市相关部门重视已复制推广投资自由化便利化改革事项的实施成效。

（三）商丘市各领域复制推广状况分析

1. 金融创新

一是改革事项实施情况良好。商丘市推进知识价值信用融资新模式、外债资金意愿结汇、个人其他经常项下人民币结算业务等多项改革事项落地实施，成立中原农险商丘分公司，助力多元化农业保险助推现代农业发展，更好地发挥知识产权、金融创新对商丘经济发展的支撑作用，金融服务能力得到提升。

二是创新推广水平低。商丘市实施的金融创新领域改革事项均为移植推广，应进一步丰富市场主体，完善绿色金融、科技金融支撑体系，推动金融领域改革创新落地见效。

三是改革事项实施成效整体一般。商丘市深入开展"信易贷"支持中小微企业融资，金融机构创新推出抗疫贷、云义贷、复业贷等专项信贷产品12种。另外，商丘市在简化跨境贸易结算业务办理流程、外商投资企业外汇资本金意愿结汇等方面取得明显成效。但是绿色债务融资工具创新、融资租赁公司收取外币租金等缺乏市场主体未取得显著成效。

2. 贸易便利化

一是改革事项实施情况偏低。商丘市缺乏海关特殊监管区、口岸等开放载体平台，导致关检"一站式"查验平台+监管互认、期货保税交割海关监管制度、境内外维修海关监管制度、委内加工监管等多项改革事项不具体条件无法实施。商丘市应加快建设民权保税物流中心（B型），不断优化行政服务，持续提升通关时效，营造良好的通关环境。

二是创新推广水平低。商丘市实施的贸易便利化领域改革事项均为移植推广，应聚焦跨境电商企业发展诉求，借鉴先进地区的经验做法基础上，推动更多便利举措落地实施。

三是改革事项实施成效显著。例如，出口退税无纸化改革事项无纸化申报率达到95%。入境大宗工业品联动检验检疫新模式，神隆宝鼎进口多批次大型成套设备，口岸海关仅实施放射性检测和检疫后即给予放行，商丘海关对被布控的设备实施目的地检验放行。整体上，通关时间压缩，企业成本下降，显著提升了贸易便利化水平。

3. 放管服效

一是改革事项实施情况偏低。商丘市虽然积极优化用电环境，推进"证照分离"改革试点，开展省域"多规合一"改革试点等，但是税银征信互动化、涉税执法容缺容错机制、试行"两无一免"简化退税流程、一码集成服务等多项改革尚未实施，整体上实施率偏低。

二是创新推广水平低。商丘市实施的放管服效领域改革事项均为移植推广，应强化责任担当，持续推进"减证便民""一网通办""一张清单走全程""首问负责制"，打造更有吸引力、更具竞争力、更有活力的营商环境。

三是改革事项实施成效显著。例如，推行不动产抵押权变更登记，不动产抵押登记终端已延伸至部分金融机构，可直接在银行办理抵押手续，实现贷款和抵押登记一站式办理。以标准化助推现代农业发展新模式，围绕商丘名、特、优农产品和"四优四化"，开展农产品质量安全标准制修订工作，创建省级农业标准化生产示范基地5个，申报宁陵酥梨、花生等9个产品6个全国绿色食品原料标准化生产基地。

4. 事中事后监管

一是改革事项实施情况良好。商丘市建立健全信用承诺制度，累计归集15万条信用承诺信息，依托河南省市场监督管理局信用风险分类系统，加快构建以信用为核心的跨部门协同监管平台。落实海关企业进出口信用信息公示制度，实行海关企业注册及电子口岸入网全程无纸化，整体上事中事后监管水平有所提升。

二是创新推广水平低。商丘市实施的事中事后监管领域改革事项均为移植推广,应加强主体责任,推动建立市场综合监管大数据平台,加强风险的预警和研判,及早发现苗头性风险,助力监管精准化。

三是改革事项实施成效显著。例如,建立信用修复机制,针对符合修复条件的失信主体给予及时修复,消除失信影响。围绕交通、粮食、环保、税务、医疗卫生、市场监管等重点领域实施分级分类监管,梳理事中事后监管清单,对信用较好的企业减少抽查频率,针对信用较差对企业提高抽查频率。商丘海关运用"单一窗口""进境粮食"等系统对辖区多批进口粮食初审、装卸、调运、后续加工等全流程实施远程监管。

5. 人力资源与人才流动便利化

一是改革事项实施情况良好。商丘市出入境管理部门实地走访涉外单位和科技、外事等相关部门,上门宣讲政策,推动人才流动便利政策落实。

二是创新推广水平低。商丘市实施的人力资源与人才流动便利化领域改革事项均为移植推广,且整体上业务数量普遍较少,应不断创新引才机制,完善引才政策,积极搭建高层次创新创业平台,为商丘市经济社会发展提供坚强的人才支撑。

三是改革事项实施成效亟待提升。商丘市已经为市卢恩英语培训学校聘雇的2名南非籍外教办理工作居留许可,但是缺乏重点高等院校、科研院所和知名企业工作的外籍高层次人才及国际知名高校毕业的外国学生,导致多项人才便利举措尚未落地见效。商丘市应最大限度地畅通人才供需渠道,大力引进高端急需紧缺人才创新创业。

6. 投资自由化便利化

一是改革事项实施情况良好。商丘税务部门大力推行"一网通办"、拓宽"最多跑一次"清单事项等多项便民服务举措,推进智能、自助、容缺办税,纳税人借助电子税务局、手机App、自助办税终端等网上渠道,以"非接触"的方式及时受理企业申请相关资料,通过"网上办、自助办、邮寄送、线上答"等方式,实现办税"无接触"、服务"不断档"。投资管理体制改革"四个一"、电力工程审批绿色通道等改革事项进展顺利。

二是创新推广水平低。商丘市实施的投资自由化便利化改革事项均为移植推广，应加强改革创新研究，积极创造条件，推进重点产业专利导航工作机制、知识产权快速协同保护机制等落地。

三是改革事项实施成效一般。商丘市推进公证"最多跑一次"，制定公证一次性告知清单，市司法行政部门"最多跑一次"公证事项扩大至120项，优化公证服务供给。但是企业"套餐式"注销服务模式、医疗器械注册人制度试点等改革事项落地成效不明显。商丘市应加快企业注册登记、核准审批、税务办理、歇业注销等事项的便利化水平，不断优化服务保障，打造具有竞争力的营商环境。

第六章

对策建议与展望

未来自由贸易试验区创新成果复制推广工作的开展，要注意对于各项改革成果的系统集成，避免零敲碎击式的制度创新。注重在复制推广的实践中探索出一整套较为成熟的部门协同体制机制与程序路径，不断降低推动改革的制度性成本。最终要通过复制推广工作的全方位、高质量开展，将一系列自贸试验区探索形成的根本性制度变革、系统性制度创新和全流程制度优化创新成果，转换成为推动各地营商环境、政务环境、市场经济发育水平实现重大提升的战略抓手。

第一节 创新复制推广工作总体思路

一、立足复制推广，致力深化改革

复制推广要活学活用。要坚决克服复制推广工作中的被动心理与行政惰性，树立在复制推广工作中进行制度再创新的积极心态。针对复制推广的"大任务"[①] 要重点学习改革理念与创新理念，要复制推广工作与各省、

---

① 大任务主要指类似冠以"京津冀""大湾区"指导跨地市、跨省市宏观经济发展的自贸试验区经验与改革事项。

各地自身改革发展任务进行深度套合，将复制推广工作与各省、各地深化改革工作有机结合、合二为一，将复制推广的目标任务进一步细化深化，助力我国制度型开放、全国统一大市场建设与新发展格局构建。针对看似"水土不服"的复制推广"软任务"①，各地要重点学习改革精神与操作模式，对照各省、各地自身改革要求与发展任务，自行设立新的复制推广的改革"硬任务"，提升相关改革执行力与可操作性。

把握一切机遇推动改革。面对风高浪急的国际政治经济环境、面对CPTPP等高标准国际经贸规则的全球经济治理秩序竞争压力，我国各省、各地要视国务院、商务部、中央其他部委推出的一切改革经验与实践案例作为推动自身深化改革、扩大制度型开放的重要抓手，要创造性地、不遗余力地抓住每一个制度创新改革契机，努力超越对自贸试验区经验复制推广工作一般行政性事务性工作的理解，坚决克服复制推广工作中的畏难情绪。将所有复制推广的"大任务"与"软任务"结合各省、各地改革目标与开放发展任务进行制度创新的再提炼、再凝练，聚焦相关领域进行深化与细化借鉴研究后力争创新推广，早日完成党的二十大报告中所提出的"稳步扩大规则、规制、管理、标准等制度型开放"任务。

二、立足省情地情，致力引领发展

复制推广就是制度创新。复制推广与制度创新是有机统一的一体两面，复制推广本身就意味着对一省一地的体制现状进行制度创新。并且，自贸试验区的改革创新本身也处于一个快速迭代升级的进程之中，只有不断在既有已复制推广制度创新成果的基础上进行再拓展、再创新，才能在千变万化的国际地缘政治环境中与全国统一大市场建设实践中真正践行总书记对自贸试验区建设"对照最高标准、查找短板弱项，大胆试、大胆闯、自主改"的目标期望。

---

① 软任务主要指类似冠以"海事""边境"指导特定地缘环境具体事项的改革做法。

复制推广不能就事论事。随着英国成功率先加入 CPTPP 协定，未来中国加入 CPTPP 经贸协定的门槛会越来越高，中国在未来全球竞争当中面临的规则竞争压力将越来越大。面对经贸规则竞争的压力、面对开放倒逼改革的压力，全国各省、各地，尤其是后发型经济大省要高度重视自贸试验区经验的复制推广工作，各地基层政府在落实复制推广任务的过程中坚决不能止于"就事论事"。中西部、后发型省区市，也只有本着敢为天下先的改革精神才能在新一轮改革开放实践中实现自身的跨越式发展，各省、各地也只有秉持勇于创新的改革精神才可能真正高质量地完成复制推广任务。在实施制度型开放战略的过程中，尤其是那些不沿边、不靠海、开放倒逼改革任务压力更大的中西部省区市，要实现高质量的国内大循环，必须首先在我国的内陆腹地打造出一个个制度型开放高地，必须深刻认识复制推广与自主创新、深化改革与扩大开放之间相辅相成的逻辑关系，使这两项工作的开展、这两种任务的推进互为基础、有机融合、相互促进。自贸试验区经验与制度创新成果的复制推广工作要秉持发散思维、必须做到触类旁通，坚决不能止于就事论事。

三、立足研究分类，加强分类研究

研究始于分类，分工提升效率。对于每一批复制推广任务，各省、各地商务部门、深化改革部门都要当仁不让地肩负起分类研究与业务指导的组织工作。根据改革路径的相关性与改革创新的瓶颈区将复制推广任务事项进行打包下达、组织专班督导推进。在研究分类与分类研究的基础上，有的放矢地组织各省直机关、省政府职能部门、驻豫业务垂直管理部门、各地市人民政府等相关复制推广责任主体主管领导与业务骨干开展专业集中培训，更加有力、有效地帮助各责任主体判断自己在复制推广工作中的职责使命、专业高效地完成相关复制推广工作任务。通过研究分类、集成推进，将全国各省区市、中央各部委最新的改革创新智慧结晶最为及时、高效、创造性地向全国推广，不断扩大自贸试验区制度创新的政策影响力，使每一项改革预期都能落实到每一个目标主体，不断优化营商环境、使相关市场主体切实体验到复制推广制度创新成果后的改革成效。

理论研究与咨政研究两手都要抓，两手都要硬。任何理论创新、制度创新、改革创新及其相关复制推广都是新事物。新事物从诞生、成长到成熟、稳定都是要经历一个曲折发展、螺旋上升、由不完善到比较完善的演变过程。自贸试验区经验与制度创新成果的复制推广工作同样也要经历从陌生到被少部分人理解、再到被大部分人认可，最后形成集体共识并全面迸发制度红利的曲折上升过程。而在面对这一新事物的实践发展过程中，必须既要加强前期基础理论研究、做好宣传工作、保证改革的正确方向，又要帮助广大干部群众更加深刻地理解制度创新、理解复制推广，才能不断凝聚社会共识、汇集奋进力量，形成全社会呼唤改革、真心实意拥护改革的社会氛围。此外，还要加强咨政、应用型研究。在解决好"做什么、向哪改"的问题之后，还要处理"怎么做、怎样改"的问题。有方向、有人心、有办法，才能保证改革创新与复制推广的行稳致远、事半功倍。

四、立足干部培养，重视制度建设

政策确定了，干部是关键。每一国家级自贸试验区经验与制度创新成果，从超脱它的诞生地那一刻起，对于其他地区都是新事物，都要重新经历一个从被少数人理解接受到被多数人认可拥护的过程。在这一过程中，干部队伍起着认识改革、理解改革、推动并落实改革的中流砥柱作用。这要求各级、各领域部门的干部同志，自身必须首先具备积极拥抱新事物、主动学习改革精神、认真贯彻创新理念的思想意识。在此基础上，加大对创新型复制推广责任干部的培养与培训，才能最终全面、准确地理解各领域自贸试验区创新经验、各个复制推广制度创新成果的改革意图与内涵。面对创新型的复制推广任务，各省、各部门、各地主要领导干部要率先秉持主动学习、积极创新、勇于变革的开拓精神，树立认真贯彻创新理念的复制推广主体意识，加强对自贸试验区创新经验与制度创新成果深入理解，熟悉掌握推动改革落地生根的路径方法，继而才能更好地将这些认知、方法积极主动运用到具体的工作领域中去推动改革，最快、最大地释放改革红利。

既要重人事，更要重制度。复制推广的改革工作绝非仅凭一个部门的一己之力与特事特办的领导重视就能做实、做好、做系统。创新经验与制度创新成果的复制推广工作不仅是一项系统性工程，更是一项长期性任务，不仅需要众多部门高效协同，而且需要各级政府长期坚持。因此，想要顺利推动复制推广，减少改革创新阻力，使复制推广工作真正成为助力深化改革的改革，而不被一些基层同志误认为是一般的事务性负担，就必须在加强复制推广人事建设的同时，更加注重复制推广的制度建设，尤其是领导体制建设。做好复制推广工作，既要有培养、鼓励、约束的人事安排，让各省、各地、各部门主要领导肩负起复制推广的职责使命，建设好具有改革创新意识的干部团队与梯队，并在复制推广的实践中不断锻炼提升广大干部群众的改革创新能力。更要匹配科学有力的制度设计进行长期支撑，才能保障广大的干部在开展复制推广的过程中去持续传播这种改革创新的思想意识、不断提升干部队伍的创新能力，进而不断迭代构建出更加高效、有力的协同创新机制，不断提升改革的执行力与集成水平。

五、立足体制建设，加强机制创新

领导体制要科学、健全、坚强有力。复制推广工作虽然源于自贸试验区的制度创新工作，但不完全等同于自贸试验区的制度创新工作，他们有着相同的实质，却有着不同责任主体、工作机制、推动路径与影响力。自贸试验区的制度创新责任主体是各个自贸片区，但复制推广工作的主要责任主体则是各级人民政府及其相关职能部门。这就要求高质量地推动复制推广工作，必须建立起有别于自贸试验区建设的领导体制，才能保障自贸试验区制度创新成果复制推广工作的顺利进行，才能促进复制推广责任主体功能的切实发挥，才能有力督导、有效指导各级人民政府及其有关职能部门高质量地履行复制推广使命、完成相应复制推广任务。

机制探索可开放、多元、因地制宜。制度创新成果的复制推广就是改革，是改革就很难一蹴而就、很难一帆风顺。改革既要有正确的方向、坚强的领导，更要有灵活的手段、创新的探索。因此，在制度创新成果的复制推广过程中，省自贸办以及各自贸片区要重点发挥业务指导作用，鼓励并帮助各个地方探索符合自身具体情况的复制推广机制，克服畏难情绪，积极创造条件，因地制宜，解放思想，实事求是。

第二节 复制推广工作优化路径

一、以市场需求为导向，加快制度创新

以问题为导向，创造性地开始复制推广工作。在解决制度性问题的过程中落实复制推广，在回应市场关切的过程中实现复制推广过程中的制度再创新。复制推广实践要主动孕育制度创新的种子，在每一次具体自贸试验区制度创新成果的复制推广实践探索中，要不断总结、归纳出具有普遍意义的创新路径与成功经验。在做好复制推广必答题的同时，做好制度创新的加分题，为未来进一步的深化改革与扩大开放工作进行经验储备与理论提炼。百年未有之大变局，国际环境风起云涌、市场环境瞬息万变，改革没有完成时。复制推广是自贸试验区建设探索的初心使命，复制推广既是自贸试验区探索的尘埃落定，更是制度再创新的新起点与沃土。

复制推广是本，制度建设与创新是魂。判断一省一地复制推广工作开展水平的重要关联性依据就在于其复制推广工作的制度化建设水平。复制推广是工作创新，制度创新既是复制推广工作的目标客体，同时更是复制推广工作的方法手段。复制推广自贸试验区制度创新成果更要以制度创新的精神与方法手段，才能排除复制推广过程中所遭遇的思想性与制度性障碍。与此同时，复制推广工作的实施成效要以市场主体的真实反馈为落脚

点,复制推广工作的好坏要以市场主体的丰富程度、市场经济的活跃程度为判断依据。人民群众的满意度、市场主体的获得感,是评价复制推广工作的试金石。面对系统性的复制推广工作,面对纷繁复杂的复制推广任务,同样需要制度化评估与督导工作,才能不断优化复制推广的工作方案、提升复制推广的工作质量,并不断进行再创新。即使具体已经完成的复制推广任务,在相关市场主体实质性壮大、市场表现实质性繁荣之前,依然要进行跟踪研究,要加强对复制推广成效的调研评估。重视对相关复制推广目标企业、受众人群的获得感与满意度的调研评估,用制度建设保障复制推广的责任主体在与人民群众与市场主体能及时、有效直接地开展对话,主动探索扩大开放的新方向、积极探索深化改革的新路径,通过复制推广加速各省、各地制度创新的推陈出新与系统集成。

二、以政策机遇为信号,调整施政方向

复制推广不是被动承载,而是要主动作为。在国家级、省级层面所选定的复制推广的创新经验与实践案例中,有着众多代表、蕴含着未来经济与产业发展方向的创新成果。其中会有相当一部分,当前看来会由于一些地市缺乏市场主体导致政策无法落地。但这种看似无用的"政策红利",却更加应该受到各省、各地主要领导的重视。各地政府只有将其视为当地调整未来施政方向的风向标,才有可能使其成为后发地区谋求转型发展、升级发展的突破口。空白就是机遇、空白就是信号。面对这一类型的创新经验与制度创新成果,各地需要结合自身改革任务与开放发展目标,积极学习借鉴其改革精神及改革做法,将改革精神灵活运用到其他相似领域,将改革作为视同"他山之石"。在不断提升复制推广自贸试验区创新经验与制度创新成果质量与能力的同时,不断优化营商环境,通过积极培育相关市场主体、疏通制约相关产业与企业发展的制度型堵点,实现繁荣社会主义市场经济的更大政策目标。

"复制推广+制度创新+招商引资"为地方发展谋出路。各地方政府

在落实自贸试验区制度创新成果复制推广的工作过程中要具备高度政策敏感性与市场嗅觉,以复制推广所释放的政策红利为契机,以填补市场空白、培养市场主体为导向,以优化营商环境、活跃市场经济为目标,以招商引资、项目带动为抓手,有的放矢地推动改革、脚踏实地地落实改革,通过"复制推广+制度创新+招商引资"的路径模式不断为地方经济发展探索新的经济增长点。

三、以解放思想为重点,加强干部队伍建设

主观问题不解决,客观问题就会层出不穷。做好自贸试验区制度创新的复制推广工作,干部是关键。开放意识不足、创新意识不强、专业程度不高、羁绊于庞杂的行政事务性工作,是当前复制推广干部队伍面临的主要困境。加强复制推广干部队伍建设的出发点在解放思想,落脚点在专业化水平与业务能力,着力点在将专业化的干部从繁杂行政性事务工作中解放出来。加强复制推广干部队伍建设就是要通过解放思想实现统一思想,在实事求是的基础上加强干部队伍的专业化建设,进而在一支高素质、专业化复制推广干部队伍的基础上,加强对于复制推广工作的研究分类,并稳定分类研究创新推广的干部队伍,才能不断提升复制推广的质量与制度创新的水平。最终,在业务实践、经验总结、理论学习的过程中不断统一干部队伍的思想认知、提升干部队伍的工作能力、开拓干部队伍的专业化视野。

四、"打包"改革事项,专班推进复制推广

改革需要集成,推动改革需要分工。改革不是蛮干,复制推广要靠体制、机制创新,要有专业团队研究、有专人负责跟进,才能事半功倍。复制推广领导机关要加强对改革事项的研究分类,确定改革最大公约数,将改革路径相关性强、改革堵点与突破点近似的改革事项进行总结汇集"打

包"后进行集中推进。在此基础上,成立各式复制推广专班工作,聚焦相关改革事项,具体领导推动相关制度创新成果的复制推广工作。

探索复制推广督导专班制,落实各职能部门与个人主体责任。自贸试验区制度创新成果的复制推广既要有专门的领导机关,更要有专业的复制推广执行体制。探索复制推广的分类督导专班制,既应该成为复制推广执行体制的业务核心,也应是不断优化、提质增效复制推广工作的专业核心。在实施复制推广专班制执行体制的基础上,加强对复制推广工作分类研究。从职能部门分工、改革流程、工作程序、现行法律法规制约等方面对相关改革事项进行全面而深入的系统性研究,为改革事项在各地市的集中打包落地提供合理化建议,并不断优化改革突破的路径方法。此外,在业务指导的基础上,专班还要持续进行跟踪督导,保证相关改革事项在省级范围内的高质量复制推广,直到改革成效显著、市场主体壮大、市场行为繁荣。

五、规范领导体制,明确责任主体

确立以"深改办"为核心复制推广领导体制、以商务部门为核心的业务指导体制。复制推广工作的领导体制设计必须起点高、站位高、保障有力、统筹全局,才能从集成改革内容、协同改革步调、降低制度性成本等方面推动复制推广工作的长效与高效开展,才能突破部门、条块之间碎片化的复制推广困境。省、市层面必须明确复制推广工作的领导机关,各级政府必须配备设置相应的业务指导责任部门与人员编制,各职能部门必须配备或指定部门与人员对接复制推广领导机关与业务指导部门。从目前党和国家机关的工作职能设计以及复制推广工作的性质要求来看,各级"深改办"最为适合作为复制推广工作的领导机关,各级商务部门适合作为复制推广的工作统筹与业务指导部门。

明确地方政府及其各部门是复制推广的主体责任。各地市人民政府、相关省直机关、省政府职能部门、驻豫业务垂直管理部门等是复制推广工作的主要责任主体。必须铸牢各级人民政府及其相关职能部门复制推广工作的责任主体意识，明确对接复制推广领导机关与业务指导机关的职责协调责任科室与领导，争取设立专职部门与人员编制。只有完善复制推广制度建设、理顺复制推广领导体制、明确各主体职责，才能更好地不断优化探索复制推广的机制办法、规范实践路径，激发相关责任主体的使命感。

第三节　促进河南复制推广工作的对策建议

一、强化改革创新意识，他山之石可以攻玉

想方设法力争做到自贸试验区制度创新成果省级层面100%复制推广。自贸试验区的制度创新成果不仅要看其"形"，更要悟其"神"，即使面对客观条件受限、不能进行原始复制的改革事项，也要珍惜每项制度创新成果中所蕴藏的改革机遇，领悟创新精神、融汇创新理念，换个改革阵地也要每项制度创新成果中所蕴含的新精神与新理念、新思路与新做法复制推广下去，并视为该改革事项的复制推广成果。

二、加码"深改办"领导职责，加强复制推广顶层设计

改革不是单兵突进、改革需要系统集成。面对"双循环"新发展格局，必须加强各级党委对复制推广工作的领导，使复制推广的体制机制建设组线成网，才能为系统推进复制推广工作提供有力的组织保障，才能助力改革成果的系统集成。并借助复制推广的改革创新过程，坚决啃下新时代深化改革扩大开放过程中的硬骨头，为我国尽快安全渡过改革深水区、早日建成全国统一大市场保驾护航。面对这些改革任务与复制推广的战略目标，只有将复制推广作为重要内容纳入各级党委的深化改革工作，才能切实将我国党领导经济工作的制度优势转化为治理效能优势，更加及时、高效地协调解决复制推广、改革集成过程中的重点和难点问题。

因此，应加码各级党委深改部门复制推广领导职能的一项重要使命功能：就是要建立健全复制推广工作的硬约束机制，推动各地、各部门将复制推广工作纳入各个单位的绩效考核与个人的年度履职评价体系。自贸试验区制度创新成果要能啃掉改革剩下的硬骨头，就必须给复制推广工作武装上更加锋利有力的牙齿，只有这样才能更加及时、高效地释放制度创新的改革红利。

三、强化省直部门中枢功能，加强各地业务督导能力建设

强化省直部门复制推广专业指导的中枢功能。自贸试验区制度创新成果的复制推广工作专业性很强，既需要规范有力的组织领导，更需要专业持续的业务指导。做好复制推广工作，各省直有关部门首先要发挥好承上启下的中枢作用，既要做好与国家对口部委的工作衔接，更要加强对各地对口单位的业务培训与专业指导，帮助各地做好推广方案细化、操作细则制定、操作系统调整等创新成果的落地与承接工作。面对复制推广工作的专业性与复杂性，各地方政府应设立专业的复制推广业务统筹协同机构，如在各地商务部门设立市级自贸办，加强对本地复制推广工作的业务督导。

此外，各地在督导落实制度创新成果的实践中，有必要进一步探索形成及时高效的复制推广改革成效反馈机制，不断优化复制推广工作的流程设计与问题解决机制，在复制推广实践中形成将河南省全域建成内陆制度型开放高地改革开放氛围，形成复制推广与制度创新的正反馈循环。

四、重视人才工作、扩展改革视野，提升干部队伍专业化水平

改革先改人，改革要破题首先就要改革人的思想。深化改革、扩大开放的本质是人思想观念的改革，使人视野格局开放。复制推广作为深化改革扩大开放的重要抓手，落实复制推广就是在推动改革、追求创新发展。面对专业门槛高、涉及范围广的复制推广工作，既要建设智库、推动智库

高水平发展，利用好智库人才成为改革的智力保障，更要重视干部培养、保障党员干部能够走在解放思想的第一梯队。打造建设高水平复制推广工作体系，既要有高质量、专业化、规模化的智库人才储备做支撑，还要有成熟专业的干部队伍去推动。打造一支专业水平高与改革视野广的干部队伍，也需要专业化的人才培养与人员培训体系做支撑。而要形成高质量智库建设与高水平干部队伍建设相互促进正循环，无论是智库人才培养还是干部队伍建设，都要有长效机制作保障，有制度化的资源做支撑。

面对不同类型、不同层级复制推广干部，要有专业具体培养制度与培训机制进行有的放矢专业化理论指导与有针对性的实践培训，保证整体干部队伍的改革能力和视野与时俱进。此外，自贸试验区建设与复制推广战线还必须高举鲜明的改革创新旗帜才能聚拢一大批智库人才与专业学者持续性跟踪研究，必须形成稳定的激励预期才能维持干部队伍的稳定与不断成长。针对河南省自贸试验区创新成果的复制推广，可依托中国（河南）自由贸易试验区专家委员会、中国（河南）自由贸易试验区研究院，整合各类智库资源，形成定期或不定期开展复制推广工作外部专家辅导的工作机制，为工作专班与责任主体提供智力支持。专业就是战斗力，改革格局与视野的打开程度就是解放思想与统一思想的耦合水平，提升专业化干部的普及率就是提升推动改革的内生性合力。

五、利用第三方评估跳出思维定式，及时发现问题优化改革推广路径

自贸试验区制度创新成果的复制推广工作尚未形成成熟统一的领导体制，河南省的复制推广工作开展大多依靠"人事"而非"制度"。这也是导致河南省的复制推广干部队伍规模不足、专业化水平不高的重要原因。受限于人才规模与专业化水平的制约，部分地市复制推广工作容易陷入消极被动、就事论事的思维惯性，以及路径依赖、畏首畏尾的改革困境。若要尽快扭转这一被动局面，首先就是要加强制度建设，其次要大力提升专

业智库、专家学者在复制推广工作的功能作用。依托各种专业智库与专家学者，形成对各地复制推广工作的定期与不定期评估指导机制，及时发现各层级、各类型的复制推广实践中暴露出来的问题、堵点，为复制推广工作一线的干部群众提供精准智力支持、跳出思维定式，不断优化改革创新路径。

此外，复制推广工作的第三方专家评估之所以重要，不仅在于围绕具体改革事项复制推广状况本身的就事论事，更为重要的是，评估本身就是指导河南省各地对照国内建设全国统一大市场、国际最高经贸规则标准查短板找弱项的解放思想、实事求是过程。制度型开放是对内对外的双重开放，河南省作为内陆开放后进大省，更需要通过专家学者的专业化视角、"双循环"视角来审视河南省的复制推广与制度创新工作。高质量推动复制推广工作，既要做好就事论事的基础必答题，更要做好借鉴推广的创新加分题，只有这样才是对国家自由贸试验区战略的完整理解、才能助力河南省跨越式发展、赶超式发展战略目标的实现。改革就是一个不断自我否定、不断自我鞭策创新、不断自我扬弃的过程。一个真正的改革者：不谋全局者不足以谋一隅，不谋万世者不足以谋一时。

六、保护创新履职，鼓励担当容错

自由贸易试验区试验旨在对照国际最高标准、高质量经贸规则查找短板弱项，自贸试验区创新成果是在大胆试、大胆闯、自主改在试错实践中探索出来的改革经验。这些创新成果的制度性、系统性风险虽然已在某自贸试验区内得到检验，但有些创新成果一旦脱离其诞生地，缺少了原生制度设计与人才保障，在新的地域内进行复制推广还会面临一定的技术性风险。自贸试验区探索是为国家试制度，为地方谋发展，各地承接制度创新成果的复制推广工作也绝非简单地就事论事，是要在复制推广的实践中继续开拓创新。

因此，复制推广本身就是改革，对于河南省各地来说同样需要进行制度创新来配套复制推广,同样需要自我突破,做前人未敢做、未能做之事。改革就是创新,创新就一定会有风险、有成功、有挫折,无论是进行新的制度型创新还是对外省、外地创新成果进行复制推广,都一定会触及本省、本地诸多条条框框,甚至利益集团。这就必须加强对于复制推广工作的创新与容错保护,加强容错机制的顶层设计、明确复制推广工作的容错边界,鼓励为改良推广、创新推广探索更多路径,并给予在再创新成果以及时确认,宽容失败。此外,在创新保护的基础上,更要加强激励机制建设。将复制推广与制度创新作为急难险重工作,定期通报表扬、奖励先进集体与个人,并纳入组织与人社部门奖励体系。先进个人应优先向上级党委、政府和部门推荐评优记功,并记入个人档案,作为人才评价与使用、劳动模范、先进工作者和干部选拔任用的重要参考。

七、加强复制推广绩效考核体系建设

制度创新、复制推广是中国自由贸易试验区建设的核心任务与基本要求。促进复制推广工作不断进步发展,既要有评估指导更要有考核约束。评估是动力、考核则是压力,评估是要"触动灵魂",考核就要"触动利益"。一个高质量的"绩效考核体系",是构建"制度创新—复制推广—辐射带动—制度创新"正反馈改革与发展良性生态循环体系的关键一环。它既是管理手段,更是激励依据。

要将自贸试验区制度创新成果真正转化为深化改革扩大开放推动河南省经济社会高质量、跨越式发展催化剂,就必须构建起兼具约束力与可操作性的绩效考核体系。有了绩效考核体系,各地、各部门的复制推广工作也就有了真正的制度性抓手,面对剩下的改革硬骨头,党和政府才能有足够刚劲有力地复制推广牙齿啃掉它。与此同时,绩效考核体系本身也将成为组织协调推动复制推广工作的有力政策工具。而复制推广绩效考核体系的构建,也必须科学谋划、全面统筹各地各部门在复制推广工作中的使命担当与职责分工,加强约束力,突出导向性。

第四节　河南省复制推广制度建设问题与展望

一、制度化建设面临的主要问题

从第四、第五章自贸试验区制度创新成果在河南省复制推广状况的评估结果可以看出，当前河南省复制推广工作虽然取得了显著成绩，却也面临诸多深层次问题。基于对全国各地复制推广制度建设情况的梳理、透过对河南省复制推广状况的评估研究发现：全国范围内的复制推广工作制度化建设皆处于起步阶段，领导体制、工作体系、配套机制建设滞后，已经成为制约河南乃至全国复制推广工作能力与实施成效提升的关键原因。

当前，规范复制推广工作的政策、文件在国家层面主要为：2014 年以来国务院印发的复制推广自贸试验区改革试点经验的相关通知，国务院自贸试验区工作部际联席会议办公室（商务部）印发的复制推广自贸试验区"最佳实践案例"相关通知，国家各部委印发的复制推广改革事项相关通知。

河南省级层面主要有：河南省人民政府批转的国家层面相关复制推广通知，河南省自贸办与河南省委改革办联合印发的复制推广河南省自贸试验区最佳实践案例的相关通知。对比国家层面、全国各地与河南省相关文件，不难发现相关内容具有高度同质性，主要涉及复制推广的主要内容、部门权限、要求各地高度重视等。

基于河南省复制推广状况的评估结果，结合第三章对全国各地复制推广制度建设情况的梳理可以进一步发现，当前制约河南省自贸试验区制度创新成果复制推广能力与成效提升的制度化建设短板主要体现为：责任主体权责边界模糊，复制推广重实体内容、轻责任约束与程序规范，复制推广的工作要求与行政指示侧重强调推广任务目标的内涵与举措，但在涉及复制推广的工作程序性、规范性职责等问题时，往往表述抽象、语焉不详。

顶层设计层面，从中央到地方不同层级复制推广工作的制度建设内容缺乏针对性；实践层面，复制推广的工作体系构建与协同机制建设缺乏行政逻辑性与规范操作性。面对已然常态化的复制推广工作，当前的制度建设水平，既缺乏科学有力的领导体制顶层设计，也缺乏清晰灵巧的工作体系与改革协同机制配套建设。而面对复制推广工作如何规范开展的具体实践问题，既缺乏可操作性的程序性规则与方法引导，[①] 也缺乏标准化的考核评估指标体系参考以及规范化的激励与容错机制保障。这些制度建设中的结构性缺陷，反映在复制推广的实际工作中表现为：靠"人事"作为的办法来弥补"制度"推动的不足。[②] 具体主要体现在以下几个方面。

（一）责任主体权责边界模糊、工作体系不健全

顶层设计层面，领导体制存在结构性缺陷、亟待规范；推广实践层面，工作体系亟待健全。一是更加权威有力的复制推广领导体制亟待确立。省级层面复制推广工作由省商务厅（省自贸办）负责，一手抓制度创新，一手还要抓复制推广。在具体工作中，省自贸办主要通过与省委改革办共同牵头、联合下文等方式增强推广工作力度和权威性。地市层面，复制推广领导体制、权责划分存在制度性规范缺失。各地深化改革部门对于复制推广工作的重视程度大相径庭，即使配合意识较强的地市更多承担的也只是议事协调、会议配合等层面的事务性工作。而正是由于顶层设计层面，领导体制存在结构性缺陷。这才既导致了各责任主体间的权责边界模糊、复制推广职能主体错位现象的出现，也导致了对于复制推广工作的制度性精力保障严重不足，难以有力应对错综复杂的工作局面与繁重的改革创新任务。二是工作体系不健全导致复制推广面临被矮化窘境。复制推广工作体系的构成涉及众多功能性主体。由于国家与省级层面皆未实现科学、规范的顶层设计，导致在复制推广实践层面，引发了工作体系不健全、各责任主体间存在权责不清、主体责任职能模糊化等问题的出现，一些地区复制

[①] 王豪博士团队研究起草的《河南省复制推广自贸试验区制度创新成果试行办法》被河南省商务厅采纳、经省政府同意，形成了豫自贸组〔2023〕2号文件，填补了该领域空白。

[②] 钱穆：《中国历代政治得失》，北京：九州出版社2012年版。

推广工作体系中的规划设计、方案起草、具体执行、考核评估等职能设置不尽合理。工作体系不健全与建设滞后的直接后果为一些地方复制推广工作推进乏力，不仅导致许多基层干部群众对复制推广的重要意义认识严重不足，甚至进一步导致复制推广工作面临被严重矮化的窘境，乃至沦落、被误解为一般性台账填写、材料编制与工作总结等事务性负担。

（二）程序性规则与反馈机制不健全

从行政运行机理来看，复制推广是需要建立在一系列程序性规则与反馈机制保障的内部行政行为。① 一是在顶层设计层面。河南乃至全国范围内复制推广工作的相关程序性规则与反馈机制建设仍普遍处于探索起步阶段，缺乏统一规范的制度性要求。二是在具体操作层面。由于缺乏操作层面流程性规则指导，致使许多实施环节时常出现程序性脱节与权责错位现象。大多复制推广工作方案通常只规定了推广成果的形式与内容、牵头单位、协同单位、工作分工等内容，缺乏对落实过程中各部门权力架构与职能配置等制度性要求，导致复制推广各个阶段难以实现科学、精准的程序衔接与权责匹配。这实际放大了执行者"自由裁量权"，难以规范各责任主体的决策行为与目标管理要求水平。三是在反馈保障层面。由于反馈机制从程序上看位于决策环节之后，并不能直接影响行政决策。但复制推广作为一种创新性内部行政行为，反馈机制直接塑造了不同层级政府间的信息交流渠道、影响着复制推广的工作效率与决策质量。因此，复制推广反馈机制建设，对于不断优化决策、修正改革的方向与思路有着至关重要的作用。当前河南省乃至全国范围内的复制推广反馈机制建设虽具雏形，但中央与省、省与市间的问题反馈任责追踪机制皆未健全。这直接影响了各级政府间的相关信息交流能力、制约了复制推广行政效率与工作质量的进一步提升。

---

① 曾文革、夏天佑：《论中国自由贸易试验区复制推广机制的法治化》，《经贸法律评论》2019年第6期。

（三）考核与评估、激励与容错纠错机制缺位

考核、激励与容错纠错机制缺位使推广工作缺少了把握方向、掌控节奏、及时纠正的完整政策工具体系。一是考核与评估标准缺失。外部行政通常可以被相对人识别，而复制推广作为一种典型内部行政，诸多程序性环节都面临标准化建设问题。考核、评估环节标准化指标体系的建设缺失，实施、督导环节常态化工作机制与约束性规章体系的建设缺位，不仅严重困扰着复制推广工作的高质量开展，同时也使复制推广工作缺少了把握方向、掌控节奏、及时矫正的完整政策工具体系。复制推广要提质增效，亟待建立一套以考核与评估办法为基础的标准化体系，亟待健全一套常态化运行的实施督导保障机制，助力复制推广规范性程序规则的建立、增强复制推广工作的严肃性。二是激励与容错纠错机制建设缺位。激励机制不健全，直接影响着复制推广干部队伍的人心士气，甚至成为一些地市自贸试验区建设与复制推广工作干部队伍不稳定的重要原因。自贸试验区制度创新成果的复制推广对于各地来说，就是制度创新。其先天存在的技术难度与创新风险属性，也是有关责任主体产生畏难情绪与工作顾虑的重要原因。面对创新型内部行政行为，需要切实可行的容错机制保驾护航，才能缓和突破既有制度框架时的履职风险。这种具有行政后果"谅解"与法规"调整"功能的容错纠错机制尚未建立。

（四）干部队伍主观认知水平不高、客观能力匹配度不足

主观问题不解决，客观问题就会层出不穷。一是对自贸试验区战略理解不够深刻、对制度型开放战略重要意义认识不足。很多干部对复制推广的认知仍停留在"就事论事"上，未能同地方治理能力提升与发展战略优化深度结合，未能从制度创新的角度、深化改革扩大开放的高度、为地方谋发展的思路出发去理解复制推广。二是对诸如"最佳实践案例"等软任务认识不足。未能深刻理解此类案例借鉴意义大于推广要求的战略内涵，未能体会到此类经验致力启迪地方创新发展思维的政策初心。专业视野、

业务能力、创新意识不足与行政惰性等多方因素叠加，导致许多地方常以缺乏条件、水土不服等理由搁置推广，轻易错失改革抓手与发展契机。三是存在被动心理与畏难情绪。部分市县区政府、职能部门面对复制推广缺乏主动精神、流露畏难情绪。部门与地市协同不足时有发生，部门让地方先拿方案，地方等部门先出政策，致使诸多制度创新成果复制推广进程迟缓。四是干部队伍规模、专业化水平不足。复制推广与制度创新需要大量专业干部，但无论是在省直机关还是各地责任主体，都面临干部队伍规模严重不足、专业人才缺口巨大等困境，有些行政干部疲于应对大量专业技术工作，导致畏难情绪严重、工作效率不高。

（五）基础与咨政研究不足、创新支撑的科技意识不足

复制推广对知识专业性、改革协同与集成能力要求较高，河南省在基础人才培养、高端智库建设、科技支撑投入等方面严重不足。一是基础研究与智库建设落后。自贸区试验与复制推广工作涉及研究命题极为前沿、广泛。河南省无论是学科建设还是智库发展，都面临起点低、底子薄、政策与经费投入严重不足等问题。尤其在高端智库建设领域，既缺乏专项政策支持，也缺少固定经费保障。二是制度创新的科技支撑意识不足。复制推广是制度创新，科技应用也是制度创新。有些干部对复制推广的认识仍停留在对传统制度安排的修修补补或重新排列组合层面，对新技术条件下产生的制度创新成果缺乏复制推广的思想准备与主动认知意识。三是技术投入碎片化。当前复制推广的技术与硬件投入主要由各地承担，缺乏省地联动机制与制度性统筹安排。这导致各地相关推广任务完成度差异巨大，碎片化的技术投入既导致宝贵财政资金低效运用，也增加了未来各技术平台的整合成本。

二、复制推广制度化建设咨政建议

系统性改革的顶层设计与渐进式改革的基层探索有机结合，是"试点

—推广"机制发挥作用的核心要素,政策示范效应是政策创新扩散的关键动力。① 自贸试验区制度创新成果的复制推广,既是我国打赢全面深化改革攻坚战的重要武器,也是各地不断扩大制度型开放持久战的主战场。可见,自贸试验区制度创新成果的复制推广工作,涉及改革范围广、触及多方主体利益深。因此,统筹谋划、整体推进自贸试验区制度创新成果的复制推广:既需要基层创新探索的单兵突进与零敲碎击,具备推动渐进式改革日拱一卒担当精神与坚韧品质;更需要顶层设计的统筹谋划与改革举措的系统集成,具备设计与落实系统性改革的强大政治能力与娴熟政治技巧。在开展复制推广工作的实践中,既要处理好各级政府事权之间的"上下关系",又要处理好各个职能部门之间协作的"左右关系",还要处理好部门与地方之间配合的"条块关系"。最重要的是要构建起一套权威规范的领导体制、建立起一个科学合理的工作体系、健全起一系列高稳健的配套保障机制。切实通过"规划—试点""授权—探索""自主—赋能"三种主要模式落实好自贸试验区制度创新成果的复制推广工作。为进一步做好自贸试验区制度创新成果的复制推广工作,未来河南省乃至全国都应从处理好顶层设计与基层探索的关系,提升领导体制与工作体系的规范化建设和科学化运作水平,加强复制推广工作体系的科学化运作能力,突出制度性约束与机制化奖励,加强干部队伍建设与创新思维培育,加强智力支持投入与科学技术赋能等五个方面入手,来进一步提升复制推广工作的制度建设水平。

(一)加强组织领导,健全工作体系

一是健全领导体制,充分发挥党领导经济工作的制度优势。中央深改组是我国统筹推动改革的重要领导机关。单独设立深化改革部门来领导推动"试点—扩散"式改革,有利于超越"条块"利益,提高决策前瞻性与科学化水平。据此制度设计初心精神,要在省市层面赋予党委深化改革部门复制推广工作领导职能、成立专业化领导小组,建立以各级党委深化改

---

① 廖福崇:《"放管服"改革的政策创新研究:试点—推广的政策逻辑》,《暨南学报(哲学社会科学版)》2021年第10期。

革部门为核心的复制推广工作领导体制,将自贸试验区制度创新成果的复制推广作为重要内容纳入深化改革工作。二是一体化推进复制推广与深化改革工作。深化改革部门既应该也能够同时更需要其在更高政治站位与更广改革维度上一体化推进复制推广与全面深化改革工作,并对复制推广进行政治指导与绩效考核。各责任主体应设立或指定专业部门对接复制推广领导机关,连线成网,实现复制推广与深化改革的整体推进,有效解决"碎片化"制度创新成果系统集成难度大等问题。三是健全以商务部门为核心的复制推广工作体系。商务部门作为大多数自贸试验区建设的牵头单位,从职能角度来讲对自贸试验区制度创新成果的复制推广工作有着更加深刻与全面的业务理解。因此,做好复制推广工作要充分发挥商务部门业务优势,赋予商务部门继续牵头复制推广工作督导与评估的职能使命。如,建立评估机制,及时总结提炼行之有效的复制推广改革经验与工作方法;建立督导机制,会同同级深化改革部门总揽全局做好本层级复制推广的统筹、协调与督导指挥等工作;建立协作机制,帮助各责任主体拓展改革视角,协助配合各地各部门相关责任主体建立健全复制推广工作机制。

(二)加强程序性规制、工作与反馈机制建设

一是加强复制推广程序性规则建设。出台并不断优化自贸试验区制度创新成果复制推广办法,在复制推广各主要实施环节与任务节点,明确各复制推广主体责任、规范责任主体行为,为不断提升复制推广工作质量提供更加科学的程序性规则指导。二是完善复制推广工作机制。各地各部门要有机结合自身职能使命与深化改革、扩大制度型开放的工作目标,不断探索完善落实本地本部门复制推广任务的内部机制,健全跨部门、跨领域的复制推广工作统筹、协调与联动机制,切实降低部门之间、"条块"之间沟通、协作的制度性成本。建立以复制推广任务为导向的多部门协同攻关机制,积极争取中央与省级有关改革事权下放,及时推动有关部门配套政策的出台,做好工作方案、操作细则的制定以及相关开放平台与业务系统的对接等工作。三是健全复制推广工作双向反馈机制。健全并畅通中央

与省、省与地市间定期与不定期的复制推广双向反馈机制渠道。中央与省定期向下反馈督导与评估情况,省与地市及时向上反馈复制推广实践中出现的新情况、遇到的新问题,借助反馈机制建设形成复制推广工作的管理闭环,不断提质增效、不断优化工作流程与方法。

(三)健全考核、评估、激励与容错纠错机制

一是建立健全多元化考核制度。将复制推广纳入各地各相关部门年度绩效考核与干部履职评价。根据自贸试验区制度创新成果的类型与复制推广要求,建立分类考核制度。国务院印发的改革试点经验、国家部委安排部署的改革事项,进行强约束考核;其余制度创新成果由各省委改革办与省自贸办或相关职能部门联合发布具体考核要求。二是健全第三方推广方案支持和事后成效评估机制。充分发挥专业智库的咨政服务作用,做好复制推广方案的前置设计以及分层、分类、分领域的推广成效常态化评估工作。通过前置方案支持和事后成效评估及时发现问题、总结经验,帮助广大一线干部群众不断解放思想、与时俱进、优化工作方法。三是健全激励机制。加快复制推广工作奖励政策体系建设,将复制推广贡献奖励纳入组织与人社部门奖励体系,并可视同急难险重工作。四是健全容错纠错机制。加强复制推广工作的容错纠错机制顶层设计与容错边界的界定探索,尽快制定出台规范性容错文件与实施办法。促进形成允许改革有失误、但不允许不改革的社会共识,为保护创新、宽容失败提供制度保障。

(四)加强干部队伍建设,提升改革机遇意识

一是建立培训机制,提升干部专业化水平。各省直部门要发挥复制推广的工作中枢作用,肩负专业培训与业务指导主体责任,形成常态化干部专业学习与业务培训机制。二是鼓励干部"走出去",健全调研学习与工作交流机制。鼓励领导干部与相关责任主体"走出去",健全跨部门、跨地市、跨省市的复制推广学习交流机制,常态化开展赴经验成果提供与推广实施先进单位学习交流。通过实地调研学习,开阔干部视野、减少改革

阻力、吸取改革经验、提升改革能力。三是树立机遇意识、强化主创精神。复制推广不是被动承载，是要主动作为与创新。众多自贸试验区经验蕴含了未来经济与产业发展的新兴方向。各地要化任务观念为机遇视角，形成复制推广没有"任务"只有"机遇"的开拓创新意识。既要将复制推广视为深化改革、扩大开放的动力与抓手，更要着力研判其蕴含的发展机遇，将此类制度创新成果视为经济结构调整、施政方向优化的风向标与提示器。四是打造"复制推广+招商引智+制度创新"正反馈循环工作模式。各地要重视因市场主体缺失导致无法落地制度创新成果背后深层次经济社会原因，既要有问题意识、更要有灵敏的政策与市场嗅觉。复制推广要以问题为导向，以政策红利为契机，填补市场空白、活跃市场经济；以项目带动为抓手，以招商引智为目标，有的放矢地推动改革、脚踏实地地落实改革；在"复制推广+招商引智+制度创新"的工作循环中，为地方发展谋出路、为经济增长求突破。

（五）构建智力支持体系，提升科技投入水平

一是加强学科与智库体系建设。鼓励河南省高校建设自贸试验区学院、研究院，加强相关学科体系建设，保证基础性人才培养的规模与质量。探索促进本土高端智库发展的长效机制，培育一批长期深入研究自贸试验区与复制推广工作的专家与智库。二是探索多元化引智模式，提升工作成效。面对重大顶层设计与内容特别复杂的推广经验，积极运用项目招标、单一来源采购、法定机构等多元化引智模式，集中突破复制推广工作中的急难险重问题。三是提升科技意识，健全科技应用资金预算与统筹机制。用科技武装干部头脑，养成干部群众基于科技视角认识复制推广的思维意识。优化复制推广科技投入预算安排，健全复制推广的科技投入制度性安排，加强相关技术平台建设的顶层设计，指导各地健全纵向、横向、面向市场等多渠道技术投入的资金筹措机制。四是加快数字政府建设反哺复制推广。利用复制推广推进数字政府建设，统筹各级、各地、各部门信息与技术平台建设，通过数字政府建设反哺复制推广。

参考文献

[1] 佟家栋,张千,佟盟:《中国自由贸易试验区的发展、现状与思考》,《山东大学学报(哲学社会科学版)》2022年第4期。

[2] 卢迪:《上海自由贸易试验区制度创新的演进过程与推进机制》,《当代经济研究》2018年第2期。

[3] 张兴祥,王艺明:《"双循环"格局下的自贸试验区》,《人民论坛》2020年09月下。

[4] [美]弗吉尼亚·格雷著,王勇兵译:《竞争、效仿与政策创新》,《经济社会体制比较》2004年第1期。

[5] [美]保罗·A·萨巴蒂尔编,彭宗超等译.:《政策过程理论》,生活·读书·新知 三联书店2004年版。

[6] Everett M. Rogers, Diffusion of Innovation (5th Edition), New York: The Free Press, 2003.

[7] 谢宝剑,张晓春:《政策试验与扩散——以自贸区可复制经验为例》,《中国公共政策评论》2017年第1期。

[8] 周望:《如何"由点到面"?——"试点-推广"的发生机制与过程模式》,《中国行政管理》2016年第10期。

[9] David Dolowitz and David Marsh, "Who Learns from Whom: A Review of the Policy Transfer Literature".

[10] Zachary Elkins and Beth Simmons, "On Waves, Clusters, and Dif-

fusion: A Conceptual Framework" The Annals of the American Academy, March 2005.

[11] 刘伟：《国际公共政策的扩散机制与路径研究》,《世界经济与政治》2012年第4期。

[12] 李大伟：《新发展格局下如何推进制度型开放》,《开放导报》2020年第6期。

[13] 习近平：《高举中国特色社会主义伟大旗帜 为全面建设社会主义现代化国家而团结奋斗——在中国共产党第二十次全国代表大会上的报告》。

[14] 田志龙，陈丽玲，顾佳林：《我国政府创新政策的内涵与作用机制：基于政策文本的内容分析》,《中国软科学》2019年第2期。

[15] 李国学，东艳：《国际生产方式变革、国际经济规则重塑与制度型开放高地建设》,《学海》2020年第5期。

[16] 王浦劬，赖先进：《中国公共政策扩散的模式与机制分析》,《北京大学学报（哲社版）》2013年第6期。

[17] 邹东升，陈思诗：《党的十八大后中国省级政府权力清单制度创新的扩散－基于政策扩散理论的解释》,《西部论坛》2018年第2期。

[18] 卢福永，史薇，王鑫涛：《自贸试验区助力双循环新发展格局：形成机制及路径》,《福建论坛》（人文社会科学版）2021年第12期。

[19] 中共中央宣传部：《习近平总书记系列重要讲话读本（2016年版）》，北京：学习出版社 人民出版社，2016年版。

[20] 王平：《复制推广自贸区经验要注意什么》,《中国党政干部论坛》，2016年第6期。

[21] 王厚芹，何精华：《中国政府创新扩散过程中的政策变迁模式－央地互动视角下上海自贸区的政策试验研究》,《公共管理学报》，2021年第3期。

[22] 韩博天：《通过试验制定政策：中国独具特色的经验》,《当代中国史研究》2010年第3期。

[23] 孔庆峰：《中国自贸试验区十周年：成就、挑战与机遇》,《人民

论坛·学术前沿》，2023 年 10 月上。

[24] 蒋英州，王梦雅：《中国特色社会主义制度优势的生成逻辑》，《理论探索》2022 年第 2 期。

[25] 韩艺，陈婧：《省直管县改革政策中的府际关系－基于 22 个省的改革文本分析》，《北京行政学院学报》2017 年第 1 期。

[26] 曾文革，夏天佑：《论中国自由贸易试验区复制推广机制的法治化》，《经贸法律评论》，2019 年第 6 期。

[27] 张克：《新中国 70 年改革试点复制推广机制：回顾与展望》，《南京社会科学》，2019 年第 10 期。

[28] 潘同人：《"自贸区"改革中的地方自主性扩张研究》，《中国特色社会主义研究》，2015 年第 6 期。

[29] 毛艳华：《广东自贸试验区试点改革成效与制度创新方向》，《国际贸易》，2017 年第 6 期。

[30] 王亚楠：《郑州自贸片区成功改革经验向全国推广》，中国商务新闻网，https://www.comnews.cn/content/2023－07/14/content_28965.html，2023－07－14.

[31] 陈浩：《陕西自贸试验区建设经验和思考》，《国际贸易》，2019 年第 2 期。

[32] 钱穆：《中国历代政治得失》，北京：九州出版社，2012 年版。

[33] 廖福崇：《"放管服"改革的政策创新研究：试点－推广的政策逻辑》，《暨南学报（哲学社会科学版）》2021 年第 10 期。

[34] 张克：《掌握和运用好新时代改革试点方法论》，《群众》2022 年第 8 期。

后 记

本书为"河南自贸试验区第二批专项课题"中标资助项目"自贸试验区经验复制推广制度研究"研究成果。我国自贸试验区持续释放改革开放红利，累计推出325项制度创新成果在全国或特定区域复制推广，带动全国营商环境不断优化，充分发挥了改革开放试验田作用。本书结合自贸试验区建设探索的重要意义与制度创新成果的重要价值，分析了复制推广工作的理论内涵与实践方向。在此基础上，基于全国复制推广工作制度建设的系统性研究，立足于河南省复制推广情况的全面评估，对未来的中国复制推广工作进行了展望，对河南的复制推广工作及其制度化建设提出了对策建议。希望本书能够对河南乃至全中国的自贸试验区制度创新成果的复制推广工作，以及制度型开放战略的深入实施有所贡献。

感谢我研究团队翟雪琪博士、张帆博士、杨新凤博士、陈红杰博士在本书调研与撰写过程中战酷暑、斗疫情、熬深夜的一路走来；感谢梁洪有副教授的关心与帮助；感谢河南省商务厅领导的知遇，感谢张峰处长对研究过程的细心指导；感谢河南财经政法大学经济管理实验教学中心、中国（河南）自由贸易试验区研究院、东北亚研究中心领导的培养与支持；感谢郑州、开封、洛阳自贸试验区建设探索战线各位领导的真知灼见；感谢河南省各省直部门的宝贵意见；感谢许昌、三门峡等各地市领导的不吝赐教；感谢河南省社科联领导对研究成果的赏识与成果转化过程中的帮助。

书稿第三章由张帆博士主持完成；第四章由翟雪琪博士主持完成，陈红杰博士主持了第四章第四节研究撰写；杨新凤博士主持了第五章的研究工作，杨多多老师负责完成了第五章第二节的书稿撰写任务。

本书还存在许多疏漏与不尽如意之处，希望各位读者能够多多批评指正。

王 豪
癸卯年冬于河南财经政法大学郑东校区